Thorsten Thorein
Telekommunikationspolitik in Deutschland

Thorsten Thorein

Telekommunikations-politik in Deutschland

Liberalisierung und Reregulierung

Mit einem Geleitwort von Prof. Dr. Otfried Jarren

 Springer Fachmedien Wiesbaden GmbH

Die Deutsche Bibliothek – CIP-Einheitsaufnahme

Thorein, Thorsten:
Telekommunikationspolitik in Deutschland : Liberalisierung und
Reregulierung / Thorsten Thorein. Mit einem Geleitw. von
Otfried Jarren.
  (DUV : Sozialwissenschaft)
  ISBN 978-3-8244-4237-9   ISBN 978-3-663-11615-8 (eBook)
  DOI 10.1007/978-3-663-11615-8

© Springer Fachmedien Wiesbaden 1997
Ursprünglich erschienen bei Deutscher Universitäts-Verlag GmbH, Wiesbaden 1997

Lektorat: Monika Mülhausen

Gedruckt auf chlorarm gebleichtem und säurefreiem Papier

ISBN 978-3-8244-4237-9

Geleitwort

Den Hauptgegenstand der vorliegenden Untersuchung bilden die parlamentarischen Beratungen zum deutschen Telekommunikationsgesetz (TKG). Es wird analysiert, welchen Einfluß die Stellungnahmen relevanter nicht-staatlicher korporativer Akteure auf die Formulierung des Referenten- und des Gesetzentwurfs zum TKG hatten. Der Fokus liegt dabei auf den policybezogenen Überzeugungen der Akteure, aus deren Übereinstimmungen und Unterschieden die für das TKG-Vorhaben relevanten Koalitionen abgeleitet werden. Hinzu kommt als weiterer Teil der empirischen Analyse eine Untersuchung des Regierungsberichts „Info 2000. Deutschlands Weg in die Informationsgesellschaft" im Hinblick auf die darin enthalten inhaltlichen Positionen.

Die zentrale These des Autors lautet, daß das policybezogene Wissen der beteiligten Akteure eine zentrale Rolle bei der Bildung eines Policy-Netzwerks im Telekommunikationsbereich spielt, weil es ein „Tauschgeschäft" zwischen den privaten korporativen Akteuren und den staatlichen Akteuren ermöglicht: Die privaten Akteure stellen policybezogenes Detailwissen für den Gesetzgebungsprozeß zur Verfügung, das den staatlichen Akteuren fehlt, und erhalten im Gegenzug die Möglichkeit, Einfluß auf die Politikformulierung zu nehmen. Die besondere Stärke der wissenspolitologischen Arbeit liegt in der detaillierten Rekonstruktion der Interaktionen auf dem Wissensmarkt der Telekommunikationspolitik. Zugleich beschreibt und analysiert der Autor die Transformation der Telekommunikation von einem hierarchisch gesteuerten Regelungsbereich zu einem Politikbereich mit horizontalen Koordinationsstrukturen.

Es ist dem Autor in überzeugender Weise gelungen, netzwerktheoretische und wissenspolitologische Ansätze der Policy-Forschung miteinander zu verbinden und diese Verbindung zugleich für die empirische Analyse eines konkreten Politikprozesses fruchtbar zu machen. Der Autor wagt sich zugleich auf ein Forschungsgebiet vor, in dem es bislang wenig gesichertes und konsensual anerkanntes Wissen und kaum eingespielte Analyseinstrumente gibt.

Otfried Jarren

Vorwort

Telekommunikationspolitik ist zu einem eigenständigen Politikfeld geworden. Sie berührt und beeinflußt die klassischen Politikbereiche Ordnungs-, Wirtschafts- und Handelspolitik. Zudem ist Telekommunikationspolitik immer mehr zu einer Angelegenheit geworden, die sich nicht länger auf nationale Politikprozesse und Aushandlungsmechanismen eingrenzen läßt. Die Internationalisierung der Telekommunikation - sie betrifft Netze, Dienste, Angebot und Nachfrage - findet ihre Entsprechung in der Internationalisierung der Telekommunikationspolitik. Beide Entwicklungen haben in den 80er Jahren einen Neuordnungsprozeß angestoßen, der die Telekommunikation als Gegenstandsbereich insgesamt erfaßt hat. Dieser Prozeß ist im vollen Gange und führt zu einer Transformation der Telekommunikation von einem Infrastruktursystem zu einem originären Sektor der Wirtschaft. Andererseits ist es zu einem Umbruck in der Art und Weise, wie Staaten auf diesen Bereich Einfluß nehmen, gekommen. Der weltweit zu beobachtende Trend läßt sich charakterisieren als Abkehr von einer staatsnahen Kontrolle des Fernmeldewesens mit nationalen Monopolen zugunsten einer an Wettbewerbsmechanismen orientierten, indirekten Regulierung des Sektors über die Schaffung eines neuen Ordnungsrahmens, der den Anforderungen, die aus der beabsichtigten Liberalisierung der Telekommunikation, also aus der Aufhebung der Monopolrechte für nationale Fernmeldeorganisationen, resultieren, gerecht wird. Die Errichtung eines solchen Rahmens, der gerade auch der Dynamik und Internationalisierung der Telekommunikation Rechung tragen muß, spielt sich auf verschiedenen Ebenen, oder Arenen ab. Neben der Ebene der nationalen Gesetzgebung gehört dazu im westeuropäischen Kontext die supranationale Rechtsetzung der Europäischen Gemeinschaften und im internationalen Kontext z. B. die Aushandlung eines Handelsabkommens auf der Ebene der World Trade Organisation. Dieses nach langwierigen Verhandlungen im Februar 1997 erzielte Abkommen über die weitere, weltweite Liberalisierung von Basisdiensten der Telekommunikation enthält auch regulatorische Prinzipien, zu deren Befolgung sich die beteiligten Regierungen verpflichteten und die mithin die Gesetzgebung in den einzelnen Staaten anleiten.

Telekommunikationspolitik und speziell der Aufbau eines geeigneten, global gültigen Regulierungsmodells ist Thema eines transnational strukturierten Netzwerks unterschiedlichster Akteure. Ein Ausschnitt aus diesem Netzwerk und ein Markstein auf dem Weg zu einem weltweiten Ordnungsmodell wird in dieser Studie behandelt. Gegenstand ist die aktuelle Telekommunikationspolitik in der Bundesrepublik Deutschland, den Fokus der Untersuchung bildet der Gesetzgebungspozeß zum Telekommunikationsgesetz, dessen Implementation die ordnungspolitische Grundlage der vollständigen Öffnung des deutschen Telekommunikationssektors zum Beginn des kommenden Jahres darstellt.

Die Untersuchung hätte ohne die Unterstützung einer Vielzahl von Personen nicht durchgeführt werden können. Ihnen allen sei an dieser Stelle gedankt. Den Betreuern der Studie, Herrn Prof. Dr. Otfried Jarren und Herrn Dr. Frank Nullmeier von der Universität Hamburg und allen, die mir mit Rat und Tat zur Seite gestanden haben, gebührt besonderer Dank.

Thorsten Thorein

Inhalt

I   **Einleitung** -- **1**

1   Problem- und Fragestellung --- 1

2   Eingrenzung des Untersuchungsgegenstandes ------------------------------- 2

3   Begriffsdarlegung und Untersuchungsansatz ---------------------------------- 4

4   Aufbau der Untersuchung und Entwicklung zentraler Thesen ---------------- 7

II   **Theoretische und methodische Grundlagen** -------------------------------- **10**

1   Policy-Analyse -- 10

2   Netzwerkforschung -- 12

3   Belief systems und Wissen im Policy-Prozeß -------------------------------- 16

III   **Telekommunikationspolitik in der Bundesrepublik seit 1989** ------------ **25**

1   Faktoren der Transformation des Politikfeldes -------------------------------- 25

1.1   Technologische Innovationen und Auswirkungen
auf die Tk-Regulierung--- 26

1.2   Ökonomische Dynamisierung der Tk-Märkte:
Veränderte Nachfrage und globale, "nahtlose" Tk-Angebote---------------- 28

1.3   Wissenschaftlich-politische Liberalisierungsdebatten und
        Wandel von Situationsdeutungen ---30
1.4   Supranationale Politikübertragung via EU------------------------------------35

2   Umbruchprozeß und institutioneller Wandel in der Bundesrepublik--------38

3   Governanceform, Politikfeld-Netzwerk und Issues----------------------------47

3.1   Institutionelle und rechtliche Verfaßtheit der Regulierung der Tk ----------47
3.2   Politikfeld-Netzwerk: Akteure und Issues -------------------------------------54

IV   Telekommunikationsgesetz und „Info 2000": Deutschlands Weg
        in die Informationsgesellschaft --57

1   Der Regierungsbericht "Info 2000" zur Informationsgesellschaft -----------57

1.1   Analyse der Entstehungssituation --57

1.2   Methodische Vorbemerkungen: Qualitative Inhaltsanalyse ------------------60

1.3   Verständnis der Informationsgesellschaft, Situationsdeutung
        und Problematik ---63

1.4   Grundsätze, Zielsetzungen und Vorgehensweise ----------------------------65

1.5   Wissensangebote zu Staatsverständnis und Handlungsstrategie -------------68

2   Das Telekommunikationsgesetz (TKG) -------------------------------------72

2.1   Methodische Vorbemerkungen ---72

2.2   Der Inner Circle des Issue Network--75

2.3   Ausgangslagen und Interessen---76

2.3.1   Bundesministerien: BMPT, BMWi, BMF--------------------------------------- 76

2.3.2   Parlamentarischer Sektor: CDU/CSU-, FDP- und SPD-Fraktion ----------- 79

2.3.3   Interessenverbände: BDI, DIHT, DPG--- 81

2.3.4   Normadressaten: Newcomer und DTAG -------------------------------------- 83

2.4   Politikfeld-Kerne und TKG -- 87

2.4.1   Gemeinsamkeiten und TKG-Koalitionen----------------------------------- 89

2.4.2   Die Große TKG-Koalition--- 91

2.4.3   Die Kleine TKG-Koalition --- 95

2.4.4   Die wesentlichen Konfliktlinien zwischen den Koalitionen ----------------- 98

2.5   Policy-Formulierung: Phasen und Wissensangebote------------------------ 100

2.5.1   Chronologischer Überblick und Arenen der Policy-Entwicklung---------- 101

2.5.2   Grundmodell und Streitpunkte der zukünftigen Regulierung
         nach den "Eckpunkten für ein TKG"-------------------------------------- 106

2.5.3   Erste Phase der Kommentierung: Wissensangebote zu zwei
         zentralen sekundären Aspekten --- 111

2.5.4   Erster Referentenentwurf: eine vorläufige Festlegung---------------------- 117

2.5.5   Zweite Phase der Kommentierung:
         Konkretisierung, Zustimmung und Kritik ------------------------------------ 122

2.6   Der Gesetzesentwurf: Kompromisse und Festlegung des
         künftigen Regulierungsrahmens --- 126

V   "Wissen" und Telekommunikationspolitik -------------------------------- 138

1   Involviertes Wissen und Handeln der Akteure------------------------------- 138

2   Von der Telekommunikationspolitik zum Politikfeld
         Informationsgesellschaft -- 141

Anhang --- 147

Literaturverzeichnis--- 149

Abbildungsverzeichnis

Abbildung 1:

Ordnungspolitisches Modell in der Telekommunikation nach der Postreform I ------- 48

Abbildung 2:

Regulierung in der Telekommunikation nach der Postreform I-------------------------- 49

Abbildung 3:

Organisationsmodell der Deutschen Bundespost nach der Postreform II -------------- 52

Abbildung 4:

Regulierung in der Telekommunikation bis zum Inkrafttreten des

Telekommunikationsgesetzes -- 53

Abkürzungsverzeichnis

AT&T	American Telephone and Telegraph Company (USA)
BAPT	Bundesamt für Post und Telekommunikation
BDI	Bundesverband der Deutschen Industrie
BMBF	Bundesministerium für Bildung, Wissenschaft, Forschung und Technologie
BMF	Bundesministerium für Finanzen
BMI	Bundesministerium des Inneren
BMJ	Bundesministerium für Justiz
BMPT	Bundesministerium für Post und Telekommunikation
BMWi	Bundesministerium für Wirtschaft
BMV	Bundesministerium für Verkehr
BR	Bundesrat
BT	Bundestag
Btx	Bildschirmtext
BZT	Bundesamt für Zulassungen in der Telekommunikation
C&W	Cable and Wireless (GB)
CDU	Christlich Demokratische Union
CN	Corporate Network(s)
CSU	Christlich Soziale Union
CUG	Closed User Group(s)
DBAG	Deutsche Bahn Aktiengesellschaft
DECT	Digital European Cordless Telecommunications System
DBP	Deutsche Bundespost
DIHT	Deutscher Industrie- und Handelstag
DPG	Deutsche Postgewerkschaft
DTAG	Deutsche Telekom Aktiengesellschaft
EDV	Elektronische Datenverarbeitung
EG	Europäische Gemeinschaft
EU	Europäische Union
EVU	Energieversorgungsunternehmen
FAG	Fernmeldeanlagengesetz
FCC	Federal Communications Commission (USA)

FDP	Freie Demokratische Partei Deutschlands
FT	France Télécom (Frankreich)
GB	Großbritannien
GD	Generaldirektion
GG	Grundgesetz
GWB	Gesetz gegen Wettbewerbsbeschränkungen
G-7	Gruppe der sieben führenden Industrieländer
IG	Informationsgesellschaft
IBM	International Business Machines (USA)
IID	Initiative Informationsgesellschaft Deutschland
IK	Information und Kommunikation
ISDN	Integrated Services Digital Network
MTVerleihV	Mobilfunk-Telekommunikations-Verleihungsverordnung
NRW	Nordrhein-Westfalen
OECD	Organisation for Economic Cooperation and Development
Oftel	Office of Telecommunication (GB)
ONP	Open Network Provision
PTNeuOG	Postneuordnungsgesetz
PTRegG	Postwesen- und Telekommunikationsregulierungsgesetz
R&D	Research and Development
Ref-TKG	Referentenentwurf für ein Telekommunikationsgesetz
SEL	Standard Electronic Lorenz
SPD	Sozialdemokratische Partei Deutschlands
Tk	Telekommunikation
TKG	Telekommunikationsgesetz
TKG-B	Begründung zum Entwurf eines Telekommunikationsgesetzes
TKG-E	Entwurf eines Telekommunikationsgesetzes
TKV	Telekommunikationsverleihungsverordnung
TVerleihV	Telekommunikations-Verleihungsverordnung
TWG	Telegrafenwegegesetz
VANS	Value Added Network Services
VDMA	Verband Deutscher Maschinen- und Anlagenbauer e.V.
vH.	von Hundert
VTM	Verband der Telekommunikationsnetz- und Mehrwertdiensteanbieter
WIPO	World Intellectual Property Organization

WIK   Wissenschaftliches Institut für Kommunikation
WTO   World Trade Organisation
ZDH   Zentralverband des Deutschen Handwerks
ZVEI   Zentralverband Elektrotechnik- und Elektronikindustrie e.V.

I Einleitung

1 Problem- und Fragestellung

Das Schlagwort "Informationsgesellschaft" bezeichnet ein in der öffentlichen Diskussion sehr prominentes Thema, mit dem ein umfassender Gesellschaftsentwurf gemeint ist. Geht man von einem solchen Gesellschaftswandel aus, wie er in der Debatte prognostiziert wird, so wird auch die Politik in ihren institutionellen und prozessualen Grundlagen davon betroffen sein. Der Ausgangspunkt dieser Untersuchung ist die Frage, wie dieses Thema von "der Politik" auf Bundesebene aufgegriffen und als Gegenstand politischen Handelns angesehen wird und von wem es auf welchem Feld behandelt wird. Ich konzentriere mich auf die Bundesebene, weil sie für Fragen gesamtgesellschaftlicher Regelungen und eventueller Veränderungen des Staats- und Regierungsverständnisses zentral ist.

Die erste Phase der Sondierung ergab, daß es seitens des politisch-administrativen Systems (paS), speziell seitens der Bundesregierung, politische Programme zu diesem Thema gibt. Auf die Frage, wo das Thema "Informationsgesellschaft" behandelt wird, das heißt in welchem Bereich öffentlicher bzw. hier bundesstaatlicher Politik die aktuellen Programme angesiedelt sind, läßt sich die Antwort geben, daß dies im wesentlichen im Bereich Telekommunikationspolitik (Tk-Politik) geschieht.

Das für die vorgelegte Arbeit erkenntnisleitende Interesse richtet sich auf die anderen zwei der oben angesprochenen Aspekte.

1. Wie wird das Thema behandelt? Diese Frage zielt auf die politischen Maßnahmen oder Programme bezüglich der "Informationsgesellschaft" und ihrer Grundlagen.

2. *Von wem* wird es behandelt? Hier frage ich nach den Handelnden des politisch-administrativen Systems und involvierter gesellschaftlicher Teilbereiche.

Diese Fragestellungen werden im Verlauf der Untersuchung weiter differenziert und konkretisiert. Insofern, als es mit dem Begriff "Informationsgesellschaft" auch um die Bezeichnung eines neuen Gesellschaftsentwurfs geht, wird innerhalb der Frage, *wie* das Thema vom paS behandelt wird, besonders interessant, mit welchen Vorstellungen und Deutungen dies geschieht. Darum werden die Inhalte von Politik zum Schwerpunkt der Analyse. Ich werde untersuchen, wie diese aus den Vorstellungen der beteiligten Akteure entwickelt werden und geprägt sind; für diese Ebene werde ich das Konzept "Wissen" verwenden. Die Frage lautet: Welches Staatsverständnis und welche

Gestaltungsprinzipien für die sog. Informationsgesellschaft werden entwickelt und angeboten?

2 Eingrenzung des Untersuchungsgegenstandes

Für diese Arbeit wurden zwei Initiativen bzw. Programme ausgewählt, die m.E. einen zentralen Stellenwert im Zusammenhang mit dem Thema Informationsgesellschaft besitzen. Dabei handelt es sich um zwei unterschiedliche politische Vorhaben, erstens um die Ausarbeitung eines neuen, grundlegenden Gesetzes, das einen ordnungspolitischen Rahmen für die Telekommunikation in der Bundesrepublik festlegen soll, und zweitens um einen Regierungsbericht, in dem der mögliche "Weg Deutschlands in die Informationsgesellschaft" erkundet und empfohlen wird, inklusive umfassender Handlungsanforderungen an Politik, Gesellschaft und Wirtschaft und einschließlich eines Handlungsplans für das Bundeskabinett.

Ihren Stellenwert erhalten sie aus der jeweiligen Funktion, die sie erfüllen sollen. Das Telekommunikationsgesetz (TKG), das Anfang Februar 1996 in die erste Lesung im BT ging, wird die zukünftigen Rahmenbedingungen für den Bereich der Telekommunikation festschreiben; und zwar sowohl für den Infrastruktur- als auch für den Dienstebereich. Es werden damit die ordnungspolitischen Grundlagen für diesen Sektor formuliert, die sich umschreiben lassen mit den Begriffen "Wettbewerb und Markt" als Gestaltungsprinzipien, "Privatisierung und Liberalisierung", das heißt Rückzug des Staates aus diesem bislang sehr staatsnahen Sektor, und generell der Ablösung des Paradigmas der "Daseinsvorsorge" durch das Paradigma der "Markt- und Gewerbefreiheit" in einem der entscheidenden Infrastrukturbereiche der Gesellschaft. Dieses Gesetzesvorhaben stellt als Gesetzgebungsinitiative ein konkretes politisches Programm mit einzelnen Elementen bzw. Instrumenten dar und wird in seiner Umsetzung einen regulativen Charakter besitzen.

Anders stellt sich das Bild bezüglich der Regierungsberichts "Info 2000. Deutschlands Weg in die Informationsgesellschaft" dar. Bei diesem, der ebenfalls im Februar des Jahres vom BMWi herausgegeben wurde, handelt es sich um einen vorläufigen Zwischenstand in Hinblick auf das Ausloten und Thematisieren eines Komplexes von Problemen und Handlungsfeldern, die um das Oberthema "Informationsgesellschaft" gruppiert werden. Damit dient er auch dem Zweck des "agenda building". Darüber hinaus soll er der Initiierung und Moderierung eines gesamtgesellschaftlichen Diskurses über dieses Thema dienen, einschließlich Situationsdeutung, Chancen- und Risikenabwägung, Aufzeigen von Entwicklungstendenzen und -potential, von Handlungserfordernissen und -optionen. Dieser Bericht gehört somit nicht zu den "harten" Programmen in Gesetzesform (so wie es das TKG eines ist), sondern er ist vielmehr eine Grundlage für solche in Zukunft. Zusammen mit dem Abschlußbericht des "Rates für Forschung, Technologie und Innovation", der beim Bundeskanzler angesiedelt ist, sich als erstes des Themas Informationsgesellschaft annahm und im Dezember 1995 einen diesbezüglichen Abschlußbericht vorlegte, erfüllte der Regierungsbericht Info 2000 die Aufgabe, benötigte Informationen zu den verschiedenen Facetten und Dimensionen des Themas zu beschaffen und diese zu einem - vorläufigen - Wissen zu bündeln und zu verbreiten. Die Initiierung des Technologierates war der Absicht geschuldet, möglichst viele relevante Experten zusammenzubringen und eine Diskussion unter ihnen anzuregen, als deren Ergebnis ein für alle Beteiligten und die von ihnen repräsentierten Gruppen verbindlicher Kenntnisstand stehen sollte, der in den Regierungsbericht einfloß. Neben dessen Transponierung in handlungsleitende Orientierungen für das paS wird mit dem Bericht Info 2000 auch eine Ausweitung der Diskussion angestrebt. Diese soll nicht mehr in Expertenzirkeln, sondern in möglichst breiten Kreisen der Gesellschaft geführt werden. So bezieht sich denn auch eine der vorgeschlagenen und geforderten Maßnahmen, die die Bundesregierung zu ergreifen habe, auf das Anstoßen und Gestalten einer gesellschaftsweiten Diskussion.

Zusammenfassend kann man sagen, daß die Produktion dieses Berichtes eine eher unspezifische, "weiche" politische Maßnahme ist, die einerseits der Formulierung und Diffusion von relevantem Wissen und andererseits der Einflußnahme auf die öffentliche Thematisierung und Diskussion der Informationsgesellschaft dient. Als allgemeine Strategie für das Vorgehen des paS in diesem unbekannten Feld wird die "Steuerung des Kontextes" der Entwicklung empfohlen. Dies kann begriffen werden als der Versuch, einen neuen Ansatz der politischen Steuerung in einem Politikbereich vorzubereiten und anzubahnen, der von einem Querschnittsthema, oder besser: von einem Themengemenge geprägt ist. Während sich das TKG mit der Regulierung der Telekommunikation im engeren Sinn befaßt, setzt der Regierungsbericht zwar grundsätzlich an der Tk an, weist aber gleichzeitig über die Grenzen des Politikfeldes Telekommunikation hinaus. So ist denn auch - im Gegensatz zum Regierungsbericht - die Zuordnung der Initiative für das TKG zu einem etablierten Politikfeld, und damit auch zu einem ausgewiesenen Set an Akteuren und zu einer bestimmten Verfahrensweise möglich. Beide politischen Maßnahmen, die vom paS ausgingen, werden hier als politische Programme, als Policies begriffen. Ihre Inhalte in Zusammenhang mit dem Entstehungskontext stehen im Zentrum dieser Arbeit.

3 Begriffsdarlegung und Untersuchungsansatz

Das Politikfeld Telekommunikation gilt hier als der Ort, an dem die beiden hier zu untersuchenden Programme angesiedelt sind. Telekommunikation "bezeichnet die Kommunikation zwischen Menschen, Maschinen und anderen Systemen mit Hilfe von nachrichtentechnischen Übertragungsverfahren. Diese Kommunikation, die Massen- oder Individualkommunikation, verteilte oder vermittelte Kommunikation sein kann, kommt nur mit Hilfe der Nachrichtentechnik zustande." (Scherer 1985: S.31; vgl. zur Definition Mögling 1995: 6, Werle 1990: 23-26). Zur Telekommunikation gehören neben den netztechnischen Grundlagen (der Fernmeldetechnik) immer mehr auch die auf den Netzen aufbauenden Telekommunikationsdienste. Diese haben eine wesentliche Ausdifferenzierung erfahren, und vor allem wegen der Integration von Mikroelektronik und EDV in die Vermittlungsebene der Netze sind viele neue Dienste und Dienstmerkmale entstanden. Telekommunikationspolitik bezeichnet dann die Gesamtheit der auf die Telekommunikation in ihren verschiedenen Dimensionen bezogenen politischen Maßnahmen und Programme; das Politikfeld Telekommunikation wird aus diesen und den zugehörigen individuellen wie kollektiven Akteuren gebildet.

Um die beiden hier ausgewählten politischen Phänomene zu untersuchen, werden Anleihen gemacht bei Ansätzen, die unter den Oberbegriff der Policy-Analyse gezählt werden. In der politikwissenschaftlichen Diskussion gibt es mittlerweile eine Vielzahl von Ausprägungen und Weiterentwicklungen der in den 70er Jahren entstandenen Forschungsrichtung der Policy-Analyse. Für die hier beabsichtigte Untersuchung werden zwei Komponenten als besonders geeignet angesehen und zu einem Untersuchungs- "design" verknüpft.

Mittels der Analyseelemente einer eher quantitativ orientierten Netzwerk-Forschung lassen sich die in eine Policy involvierten Akteure und ihre Beziehungen zueinander untersuchen. Dieser Netzwerk-Ansatz wird zum Einsatz kommen in Bezug auf das TKG, weil dessen Entstehung tatsächlich von dem Handeln einer Reihe unterschiedlicher Akteure in unterscheidbaren Konstellationen getragen war. Als Frage: Welche Akteure lassen sich als diejenigen identifizieren, die bei der Formulierung dieser Policy entscheidend waren? Bei der Formulierung des Regierungsberichts war dagegen die Anzahl der beteiligten Akteure wesentlich geringer; auch deshalb wird der Schwerpunkt der Analyse auf seinen Inhalt gelegt.

Mittels einer eher qualitativ-interpretativen Herangehensweise können Interessen und "Wissen" der einzelnen Akteure untersucht werden. Dadurch sollen die im Policy- Prozeß aktivierten handlungsleitenden Orientierungen und "belief systems" der Akteure sichtbar gemacht werden. In den auf Wissen (als hier zunächst unbestimmt bleibender Begriff, vgl. Kapitel II) fokussierten Ansätzen wird davon ausgegangen, daß Interessen und Wissen nicht aufeinander reduzierbar sind, sondern vielmehr eigenständige Faktoren darstellen, die das konkrete Handeln von Akteuren strukturieren und für dessen Erklärung von zentraler Bedeutung sind. Also interessiert die Frage danach, welches Wissen für eine Policy in welcher Hinsicht und mit welcher Funktion relevant war oder ist.

Dies qualitativ orientierte Vorgehen erscheint vielversprechend für die Analyse von beiden Programmen. Im Falle des TKG lassen sich somit Überzeugungen, Glaubenssätze, Argumentationsweisen u.ä. herausarbeiten, die eher grundsätzlich das Feld Telekommunikationspolitik strukturieren. Zum anderen können so die Wissensaspekte deutlich werden, die zu jeweils unterschiedlichen Positionierungen und Auffassungen der Akteure bezüglich einzelner konkreter Elemente des TKG geführt haben. Im Falle des Regierungsberichts Info 2000 lassen sich die zentralen Wissensbestandteile aufzeigen, die - so die These - für die weiteren politischen Initiativen der Bundesregierung zu Grunde gelegt werden. Interessant ist es m.E., genauer zu erkunden, wie der Begriff Informationsgesellschaft überhaupt gefaßt wird. Des weiteren wird zu fragen sein, welches Staatsverständnis oder auch welcher Regulierungstyp, zu dem auch eine Deutung von Funktion und Aufgabe des Staates zählt, entwickelt wird.

Hiermit sind auch schon die Hauptunterschiede zwischen den beiden Phänomenen bezüglich des jeweils involvierten Wissens ersichtlich. Während das TKG als konkretes Gesetzesvorhaben in einem etablierten, traditionellen Politikfeld angesiedelt ist und hier als Abschluß einer grundlegenden Reform des Telekommunikationssektors angesehen wird, so handelt es sich beim dem Bericht Info 2000 eher um eine Grundlegung für spätere, zu konkretisierende Maßnahmen. Es ließe sich sagen, daß im Falle des TKG Wissen schon von vornherein im Feld vorhanden war bzw. für die einzelnen Elemente des Gesetzes speziell hervorgebracht worden ist und als Detailwissen in die Formulierung Eingang fand. Hingegen stellt der Regierungsbericht den Versuch dar, das für einen relevanten und zentralen Akteur - das paS - notwendige Wissen für spätere Vorhaben zu generieren und zu strukturieren. Dabei handelt es sich m.E. aber schon um ein politisches Handeln, da das paS, in diesem Fall zuerst das Bundeskanzleramt, die Initiative übernahm und in einem ersten Schritt ein Expertengremium ins Leben rief, das sich zuerst des Themas "Informationsgesellschaft" annahm. Es leistete sozusagen die Vorarbeit, die für den Regierungsbericht Verwendung fand. Mit beiden

Maßnahmen wird eine Strukturierung bzw. Schneidung des noch recht vagen Feldes "Informationsgesellschaft" angestrebt, die sowohl eine Abgrenzung und mögliche Konstellation von künftig involvierten Akteuren als auch einen Vorhabenkatalog bezüglich der im einzelnen anzugehenden Punkte beinhaltet. Andererseits wird durch eine solche Initiative ein grundsätzliches Wissen für dies möglicherweise neu entstehende Politikfeld hervorgebracht, das in seiner Verbreitung und potentiellen Wirkung über den Bereich des paS hinausgeht. Dieses Wissen wird, so die Annahme, nicht nur das Handeln der Bundesregierung anleiten, sondern auch dasjenige einer Vielzahl von Akteuren in diesem Feld beeinflussen. Schon mit der Zusammensetzung des Technologierates wurde das Teilziel verfolgt, möglichst alle relevanten Akteure zusammenzubringen. Angestrebt war auch, eine durchaus kontroverse Debatte in Gang zu setzen und zu moderieren, als deren eines Ergebnis die von den Akteuren eingenommenen Positionen sowohl zu dem Gesamtkomplex als auch zu Teilaspekten erkennbar werden.

Aus diesen Unterschieden folgen unterschiedliche Herangehensweisen an die beiden Untersuchungsgegenstände. Kurz gesagt stehen beim TKG, das vor allem in dessen Formulierung analysiert werden soll, das "Netz" aus einzelnen Akteuren mit ihrem jeweiligen grundsätzlichen bzw. je nach Gesetzeselement speziellen, argumentativen Wissen und ihre Beziehungen zueinander im Mittelpunkt. Zu diesem Zweck werden netzwerk- und inhaltsanalytische Verfahren verwendet. Beim Regierungsbericht Info 2000 hingegen wird der Text selbst analysiert, das in ihm enthaltene Wissen interessiert und soll durch eine qualitative Inhaltsanalyse (Mayring 1995) in Hinblick auf Staatsverständnis und Handlungsstrategie erschlossen werden.

Was den Forschungsstand betrifft, so läßt sich sagen, daß es einiges an politikwissenschaftlicher Forschung zum Politikfeld Telekommunikation gibt - besonders interessant und wichtig sind die Studien zu den sog. Postreformen I und II, mit denen das TKG in unlösbarem Zusammenhang steht. Hingegen ist das Feld "Informationsgesellschaft" politologisch noch wenig bearbeitet. Diese Arbeit soll auch dazu beitragen, dies Thema politikwissenschaftlicher Forschung zu erschließen. Es gibt bislang Studien, die sich im Rahmen der Technologiefolgenabschätzung mit einzelnen Aspekten beschäftigen. Für meine Zwecke hilfreich sind die Arbeiten, die sich mit Multimedia als Gegenstand einer anvisierten Informationsgesellschaft befassen, da in diesen z.T. die Debatten um einen Begriff und dessen Ausfüllung analysiert werden, die sich auch in Diskussionen um die Informationsgesellschaft wiederfinden lassen (Vowe/Beck 1995). Vor allem auf diejenigen Arbeiten aus dem Max-Planck-Institut für Gesellschaftsforschung (Köln) nehme ich Bezug, die sich mit Telekommunikationspolitik besonders auf bundesdeutscher, aber auch auf europäischer Ebene befassen (Mayntz 1988, Schneider 1989, Schneider/Werle 1989 und 1991, Werle 1990, Mayntz 1993, Mayntz/Scharpf 1995, Mayntz/Schneider 1995, Schneider 1995). Herangezogen werden auch Studien, die im Rahmen der Arbeit des Max-Planck-Instituts für ausländisches und internationales Privatrecht (Hamburg) entstanden und sich mit den (wirtschafts-) rechtlichen Grundlagen der Tk befassen (vgl. als Überblick Mestmäcker 1995a).

4 Aufbau der Untersuchung und Entwicklung zentraler Thesen

Im anschließenden Kapitel II werden die theoretischen und begrifflichen Grundlagen erläutert und somit das Untersuchungskonzept für diese Arbeit erstellt. Erörtert werden nacheinander die Policy-Analyse als politikwissenschaftliche Forschungsrichtung, dann der Netzwerk-Ansatz und Konzepte wissenspolitologischer Forschung. Eine Verbindung aus diesen Strängen wird verwendet, um für die hier im Mittelpunkt stehenden Phänomene in Hinblick auf die oben genannten Fragen ein Untersuchungskonzept zur Hand zu haben.

Im darauf folgenden Kapitel III wird überblicksartig die Transformation der bisherigen Telekommunikationspolitik in der Bundesrepublik ab der Postreform I, also ab 1989, dargestellt. In diesem Teil der Untersuchung soll das Politikfeld vermessen werden. Die Gründe für die Transformation sollen verdeutlicht werden und ein skizzenhafter Überblick über die Akteurskonstellation (das Netzwerk der Tk-Politik) und das institutionelle Gefüge des Politikfeldes gegeben werden. Das soll dazu dienen, eine Vorstellung dieses Politikfeldes und der in ihm Veränderungen bewirkenden internen wie externen Faktoren zu vermitteln. Im Anschluß werden dann kurz die Charakteristika des Politikfeldes, das heißt die Grundzüge des politischen Handelns und dessen Zielsetzung verdeutlicht. Die Leitlinien bilden De- bzw. Reregulierung, Privatisierung, Liberalisierung und damit schrittweiser Rückzug des Staates aus dem vormals sehr eng mit dem paS verbundenen und umfassend regulierten Politikfeld Telekommunikation.

Es wird eingegangen auf die aktuelle, die Grenzen des traditionellen Politikfeldes überschreitende Telekommunikationspolitik in der Bundesrepublik - die angestrebte, jedenfalls in den Blick genommene und damit auf der Agenda der bundesstaatlichen Politik stehende Informationsgesellschaft. Diesbezüglich werden dort (bzw. z.T. im vierten Kapitel) die Thesen erläutert, daß

1. es einen Wandel im bisherigen, etablierten Politikfeld und dessen Akteurs-Netzwerk, dessen Konsolidierung noch nicht abgeschlossen ist, gibt. Hierfür sind erhebliche ökonomische, technische und institutionelle Umbrüche verantwortlich, die die Grundlagen der Tk-Politik verändert haben;

2. Tk-Politik nicht mehr in nationalstaatlichen Grenzen betrieben wird, sondern mindestens im europäischen Rahmen. Besonders die Verflechtung mit der Politik der Kommission der EG sollte als wichtige Einflußgröße für die nationale Tk-Politik in die Analyse einbezogen werden;

3. mit dem Regierungsbericht Info 2000 die Leitlinien für die Schaffung von ordnungspolitischen Rahmenbedingungen und Gestaltungsprinzipien für die Ausgestaltung einer zukünftigen Informationsgesellschaft formuliert werden. Das dafür benötigte Wissen erscheint als noch nicht sehr gefestigt; es ist eher so, daß dieses für die Bearbeitung des relativ neuen Themas "Informationsgesellschaft" erst abgesteckt und "geordnet" werden muß, so daß darauf aufbauend ein zukünftiges Handlungskonzept und entsprechende kommende Programme entwickelt werden können, die seitens des paS schon angekündigt sind (z.B. das Multimedia-Gesetz);

4. mit dem TKG die ordnungspolitischen Rahmenbedingungen für den (infrastrukturellen) Aufbau der Informationsgesellschaft (was immer das im einzelnen bedeuten wird) geschaffen werden sollen. Dies bedeutet, daß das Gestaltungsparadigma für die Tk insgesamt nunmehr aus den Elementen "freier Marktzutritt", "Überführung der sektorspezifischen Regulierung in die allgemeine Wettbewerbsordnung" sowie "Gewerbe- und Dienstleistungsfreiheit" besteht.

Im Kapitel III wird dann noch kurz auf die Problemgenese und Thematisierung der beiden unterschiedlichen Policies eingegangen. Dieser Abriß liefert die Folie, vor der dann im Kapitel IV die beiden in dieser Arbeit behandelten Outputs der Tk-Politik als Fallbeispiele in wissenspolitologischer Perspektive analysiert werden. Diese Analyse ist eine exemplarische, weil eine Beschränkung im Rahmen dieser Arbeit notwendig ist und die ausgewählten Analysegegenstände es m.E. gleichzeitig erlauben, wesentliche Politikinhalte sowie -prozesse in diesem Feld zu untersuchen. Im Falle des TKG konzentriere ich mich auf den Kern der Akteure, der unerläßlich für das Entstehen und Formulieren dieser Policy war. Das von diesem "inneren Kreis" in den Prozeß eingebrachte argumentative und interpretative Wissen umfaßt alle Wissensbestandteile, die für die Entwicklung des TKG in seinen Einzelinstrumenten notwendig waren. Der Untersuchungszeitraum beginnt mit der Veröffentlichung der ersten Eckpunkte des zukünftigen TKG im März 1995 und endet mit der ersten Lesung des TKG-Entwurfs im Bundestag Anfang Februar 1996. Die für die Untersuchung benötigten Daten wurden aus schriftlichen Quellen sowie aus einer Reihe von Experteninterviews gewonnen (vgl. zur Methodik Kapitel IV.1.2).

Auch bezüglich des Regierungsberichts wird eine Einschränkung vorgenommen, indem auf den Inhalt des Berichts fokussiert wird. Im Zentrum steht die Auswertung im Hinblick auf die Frage, welches Staatsverständnis in dem Bericht entwickelt wird und wie die Rolle des Staates (und seine Aufgaben bzw. Funktionen) in diesem definiert werden. Dazu gehört auch die Darlegung des Begriffsverständnisses und der Gewichtung der Dimensionen der Thematik, wie sie der Bericht enthält. Mittels dieser Analyse, die methodisch an die qualitative Inhaltsanalyse nach P. Mayring (1995) angelehnt ist, soll herausgearbeitet werden, wie sich das Wissen des paS bezüglich des (konstatierten) gesellschaftlichen Umbruchs aus heutiger Sicht darstellt und besonders, welchen Handlungsbedarf das paS für sich markiert.

Im abschließenden Teil (Kapitel V) der Arbeit werden die einzelnen Ergebnisse zusammengeführt. Es sollen die Transformationen des Politikfeldes Telekommunikation inklusive dessen Akteursstruktur aufgezeigt werden. Die "klassische" Fernmeldepolitik wird abgelöst von einer neuen, auf die angestrebte Informationsgesellschaft ausgerichteten Tk-Politik. Die Frage nach der Bedeutung und Funktion von "Wissen" in diesem Prozeß und für das politische Handeln von Akteuren wird aufgegriffen. In einem Resümee werden methodische Nachbetrachtungen angestellt und reflektiert auf Zusammenhänge zwischen "Wissen" und Politik und die Rolle der Wissenspolitologie für die Analyse von Policy.

II Theoretische und methodische Grundlagen

Für die Analyse von Politik unerläßlich ist zunächst die Ausweisung des zugrunde gelegten Verständisses von Politik. Das impliziert ein bestimmtes Modell, das der Beschreibung und Erklärung dient und das durch zentrale Begriffe und deren Beziehungen zueinander gebildet wird. Im Folgenden soll das hier verwendete Modell von Politik skizziert und der damit zusammenhängende Ansatz bzw. Approach als Verbindung von Theorie und Methoden (vgl. Patzelt 1992: 193ff) ausgeführt werden. In diesem Teil der Arbeit wird es deswegen um die theoretischen und methodischen Grundlagen gehen - also darum, welche theoretischen Annahmen und Modelle herangezogen werden, um die in Frage stehenden Phänomene analysieren zu können. Den Anfang macht eine Konzeption von Politik, die die Policy-Dimension von Politik in den Vordergrund rückt und als zu erklärende Variable ansieht.

1 Policy-Analyse

Der zentrale Begriff hierbei lautet Policy, das damit Bezeichnete ist Objekt des Forschungsinteresses. Im Abgrenzung zu den beiden anderen grundlegenden Dimensionen von Politik - Polity und Politics - wird Policy verstanden als ein Programm oder Maßnahmenbündel, also allgemein als verbindliche Auswahl und Festlegung bewerteter Handlungsoptionen, um bestimmte Ziele zu erreichen (vgl. zu Fragen der Begriffsbestimmung Jann 1985: 6-13; zu Versuchen einer Klassifizierung von Policies Windhoff-Héritier 1987: 21-42).

Die Analyse von Policy interessiert sich für die Voraussetzungen, Inhalte und Folgen von Politik im Sinne von "public policy", zu der gewöhnlich sämtliche öffentliche Aktivitäten in materiellen Politikbereichen gezählt werden (Jann 1985: 9). Es geht um mögliche systematische Zusammenhänge zwischen diesen Elementen von Policy. Eine enge Definition des Begriffs Policy-Analyse erscheint auf Grund der Vielzahl und Unterschiede der Ausgestaltungen des Ansatzes wenig hilfreich. Eine eher allgemeine Begriffsbestimmung wurde von Dye gegeben: "Policy analysis is finding out what governments do, why they do it, and what difference it makes." (zit. nach Schubert 1991: 25). Geht es um das Handeln von Regierungen, so ist damit eine Grundannahme gemacht: Politik wird als Prozeß begriffen, als "policy making", und zwar einerseits als Problemverarbeitungsprozeß und andererseits als Prozeß des Widerstreits von (organisierten) Interessen. Es lassen sich dabei vier Ebenen der Analyse unterscheiden:

1. der Politikbereich bzw. das Politikfeld, in dem eine bestimmte Policy angesiedelt ist;

2. die zeitliche Ausrichtung: es wird eine ex ante-Perspektive von einer ex post-Perspektive unterschieden;

3. die Phasen des Prozesses, die eine Policy durchläuft; idealtypisch lassen sich die Thematisierung, die Formulierung, die Durchführung und die Wirkungs- und Evaluationsphase unterscheiden;

4. die Faktoren, die auf den Prozeß einwirken: hier kann es sich um solche handeln, die dem politisch-administrativen System (paS) innewohnen, oder um externe, strukturelle sozio-ökonomische; es werden aber auch z.T. individuelle handlungsbezogene Einflüsse einzelner Personen untersucht.

Angestrebt werden solche Konzepte, mit denen die Zusammenhänge zwischen externen Faktoren, den charakteristischen Merkmalen des paS und den Politikinhalten systematisch beschrieben werden können. Entprechende Erklärungsmuster können in einer zweidimensionalen Matrix eingeordnet werden: erstens hinsichtlich der dominierenden Erklärungsebene von Policy (Mikro-Makro-Kontinuum), zweitens im Hinblick auf das Gewicht, das dem Handeln und den Entscheidungen einzelner Akteure beigemessen wird (Voluntarismus-Determinismus-Kontinuum; vgl. Schneider 1989: 30-33). Die jeweils reinen Ausprägungen befriedigen nicht, da sie erstens entweder die autonome Entscheidungsfreiheit oder die strukturellen und institutionellen Rahmenbedingungen und Restriktionen von Handeln überbewerten und zweitens entweder die Handlungsaggregate zu groß oder zu klein wählen, als daß mit ihnen sinnvollerweise das Zustandekommen und die Durchführung von Policies erklärt werden könnte (Schneider 1988: 22ff). Deshalb erscheint es sinnvoll, einen mittleren Weg zu beschreiten, das hieße die Analyse und die Erklärung von Policies jeweils in der Mitte der beiden Pole anzusiedeln. Damit wird erstens anerkannt, daß relative Entscheidungsautonomie ein wichtiges Handlungsprinzip darstellt, und zweitens, daß Entscheidungen für Handlungsstrategien und deren Umsetzung nie vollkommen frei und unbeschränkt sind und Handlungsprozesse immer schon eingebettet sind in kontextuelle und strukturelle Bedingungen und Restriktionen (vgl. Schneider 1988: 25-29, bes. 27).

Ein Politikprozeß kann nun unter zwei Perspektiven beschreibend erklärt werden. Die erste richtet den Blick auf die Struktur des Politikfeldes und der jeweiligen Politikarena; gemeint ist damit das institutionelle Gefüge der in einer Policy involvierten

Akteure (synchrone Betrachtung). Die zweite betrachtet die Dynamik einer Politik, dies meint die Entwicklung einer Policy (diachrone Betrachtung). Beide sind auf denselben Untersuchungsgegenstand bezogen. Die synchrone zielt auf das Aufzeigen des strukturellen Gefüges der (korporativen) Akteure, die auf einem Politikfeld (hier: Telekommunikation) in eine Policy (hier z.b. TKG) involviert sind (Schneider 1988: 29-62). Die diachrone Perspektive dient der Rekonstruktion der Herausbildung einer Policy im Zeitverlauf, sie wird hier Policy-Entwicklungsprozeß genannt.

Zwei Akzentuierungen erscheinen mir für den Zweck dieser Untersuchung wichtig. Zum einen ist das die Betonung der Funktion von Netzwerken für das Hervorbringen von Politik. Dies erscheint mir im Hinblick auf die Telekommunikationspolitik sinnvoll, da gerade in diesem Bereich ein ausgeprägtes Zusammenwirken von "gesellschaftlicher Selbstregelung und politischer Steuerung" (Mayntz/Scharpf 1995b) beobachtet wurde und wird. Damit wird auch der These von R. Mayntz und F. W. Scharpf gefolgt, daß Netzwerke gerade für das Auftauchen und die Erklärung von Phänomenen der Steuerung und Selbstorganisation in sog. staatsnahen Sektoren,wozu die Telekommunikation zumindest bislang zählte, die zentrale Rolle innehaben (Mayntz/Scharpf 1995b: 9-38 und Mayntz/Schneider 1995: 73-100). Die zweite Akzentuierung bezieht sich auf die Absicht, die Bedeutung und Funktion von "Wissen" im Politikprozeß in die Analyse einzubeziehen und exemplarisch zu erläutern. M.E. spielt das, was in den hierfür zugrundegelegten Ansätzen als "belief system" (Sabatier 1993) bzw. als "Wissen" (Nullmeier 1993) auf den Begriff gebracht wird, in Politikprozessen speziell auf der Policy-Ebene eine entscheidende, bislang eventuell unterschätzte Rolle. Besonders gilt das für das erste Fallbeispiel. Der Regierungsbericht wurde ja, so die These, von Akteuren des paS hervorgebracht auch mit der Absicht, die für die konkrete Formulierung zukünftiger Porgramme notwendigen Informationen zu sammeln und als ein Wissen zu formulieren.

2 Netzwerkforschung

Ein wesentlicher Grund für die verstärkte politikwissenschaftliche Verwendung des Konzepts der Politiknetzwerke (vgl. Kenis/Schneider 1991) besteht in seinem zweifachen Nutzen: erstens als Methode der Strukturbeschreibung im Sinne einer formalen Netzwerk-Analyse, zum anderen als zunehmend interessanter werdende Form der Politiksteuerung (bzw. -regelung) in modernen, funktionell differenzierten Gesellschaften mit fragmentiertem paS (vgl. Pappi 1993: 84-93; zu Letztgenanntem Mayntz/Scharpf 1995b: 24-28).

Das Potential des Ansatzes gewinnt an Bedeutung, wenn konstatiert wird, daß es grundlegende Veränderungen des politischen Prozesses in den letzten zwei Jahrzehnten gegeben hat. Als Stichworte mögen genügen: soziale Differenzierung, Sektoralisierung und struktureller Wandel im Zuge des Modernisierungsprozesses, "policy growth" (vgl. Kenis/Schneider 1991, Mayntz 1993a, Mayntz/Scharpf 1995a). Die basale Veränderung, die knapp zusammengefaßt werden kann in der Formel: "Von hierachischer Kontrolle zu horizontaler Koordination", erforderte ein neues konzeptuelles Verständnis von politischen Prozessen und damit das Aufgeben von idealtypisch entgegengesetzten Konzepten: Pluralismus versus Neo-Korporatismus, System- versus Handlungstheorie, Autopoiesis versus Steuerung von Teilsystemen (Kenis/Schneider 1991: 33-38). Mit der Modellierung von Politiknetzwerken, die die in verschiedenen Studien beobachteten, neuen Formen der Politikproduktion (bzw. hier policy making) berücksichtigten, wurde ein Konzept entwickelt, dem die bisherigen Entgegensetzungen als Pole eines Kontinuums gelten und das sozusagen in deren Mitte angesiedelt wurde. "In itself, policy network' is a concept that appears to signal the confluence of two research traditions, (sociological) network analysis, and studies of policy making." resümieren B. Marin und R. Mayntz (Marin/Mayntz 1991b: 12). In diesem Zuge wurde auch die Gegenüberstellung von entweder quantitativ oder aber qualitativ als inadäquat erkannt und mit dem Netzwerkansatz ein "combined approach" (Marin/Mayntz 1991b: 21) entwickelt.

Im Ergebnis kommt der Netzwerk-Konzeption eine doppelte Funktion zu: sie dient als Methode der Erforschung der Beziehungen zwischen staatlichen und privaten Akteuren hinsichtlich deren Bedeutung für politische Steuerung und das Hervorbringen von Politik und gleichzeitig stellt sie Instrumente für die Identifizierung und Beschreibung dieser neuen Beziehungsmuster zur Verfügung. Damit beides in derselben Untersuchung verfolgt werden kann, ist es nach Pappi (1993) dienlich, zwischen Politikfeldern und Policies, somit auch zwischen Politikfeld- und Policy-Netzen zu unterscheiden. Ein Politikfeld wird verstanden als übergeordneter Begriff, der ein soziales System bezeichnet und den gemeinsamen symbolischen Bezug der Akteure hinsichtlich Themen und Gestaltungsgrundsätzen darstellt. Die neuen Beziehungsformen zwischen staatlichen und privaten Akteuren werden mit dem Begriff Politikfeldnetz gefaßt. Damit wird der Einbettung von Akteuren in soziale Beziehungen, die einen relativ stabilen Charakter aufweisen, Rechnung getragen. Ein solches Beziehungsgeflecht bildet sich um bestimmte Oberthemen, die ein Politikfeld strukturieren. Der Begriff Policy meint hingegen eine bestimmte politische Maßnahme oder ein Programm, das innerhalb eines bestimmten Politikfeldes hervorgebracht wird (Pappi 1993: 90-93). Die an einer solchen Policy mitwirkenden Akteure, die verschiedene Verbindungen eingehen können, bilden dann das Policy-Netz.

Ohne auf die Details eingehen zu wollen, lassen sich verschiedene zugrundeliegende Wandlungen benennen, die für das Aufkommen des Netzwerk-Konzeptes in der Politikwissenschaft entscheidend waren. P. Kenis und V. Schneider schreiben: "This coining of a new metaphor during the 70s did not come by coincidence but is related to at least three more general transformations:

1. transformations in the political reality, or in other words, in the reality of policy making as recognized by competent observers;
2. transformations in conceptual and theoretical developments in the political sciences in general and in policy analysis in particular;
3. the development of a methodological apparatus for structural analysis which in turn was the result of a more 'structural approach' in the social sciences in general." (Kenis/Schneider 1991: 33; vgl. ebd.: 34-40, Mayntz 1993: 40-45, Benz 1995: 186,193-186).

Nunmehr soll es darum gehen, einige zentrale Elemente und Dimensionen des Netzwerkkonzepts zu benennen. Dafür sollen einige Definitionsvorschläge aus der Literatur verglichen werden. Wie dieser zu entnehmen ist, gibt es bislang keine allseits akzeptierte terminologische Konvention, wie B. Marin und R. Mayntz darlegen: "The properties of phenomena named 'policy networks' cannot be derived from the concept (except in tautological manner); we must choose what we want them to designate." (Marin/Mayntz 1991b: 15). P. Kenis und V. Schneider geben in einem Überblicksartikel die folgende vorläufige Definition: "Policy networks should be conceived as specific structural arrangements in policy making." (Kenis/Schneider 1991: 41). Sie schlagen vor, den Begriff für "specific organizational modes of policy making" zu reservieren (Kenis/Schneider 1991: 40). Eine mehr formale Begriffsbestimmung, die in soziologischer Tradition steht, bringt D. Jansen: "Ein Netzwerk besteht danach aus einer abgegrenzten Menge von 'Knotenpunkten' (Akteuren, Personen, Organisationen) und den sie verbindenden 'Kanten', die die Beziehungen zwischen den Knoten abbilden. Im Minimalfall handelt es sich um nur einen Beziehungstyp, in sogenannten multiplexen Netzwerken können für einen Satz von Akteuren aber auch gleichzeitig mehrere Beziehungstypen untersucht werden. Beziehungen können vorhanden oder nicht vorhanden sein, sie können gerichtet oder symmetrisch sein, und sie können von verschiede-

ner Intensität sein. All diese Informationen lassen sich in Matrizenform abbilden."
(Jansen 1995: 137). A. Benz definiert Netzwerke dem gängigen politikwissenschaftlichen Verständnis folgend "als relativ dauerhafte, nicht formal organisierte,
durch wechselseitige Abhängigkeiten, gemeinsame Verhaltenserwartungen und Orientierungen sowie Vertrauensbeziehungen stabilisierte Kommunikationsstrukturen zwischen Individuen oder Organisationen, die dem Informationsaustausch, der kooperati-
ven Produktion eines Kollektivgutes oder der gemeinsamen Interessenformulierung
dienen." (Benz 1995: 194).

Eine relativ neue Dimension der Policy-Entwicklung - deren Transnationalität -
gewinnt zunehmend auch für Politik-Netzwerke an Gewicht. Gemeint ist damit die
Tatsache, daß immer mehr Politikfelder nicht länger allein auf nationalstaatlicher Ebe-
ne bearbeitet werden können, sondern daß aufgrund von inter- und supranationalen
Beziehungen und wechselseitigen Abhängigkeiten zwischen Nationen die nationale
Politik im Kontext dieser Einbettung erfolgt. Für die Hervorbringung von einzelnen
Policies müssen diese Bedingungen antizipiert werden. Aber auch der Zutritt von korporativen Akteuren aus anderen Staaten zu den Arenen der Policy-Entwicklung ist eine
Facette der Transnationalisierung. Gerade für das Politikfeld Telekommunikation gilt,
was P. Kenis und V. Schneider zu der "transnationalization" sagen (1991: 35): "Today,
national policy processes are deeply embedded in international policy environments
and policy interdependencies. The membership of nation-states in supranational orga-
nizations and the international concertation of summits places not only constraints but
often directly influences national policy choices."

Eine andere begriffliche Variante für die politikwissenschaftliche Nutzung des
Netzwerk-Begriffs bieten F. Nullmeier und F. W. Rüb (1993). Für den analytischen
Begriffsrahmen bildet das nominelle Politikfeld die Basis. "Über die in Selbst- und
Fremdbeschreibungen politischer Akteure erfolgende Definition von Zugehörigkeiten
einzelner Akteure, Organisationen, Regelungsweisen und Institutionen zum nominellen
Politikfeld konstituiert sich ein Zusammenhang, der politikwissenschaftlich als Netzwerk beschrieben werden kann." (1993: 297). Desweiteren werden dann Policy Universe, Policy Network und Issue Network unterschieden. Das Policy Universe bezieht
alle Akteure und Institutionen ein, die in der einen oder anderen Weise ihr Interesse an
Problemen des Politikfeldes bekunden würden. Dieses muß über die Akteure in wechselseitigen Zugehörigkeitsdefinitionen ausgesagt werden. Policy Universe meint den
weitesten und offensten Vernetzungsrahmen. Policy Network hingegen bezieht sich
auf die definierte Zugehörigkeit zu einem nominellen Politikfeld. Netzwerke, die sich

allein um einzelne politische Themen mit deutlichem Politikfeld-Bezug bilden, werden Issue Networks genannt. Die Themen bzw. Issues, die Ausgangspunkt einer Netzwerkbildung werden können, lassen sich nach zwei Typen unterscheiden (Nullmeier/Rüb 1993: 298): Politikfeld-interne Themen sind jene, die vorwiegend einem Politikfeld als typisches Teil-Problem zugeordnet werden (z.B. Marktöffnung in der Tk). Politikfeld-übergreifende Themen passen nicht in den Rahmen einer einzelnen Teilbereichspolitik und sprengen dessen Regelungsreichweite. "Informationsgesellschaft" ist ein Beispiel dafür; dies Thema reicht weit über das Politikfeld Telekommunikation hinaus. Eine weitere Differenzierung wird mit dem Begriff des Inner Circle vorgenommen. Damit wird eine personale Vernetzung beschrieben: "Statt von Organisationen, kollektiven Akteuren und Institutionen kann bei Vernetzung auch von Personen die Rede sein - jenen Personen, die als Repräsentanten der korporativen Akteure die tatsächlich Handelnden im Politikfeld sind." (Nullmeier/Rüb 1993: 299). Zu einem solchen Kern kann gezählt werden, wer in den wechselseitigen Bestimmungen von Zugehörigkeit als Mitglied gesehen wird. Dabei sind einseitige Selbstzurechnungen nicht ausreichend. Die Autoren halten fest, daß sowohl Policy Networks als auch Issue Networks und Inner Circles abgeschottete Wissensmärkte ausbilden können. Dabei sind die jeweils nicht als zugehörig bestimmten Akteure von der tatsächlichen Teilnahme an den policy-relevanten Debatten ausgeschlossen.

Dieser begrifflichen Variante folgt die Arbeit im wesentlichen. Als Politikfeld ist die Telekommunikation bestimmt worden, ein Überblick über das Policy Network (hier: Politikfeld-Netzwerk) wird im nächsten Abschnitt gegeben. In der Fallstudie zum TKG wird dann auf das Issue Network eingegangen. Die Analyse fokussiert auf den Inner Circle, der die Formulierung des TKG trug.

3 Belief systems und Wissen im Policy-Prozeß

Es wird nun eine Richtung vorgestellt, die eine bislang unterrepräsentierte Dimension des Policy-Prozesses in das Zentrum der Analyse rückt. Es handelt sich dabei um kognitive Faktoren und Bedingungen von Akteurshandeln - um "belief systems" und "Wissen". In erster Näherung können darunter gefaßt werden: zum einen sogenannte gedankliche Orientierungsskizzen; das heißt kognitive und normative Muster, innerhalb derer die Akteure ihre Handlungsmöglichkeiten abschätzen, bewerten und sich für oder gegen bestimmte Optionen entscheiden. Zum anderen umfassen belief systems bzw. Wissen auch den Aufbau und die Strukturiertheit der zu bearbeitenden Probleme und Themen und die zu diesen gehörigen inhaltlichen, sachlichen, räumlichen und zeitlichen Zusammenhänge und Eigenarten.

Um zu einem gründlicheren Verständnis der Bedeutung und Funktion von Wissen innerhalb des "policy making" zu gelangen, sollen die beiden Ansätze von P. Sabatier und F. Nullmeier vorgestellt werden. Beide befassen sich mit dieser Thematik im Rahmen einer Neuorientierung bzw. Verfeinerung der Policy-Analyse (vgl. dazu den Sammelband Héritier 1993a). Da F. Nullmeier auf die Konzeption von P. Sabatier im Zuge der Formulierung seines wissenspolitologischen Ansatzes eingeht, soll Sabatiers Ansatz der "Advocacy-Koalition", in dem der für meine Zwecke wichtige Begriff der "belief systems" eine tragende Rolle spielt, zuerst behandelt werden. Bei seinem Ansatz handelt es sich um den Versuch, eine alternative Konzeptionalisierung des Policy-Prozesses zu entwickeln, die sich von der allzu schematischen Phasenheuristik der traditionellen Policy-Analyse absetzt und ein Verständnis für den Wandel von Policies über Zeit ermöglicht (Sabatier 1993: 116-123; vgl. zum Phasenmodell Jann 1985: 29-36, Windhoff-Héritier 1987: 64-114). Eine der zentralen Prämissen hierbei lautet, daß die für das Verstehen eines Policy-Prozesses zweckmäßigste analytische Einheit das sogenannte Policy-Subsystem sei. Damit sind die Akteure gemeint, die aktiv mit einem Policy-Prozeß befaßt sind (also bspw. ein Issue Network bilden). Kurz gefaßt hat das Modell folgenden Aufbau: "Innerhalb des Subsystems - so die Annahme - werden die Akteure in einer Anzahl von Advocacy-Koalitionen aggregiert; diese setzen sich aus Personen aus verschiedenen Organisationen zusammen, die gemeinsame normative und kausale Vorstellungen haben und ihre Handlungen oft abstimmen. Jede Koalition wendet zu jedem Zeitpunkt Strategie an, deren Ziel eine oder mehrere institutionelle Innovationen sind, von denen angenommen wird, daß sie den Policy-Zielen förderlich sind. Zwischen den konfligierenden Strategien verschiedener Koalitionen wird normalerweise durch eine dritte Gruppe von Akteuren vermittelt, die hier 'policy brokers', 'Policy-Vermittler', genannt werden; deren wesentliches Anliegen ist es, einen vernünftigen Kompromiß zu finden, der die Intensität eines Konflikts reduziert." (Sabatier 1993: 121). Innerhalb dieses Ansatzes liegt der analytische Schwerpunkt auf dem Wandel von Policies und damit auf dem Policy-orientierten Lernen, definiert als relativ stabile Veränderung des Denkens oder der Verhaltensintentionen. Zentral dabei ist das Wissen über den Zustand eines Problems, seiner Parameter und Einflußfaktoren. "Der Fokus des Policy-Lernens richtet sich auf die Verbindung dieses Wissens mit den grundlegenden Wertvorstellungen und Kausalannahmen, die die 'core beliefs' der Advocacy-Koalitionen ausmachen." (Sabatier 1993: 122).

Für die Zwecke dieser Arbeit soll der Begriff "belief systems" genauer betrachtet werden. Zunächst werden mit diesem handlungsleitende Orientierungen bezeichnet. Akteure engagieren sich (auch) im politischen Prozeß, um ihre jeweiligen Orientierungen in staatliche Maßnahmen umzusetzen - so eine weitere zentrale Annahme (Sabatier 1993: 131). Desweiteren wird angenommen, daß Policy-Eliten instrumentelle Rationalität und kognitive Konsistenz bevorzugen. Das heißt, sie versuchen, die Materie eines Politikfeldes immer mehr zu durchdringen, um die Mittel und Maßnahmen zu erkennen, die für die Zielerreichung geeignet erscheinen (Sabatier 1993: 135). "Belief systems" bzw. handlungsleitende Orientierungen bestehen aus "Wertvorstellungen, Annahmen über wichtige Kausalbeziehungen, Perzeptionen von Weltzuständen (einschließlich der Größenordnung von Problemen), eine Auffassung über die Wirksamkeit von Policy-Instrumenten, etc." (Sabatier 1993: 121). Gemeinsam geteilte "beliefs" gelten als für die Kohärenz von Politik innerhalb eines Politikfeldes verantwortlich. Diese "belief systems" haben drei strukturelle Kategorien: "einen Hauptbestandteil normativer und ontologischer Axiome, die die allgemeine politische Philosophie eines Akteurs über verschiedene Politikbereiche hinweg bestimmen, einen Policy-Kern von grundlegenden Wertvorstellungen und Kausalannahmen, um 'deep core beliefs' in einem spezifischen Policy-Subsystem zu realisieren, sowie ein Set von sekundären Aspekten, die eine Vielzahl von instrumentellen Entscheidungen und Informationssuchprozessen erfordern, um den Policy Core in einem bestimmten Politikfeld zu implementieren." (Sabatier 1993: 133).

In Hinblick auf den Zusammenhang zwischen den Beziehungen der Akteure untereinander und ihren "belief systems" wird folgende These formuliert: "Akteure in einer Advocacy-Koalition zeigen einen substantiellen Konsens in Fragen, die zum Policy-Kern gehören, weniger Konsens im Hinblick auf sekundäre Aspekte." (Sabatier 1993: 134).

Für fruchtbar an dem Ansatz und damit am Konzept der belief systems halte ich dessen Einschätzung der Wichtigkeit von handlungsleitenden Orientierungen, die - neben externen Einflüssen, die auf ein Policy-Subsystem einwirken - als primäre, kausale Faktoren für Akteurshandeln angesehen werden. Auch die Idee, Advocacy-Koalitionen und Policy Broker zu unterscheiden, wird für die Fallstudie zum TKG aufgegriffen, indem sog. TKG-Koalitionen identifiziert werden.

Noch prononcierter wird die Bedeutung von "Wissen" für den politischen Prozeß bei F. Nullmeier behandelt. Seine Absicht besteht darin, einen wissenspolitologischen

Ansatz zu formulieren und diesen für die Policy-Analyse in Form eines "interpretativen" Vorgehens nutzbar zu machen. Das bedeutet: "Realitätsdefinitionen und Wirklichkeitskonstruktionen der politischen Akteure wären danach ebenso wie die kognitive Strukturierung der Handlungspläne, Ziele, Werte und Interessen unter dem Oberbegriff 'Wissen' ins Zentrum der politikwissenschaftlichen Analyse zu rücken." (Nullmeier 1993: 175). Gearbeitet wird mit einem weiten Wissensbegriff, der keine Ansprüche an die Wahrheit oder an die Geltung von Wissen stellt. Der Begriff umfaßt normatives wie deskriptives, impliziertes wie explizites Wissen und meint nichts als "kognitives System" (Nullmeier 1993: 180). Im Unterschied zu den oben angeführten "belief systems" von P. Sabatier zeichnet sich der Begriff des Wissens bzw. - bedeutungsgleich - des Deutungsmusters dadurch aus, daß er auch die "kleinen Details" in einem politischen Prozeß erfaßt, die erhebliche politische Bedeutung haben können. Damit sind z.B. Statistiken, Rechnungslegungsvorschriften, Prognosen, lokale Kausalzusammenhänge oder technische Einzelheiten gemeint .

Der verwendete Begriff erweist sich als ein flexibler, "weicher", da er - im Unterschied zu dem Konzept der "belief systems" - keine Implikationen über Kohärenz, Ganzheitsgrad oder den Zusammenhalt von Wirklichkeitsinterpretationen enthält. "Denn es verkürzt die Analyse von politisch relevanten Deutungsprozessen, wenn nur die paradigmatischen, ideologisch zentralen Konflikte in den Vordergrund gestellt werden." (Nullmeier 1993: 181).

Die mit dem Begriff "Wissenspolitologie" beabsichtigte Betonung der Wichtigkeit einer stärker interpretativ vorgehenden Policy-Analyse wird begleitet von der Ausarbeitung eines Analyseschemas. Dessen vor allem auf der Mikro- und Mesoebene angesiedelten Kategorien sollen den politologischen Zugang zu politisch relevanten Deutungsprozessen und zu den inneren Strukturen von Wissenssystemen ermöglichen. Die Quellen dafür sind die Wissenssoziologie Karl Mannheims und die Marktanalyse der ökonomischen Theorie. Die einzelnen, in dieser Arbeit verwendeten Kategorien sollen kurz vorgestellt werden (vgl. auch Nullmeier/Rüb 1993: 24-36, 45-66).

Konkurrenz: gemeint sind damit die Geltungskämpfe der verschiedenen Wissen gegeneinander; dieses zentrale Phänomen resultiert aus dem Ende religiöser, metaphysischer oder lebensweltlicher Gewißheiten.

Wissensangebote: bezeichnet werden damit Einheiten, die gebildet werden "von den problematisch gewordenen Elementen des lebensweltlichen Wissens, von wissenschaftlichen Konzepten mit der vorgängig höchsten, weil generalisiert zugesprochenen Legitimität, konkurrierenden alltagspraktischen Deutungen anderer (Experten-

und Sub-) Kulturen und weltanschaulichen Wissenskomplexen von philosophischen Systemen bis hin zur Esoterik." (Nullmeier 1993: 183).

Wissensarten: so heißen die in ihrer inneren Struktur und generellen Legitimität höchst unterschiedlichen Angebotsformen.

Wissensmärkte: diese sind gegeben, wenn mehrere Deutungsmuster und Wissensangebote miteinander um den Anspruch legitimer Geltung streiten, sie können entstehen in all den Arenen, die verschiedene Formen von Öffentlichkeit besitzen, z.B. in Form von spezialisierten Fachöffentlichkeiten (vgl. Nullmeier/Rüb 1993: 28).

Wissenshierarchien: dies sind "generalisierte, auf ganze Wissensarten (Wissenschaft-Alltagswissen; Disziplinen; Natur-, Sozial-, Geisteswissenschaft) bezogene, gesellschaftlich weithin anerkannte Zuschreibungen höherer oder niederer Legitimität." (Nullmeier 1993: 183).

Marktformen: unterscheiden lassen sich Monopol, Oligopol und Polypol bezüglich Wissensarten sowohl auf der Angebotsseite als auch auf der Nachfrageseite.

Debatten: mittels dieser werden Querverbindungen und Interdependenzen aufgebaut zwischen Wissensmärkten auf Grundlage von Ensembles ähnlicher Argumentationen und Deutungen, die um ein Kernthema oder eine Grundthese angeordnet werden (vgl. Nullmeier/Rüb 1993: 29f).

Marktmacht: diese ermöglicht es Akteuren, Einfluß auf die Entwicklung und die Entstehung von Debatten zu nehmen bzw. diese, ebenso wie Wissensangebot und -nachfrage, mitzugestalten. Diese Macht beruht zum einen auf "der generellen Rechts- und Machtstellung im politischen Raum" (Nullmeier 1993: 184); zum anderen auf der Verfügung über -

Interpretations- und Wissensressourcen: gemeint sind damit einerseits die materiellen, personellen und organisatorischen Mittel zur Hervorbringung und Prüfung von Wissen; andererseits die kognitive Fähigkeit, gute Gründe zu mobilisieren. Diese gewinnen an politischer Bedeutung, da einerseits Akteure auf Eigenorientierung in einer zunehmend (Wissens-) fragmentierten Welt angewiesen sind. Und andererseits spielen in politischen Konflikten zwischen Akteuren verstärkt Auseinandersetzungen über Wahrheit bzw. Gültigkeit von Wissen eine entscheidende Rolle (vgl. Nullmeier/Rüb 1993: 30f).

Art und innere Struktur von Wissensangeboten: diese bilden Interpretationsressourcen in Deutungsprozessen. Unterscheiden lassen sich Zeit- und Modalitätsform von Wissen. Zukunftswissen wird im Vergleich zu Gegenwarts- und Vergangenheitswissen zunehmend wichtiger in politischen Konflikten, besonders in verwissenschaftlichten. Dies geht so weit, daß eine Vielzahl von Handlungsoptionen schon vor einer Kosten-Nutzen-Kalkulation ausgeschieden wird, sofern es gelingt, mittels Prognosen, Wahrscheinlichkeits- und Risikoaussagen die Zukunft gleichsam zu "schließen", das heißt, den Handlungshorizont festzulegen. "Diese auf Schließung des Deutungshorizontes und auf Ausschließung von Konkurrenz gerichtete interne Polemik' einzelner Deutungsmuster findet ihren besonderen Halt in der jeweiligen Modalitätsform: der des Notwendigen und Unmöglichen." (Nullmeier 1993: 184). Unmöglichkeitskonstrukte grenzen den Spielraum für politisches Handeln ab, sie regulieren dessen Grenzen und trennen so den inneren Kreis von in eine Policy involvierten Akteuren von deren Umfeld und von externen Oppositionen ab. Die in dem so eingegrenzten Raum durch Akte der Wissensentwicklung als für möglich erachteten politischen Optionen werden durch Notwendigkeitskonstrukte solange unter Druck gesetzt, bis im Idealfall nur noch die eine einzige möglich erscheint. Die Funktion der Notwendigkeitskonstrukte besteht darin, "den eigentlichen politischen Wahl- und Entscheidungsakt entfallen zu lassen. Die Welt gilt wie in einer strukturalistischen Erklärung als soweit festgelegt, daß angesichts des Notwendigen für Eigenentscheidungen und widerständiges intentionales Handeln kein Raum mehr bleibt." (Nullmeier 1993: 184).

Koalitionen: diese nicht-institutionellen Zusammenschlüsse von Akteuren können erstens auf der Entwicklung einer neuen, übergreifenden Identität, zweitens auf einem Interessen- und/oder Wertekonsens oder drittens auf einem kognitiven Konsens, das heißt auf Übereinstimmungen auf der Ebene von deskriptivem Wissen und Deutungen von gegenwärtigen und zukünftigen Situationen beruhen.

Policy-Prinzipien: damit wird die Gesamtheit der Gestaltungsgrundregeln eines Politikfeldes benannt, in denen sich dessen Stabilität und Eigencharakter verkörpert. Ähnlich den "policy cores" bei Sabatier bilden diese Prinzipien die paradigmatische, z.T. auch ideologische Grundlage einer bestimmten, für das Politikfeld charakteristischen Regelungsstruktur (vgl. zum Zusammenhang von Regelungs- und Leistungsstruktur in "staatsnahen Sektoren" - wie etwa der Telekommunikation - Mayntz/ Scharpf 1995: 13-33, bes. 16ff).

Werden die subjektiven Deutungen von Situationen, Handlungsmöglichkeiten, Ressourcen und potentiellen Handlungsfolgen in die Analyse von Politik einbezogen, so wird für die Erklärung von Policy-Entscheidungen verstärkt auf die Bedeutung von Deutungsmustern und deren Stabilität bzw. Transformation verwiesen. Diese werden wichtig, weil eine rein kausale Erklärung unangemessen erscheint unter den Bedingungen der Möglichkeit von Wissensalternativen und damit der Variabilität und "Wählbarkeit" von Wissen. Zugrunde liegt dem eine Entwicklung, in deren Zuge die Akzeptanz eines Wissens nicht länger einem tradierten Glauben an dessen Legitimität geschuldet ist, Wissen also seinen impliziten Status aufgibt, somit in den Bereich des Intentionalen und (politisch) Entscheidbaren rückt. Bezogen auf die Handlungserklärung bedeutet dies eine Stufung der Erklärung: "Auf der ersten Stufe findet die Filterung jener Präferenzen, Kriterien und Wissenssysteme statt, die die Auswahl oder Akzeptanz eines handlungsrelevanten Wissens steuern. Die zweite Stufe umfaßt die Filterungsprozesse der als legitim erachteten Deutungen über Situationen, Handlungsalternativen, Präferenzen und Normen (Deutungswahl), bevor auf der dritten Stufe die Festlegung auf genau eine Handlungsalternative erfolgt (Handlungswahl)." (Nullmeier 1993: 186).

Dies zugrundegelegt, werden einige Konsequenzen und Implikationen sichtbar. Zunächst einmal kann nicht auf etwa vorpolitisch konstituiertes Wissen rekurriert werden, denn schon lebensweltlich abgesunkene Bestandteile des Wissens unterliegen einer politischen Prägung, z.B. einer historischen Reihe politischer Interpretationskämpfe, deren Ablagerungen sich unter anderem im Wissen der Akteure spiegeln. Desweiteren impliziert dies das Auftauchen eines zunehmend breiteren Raums für Deutungsprozesse, die weder von unmittelbaren Erfahrungsevidenzen noch von vorgängiger Strukturierung festgelegt sind und die Ebene der Wahl zwischen Deutungsmustern konstituieren. Zentral dabei erweist sich das Dazwischentreten von Deutungs- und Auswahlprozessen zwischen einerseits ökonomische Situation, Position in der Sozialstruktur, Zugehörigkeit zu einer Gruppe oder Institution und individuellem oder kollektivem Handeln andererseits. Sobald die Selbst- und Weltdeutung aufhört, festgelegt zu sein, wird sie zu einem Problem der Wahl und der Entscheidung und damit politischen Aushandlungsprozessen und Steuerungsversuchen zugänglich.

Nach diesem Überblick erscheint es sinnvoll, einen Zusammenhang zu konstatieren zwischen dem im Politikfeld aktivierten bzw. involvierten generellen Wissen einerseits und den auf die jeweiligen Probleme und auf deren Lösungsoptionen bezogenen Kenntnissen andererseits. Denn sowohl das Erkennen und Benennen eines Problems, das anschließende Setzen dieses Problems als "ein zu bearbeitendes" auf die Agenda des politischen "Bearbeitungssystems", als auch schließlich dessen Bearbeitung mittels Formulierung und Implementation einer bestimmten Policy sind abhängig vom Vorhandensein jeweils spezieller Kenntnisse. Dies führt dazu, daß die vorherrschende Problemsicht und das Muster der Themenauswahl und -strukturierung (vgl. "Themen-karrieren" und "-zyklen" bei Ruß-Mohl 1993: 356-368) schon die in Frage kommen-den, in gewisser Weise also überhaupt denkbaren Lösungsoptionen beschränken, ande-rerseits auch die Handlungsspielräume der Akteure begrenzen. Das gilt m.E. sowohl für den generellen Rahmen für Handeln in einem Politikfeld, den alle Akteure, die Beteiligung anstreben, akzeptieren (müssen) und der die allgemeinen Gestaltungsre-geln und Verfahrensweisen einer Policy-Entwicklung umfaßt. Es gilt aber auch für die jeweils Themen-spezifischen Handlungsweisen und die auf einzelne (Streit-) Punkte des Themas bezogenen Handlungsoptionen. In diesem Fall ist das Wissen heterogen und fragmentiert in Form von widerstreitenden Wissens-angeboten unter den Akteuren verteilt. Die hier vertretene These besagt, daß gerade um diesen Teil des Wissens im konflikthaften Prozeß der Ausgestaltung einer problembezogenen Lösungs- bzw. Bear-beitungsstrategie gerungen wird. Unter der Voraussetzung, daß antagonistische Koope-rationsformen eines der zentralen Interaktionsmuster in Issue-Netzwerken sind (Marin/Mayntnz 1991b: 17), wird dem Prozeß der Durchsetzung, Behauptung oder teilweisen Abänderung von Wissenspositionen zwischen den beteiligten Akteuren eine besondere Funktion zukommen (vgl. Nullmeier/Rüb 1993: 24-31). Diese Wissens-kämpfe beeinflussen einerseits die Formulierung eines problem- und sachgerechten Lösungsvorschlags - wobei die Frage, was denn überaupt einer Sache angemessen sei, nicht ohne die Einbeziehung von speziellen Kenntnissen zu beantworten ist - und an-dererseits die Umsetzung der dann - als Ergebnis der antagonistischen Kooperation - ermittelten Lösungsstrategie.

Die Relevanz eines wissenspolitologischen Ansatzes für die hier zu untersuchenden Phänomene sehe ich in zwei Aspekten.

Bezogen auf das TKG liegt sein Wert vor allem in einer erklärenden Untersuchung in ex post-Perspektive. Sowohl für die Vorgeschichte als auch für die Genese des Ge-setzes spielte Wissen und - besonders für den Wandel des Politikfeldes Telekom-munikation - ebenso dessen Transformation eine herausragende Rolle. Auf den Wan-del des Politikfeldes wird im nächsten Kapitel eingegangen, dies gerade auch in Hin-blick auf die Erosion und Neugestaltung von Policy-relevantem Wissen bzw. re-levanten Deutungsmustern. Für die hier untersuchte Entstehungs- und Formulie-rungsphase des Gesetzesentwurfs läßt sich feststellen, daß das eher grundlegende Poli-tikfeldwissen überführt wurde in ein speziell auf dieses Issue gerichtetes Ensemble von

Wissensangeboten. Die Akteure des Inner Circle sind verwoben mit diesem Ensemble: sie brachten die Wissensangebote hervor, setzten diese ein im konflikthaften Formulierungsprozeß des Gesetzes, positionierten sich bezüglich einzelner Elemente und bildeten Koalitionen mit anderen Akteuren. Andererseits waren sie gezwungen, sich mit dem Wissen der anderen Akteure auseinanderzusetzen, vor allem bei Aushandlungsprozessen auf verschiedenen Ebenen.

Für die Analyse des Regierungsberichts ist der wissenspolitologische Ansatz unter einem zweiten Aspekt relevant. Es soll in einer ex ante-Perspektive untersucht werden, ob und wie das Wissen, das einer der zentralen Akteure - die Bundesregierung - bezüglich der "Informationsgesellschaft" heute in Form eines Berichts hervorbringt, als Grundlage für zukünftige Handlungen und gesetzgeberische Maßnahmen angesehen werden kann und damit politische Programme vorbereitet bzw. vorstrukturiert.

III Telekommunikationspolitik in der Bundesrepublik seit 1989

In den folgenden Abschnitten wird ein skizzenhafter Überblick über das Politikfeld Telekommunikation in der BR Deutschland und seinen Wandel gegeben. Ein chronologischer Abriß dient dazu, die verschiedenen Transformationen zu beleuchten, die die Telekommunikation, die Tk-Politik und deren Netzwerk erlebt haben. Zuerst werden einige der zentralen Faktoren untersucht, die diese Veränderungen bedingten und in ihrer Gesamtheit einen Umbruch im Politikfeld einschließlich der institutionellen Regulierung der Tk ausgelöst haben.

Dabei ist zunächst auch zu klären, inwieweit exogene Einflüsse die nationale Politik im Tk-Bereich beeinflußten bzw. prägten. Dafür werden kurz die supranationalen Entwicklungen auf der Ebene der EU analysiert. Vor diesem Hintergrund wird die internationale bzw. supranationale Politikdiffusion deutlich, die maßgeblich die nationale Tk-Politik beeinflußt (hat). Anschließend wird der Prozeß der Reform des Fernmeldewesens in der BR Deutschland nach der ersten Phase des Umbruchs, den die sogenannte Postreform I markiert, überblicksartig dargelegt. Dies endet zeitlich mit der parlamentarischen Verabschiedung der Postreform II im Sommer 1995 und deren anschließender Umsetzung. Die institutionelle und rechtliche Verfaßtheit der Tk in der Bundesrepublik, so wie sie als Ausgangslage für das im nächsten Kapitel untersuchte TKG als gegeben betrachtet wird, soll deutlich werden. Anschließend wird eine Skizze des Politikfeld-Netzwerks mit seinen aktuellen Themen und Akteuren vorgelegt, in das die beiden hier behandelten Policies eingebettet sind.

1 Faktoren der Transformation des Politikfeldes

Ausgangspunkt dieses Abschnitts ist die Einsicht, daß es in der Entwicklung der institutionellen und regulativen Strukturen der Telekommunikation einen Umbruch gab, der in den 70er und 80er Jahren begann und in den wichtigsten Industrieländern generell ein Aufbrechen von öffentlichen (staatlich verfaßten) oder privaten Monopolen in der Telekommunikation bewirkte, sowie einen Übergang zu neuen Governanceformen in diesem Sektor provozierte (Schneider 1995). Bevor dieser Umbruch näher untersucht wird, sollen die wichtigsten Faktoren genannt werden, die als Gründe für die Transformation in der Tk und der Tk-Politik in der Literatur ausgemacht worden sind. Nacheinander betrachtet werden technologische, ökonomische und diskursive Faktoren. Letzteres meint hier neue wissensrelevante Elemente, das heißt neue Situationsdeutungen und Argumentationsweisen in den Debatten um die Tk. Der Zusammenhang zwischen den dreien wird darin gesehen, daß die Auswirkungen der sog. dritten industriellen Revolution, die auf der Mikroelektronik basiert, (auch) die gesamte Tk radikal verändert und damit neue ökonomische Optionen ermöglicht haben - Wettbewerb im vormals als ein "natürliches Monopol" definierten Tk-Markt. Beide Entwicklungsstränge, technologischer Wandel und Wettbewerb in der Tk, sind zu entweder industrie- oder wirtschaftspolitischen Argumentationsmustern verknüpft worden, in deren Licht andere ordnungspolitische und institutionelle Regelungsarrangements als notwendig erschienen.

1. 1 Technologische Innovationen und Auswirkungen auf die Tk-Regulierung

Ein zentraler Faktor für den Umbruch in der Telekommunikation und deren Regulation sind die technologischen Innovationen, die ausgehend von der Mikroelektonik und der darauf basierenden EDV in Verbindung mit den Fortschritten in der Nachrichtentechnik die Tk grundlegend veränderten (vgl. im Einzelnen Dolata 1992, Essen 1995, Klodt et al. 1995: 24-34, Michalski 1994 und 1995, Ohnsorge 1995, Rose 1995, Schneider 1995: 448f, 468- 471). Insgesamt erfuhr die Tk eine sehr starke Leistungssteigerung und eine Ausdifferenzierung ihrer wichtigsten Elemente: Vermittlung und Netze einerseits, Dienste andererseits. In ordnungspolitischer Hinsicht waren vier Konsequenzen der technischen Innovationen wichtig:

1.   Sie untergruben das bislang nach technischen Kriterien gefaßte Fernmeldemonopol auf der Netzebene, indem sie es ermöglichten, bestimmte Elemente, wie etwa die Anbindung von Endkunden an das Netz, zu substituieren. Damit kam es zu einer Aushöhlung des Netzmonopols. Als eine Folge davon wurde es immer schwieriger, anzugeben, worin denn das Monopol eigentlich noch bestehe (vgl. Möschel 1995: 397-404).

2.   Dies warf die entscheidende Frage auf, wie der Monopolbereich vom Wettbewerbsbereich abzugrenzen ist und damit, wie eine Abgrenzung zwischen regulierten und nicht regulierten Bereichen vorzunehmen sei.

3.   Die stärkere Bedeutung der EDV für die Tk, speziell auf der Netzebene, führte zu einer relativen Verbilligung der Kosten für die Netzinfrastruktur und zu einer Verlagerung der Netzbetriebskosten von den fixen zu den variablen Kosten. Dies hatte seinen Grund in der rapiden Erhöhung der Performance der EDV bei gleichzeitigem Preisverfall ihrer technischen Komponenten. Dies ermöglichte überhaupt erst die Rentabilität von Investitionen in die Netzinfrastruktur, die vorher aufgrund der Eigenschaften von Fernmeldenetzen nicht gesehen wurde. Diese Eigenschaften werden unter

dem Begriff des natürlichen Monopols subsumiert und mit Verbundvorteilen sowie Netzwerkexternalitäten (vgl. Klodt et al. 1995: 35f, 49-54, auf diese wird in Kapitel IV. 2.5.3 eingegangen) begründet. Das Konzept des natürlichen Monopols war aber die wichtigste Stütze für die rechtliche Absicherung von Monopolen in der Tk. Die Annahme einer "Natürlichkeit" von Monopolen im Fernmeldebereich, insbesondere auf der Ortsebene, wurde tradionellerweise mit den technischen Gegebenheiten des Fernmeldenetzes in Verbindung mit volkswirtschaftlichen Theoremen begründet und war in ordnungspolitischer Sicht die Basis für den Gesetzgeber, das Monopol auch rechtlich zu verankern (vgl. Mestmäcker 1995b: 54f und Möschel 1995: 397ff).

4. Nicht zuletzt unterläuft die technologische Entwicklung die bisherige strikte Trennung in Fernmeldewesen und Rundfunk, damit aber auch die traditionelle Klassi- fizierung von Diensten in solche der Individual- oder Massenkommunikation bzw. in Dienste, die entweder auf Vermittlungs- oder auf Verteilnetzen basieren. Damit steht aber auch die traditionelle Unterscheidung der für die beiden Bereiche speziellen Go- vernanceformen zur Disposition (vgl. Mestmäcker 1995b: 33- 57). Auf den Begriff ge- bracht wird diese weitreichende Entwicklung mit dem Begriff der Konvergenz (der elektronischen Medien i.w.S., zu denen dann auch die Tk gezählt wird, vgl. zur Defi- nition Mestmäcker 1995b: 33f). Dessen wichtigster Anwendungsbereich "war von An- fang an die Symbiose von Kommunikation und Datenverarbeitung. Dies ist der Ur- sprung für die technisch verstandene convergence of conduit and content'." (Mestmäcker 1995b: 34). In rechtlicher Sicht erheblich und damit ordnungspolitisch relevant wird dieser technische Prozeß, wenn die neuen Techniken neue unternehmeri- sche Möglichkeiten eröffnen, bei denen zu klären ist, wer berechtigt ist oder werden soll, sie zu nutzen. Einerseits ist durch Konvergenz die Ausdehnung von Monopolstel- lungen auf angrenzende Märkte möglich, wenn neue Techniken zu dem rechtlich gesi- cherten Fernmeldemonopol gezählt werden, mithin die Reichweite des Monopols dy- namisch ausgelegt wird. Andererseits kann es durch die Konvergenz zu einem Wett- bewerb zwischen Netzen (konkurrierende Infrastruktursysteme) kommen, der neben den Wettbewerb im Netz tritt. Für die zweite Form lautet die entscheidende Frage, wie der Zugang zum Netz des etablierten Anbieters (also der mit Monopolrechten beliehe- nen Tk-Organisation) technisch und ökonomisch ausgestaltet wird, denn die größte Hürde für eine wettbewerbliche Nutzung des Netzes, die durch die technische Innova- tion möglich und sowohl betriebs- als auch volkswirtschaftlich als sinnvoll und wün- schenswert betrachtet wird, besteht in dem Konflikt zwischen den Eigeninteressen des etablierten Netzbetreibers und seinen auf den Zugang zum Netz angewiesenen Wett-

bewerbern. Dieser Konflikt wird ordnungspolitisch bearbeitet. Deshalb bekommt die mit der Deregulierung der Netzmonopole einhergehende Reregulierung entscheidende Bedeutung. Dabei kommt dem Zugang zum (Orts-)Netz eine Schlüsselrolle (Möschel 1995: 401) zu, wobei die Regelungen für "interconnection and access" (Mestmäcker 1995b: 55) die zentralen Elemente sind.

Die andere Facette des Wettbewerbs, also die Konkurrenz zwischen Netzen, stellt für die Ordnungspolitik eine weitere Herausforderung dar. Im Kern geht es dabei um die Frage, in welcher Weise es möglich ist, konkurrierende Netze bzw. Infrastrukturen zu entwickeln oder schon bestehende (z.b. Kabel-TV-Netze und sog. alternative Netze) von den vorherrschenden gesetzlichen Nutzungsbeschränkungen zu befreien. Dies betrifft besonders auch die weltweite Diskussion über die "electronic superhighways", auch hierbei geht es in ordnungspolitischer Hinsicht um die Konsequenzen, die aus der nahezu universellen Konvergenz zu ziehen sind (Mestmäcker 1995: 56).[1]

Als Zwischenergebnis läßt sich festhalten, daß einerseits den wirtschaftlichen Akteuren neue Betätigungsfelder ermöglicht worden sind und andererseits der Ordnungspolitik neue, sehr verschieden genutzte Spielräume zugewachsen sind.

1. 2 Ökonomische Dynamisierung der Tk-Märkte: Veränderte Nachfrage und globale, "nahtlose" Tk-Angebote

Auch ökomische Faktoren trugen bzw. tragen erheblich zu der Transformation der Tk bei. Diese werden in unterschiedlichem Ausmaß für die Erklärung des institutionellen Umbruchs herangezogen (vgl. Schneider 1995: 449- 452). Eine Richtung der Erklärung, die zum Spektrum der Regulationstheorie gehört (z.B. Hirsch/Roth 1986), sieht die Deregulierung und die Liberalisierung als funktionale Anpassung an eher langfristige ökonomische und soziopolitische Strukturveränderungen kapitalistischer Gesellschaften an, deren wichtigste Ursache die Krise des auf Massenproduktion und -konsum gestützten, sog. fordistischen Akkumulationsmodells ist. Als wichtigste ökonomische Veränderungen werden dabei die Internationalisierung multinationaler Konzerne, die mit einem Zuwachs an politischem Einfluß einhergeht, sowie die Globalisierung von Angebot und Nachfrage in der Tk genannt. Weil der zweite Punkt mit einer Restrukturierung der ehemals nationalstaatlich verfaßten Tk-Organisationen ein-

---

[1]   Die Voraussetzungen und Folgen der technisch möglichen Deregulierung der Fernmeldemonopole hat eine umfangreiche, vor allem wettbewerbs- und wirtschaftswissenschaftlich orientierte Literatur zum Gegenstand (Mestmäcker 1995b: 54 mit weiteren Literaturangaben).

hergeht, die wiederum ordnungspolitische Probleme aufgeworfen hat, verdient dieser besondere Beachtung. Kurz gesagt folgte auf die Internationalisierung der Produktion, deren wichtigste Merkmale die erhöhte internationale Arbeitsteilung und die Ausdifferenzierung ökonomischer Tätigkeiten entlang der Wertschöpfungskette sind, eine Globalisierung der Nachfrage nach Tk-Dienstleistungen, auf die eine Internationalisierung des Angebots und damit der Telekommunikation erfolgte. Zu beachten ist, daß andererseits gerade die Fortschritte der Tk erst die Internationalisierung von Produktion, Marketing und Handel ermöglichten und einige Tk-Organisationen z.T. frühzeitig international neue Dienstleistungen anboten. Jedenfalls wuchs die ökonomische Bedeutung des grenzüberschreitenden Tk-Verkehrs in dem Maße, wie die Transaktionskosten der Wirtschaft stiegen und zunehmend in den Blick des Kosten-Controlling gerieten. Speziell der verstärkte Einsatz der EDV in Wirtschaft und Verwaltung führte zu einem steigenden Bedarf nach Möglichkeiten der Datenübertragung (Rose 1995: 30, 35). Es wurden und werden verstärkt Tk-Dienstleistungen nachgefragt, die einerseits auf die spezifischen Erfordernisse der jeweiligen Großkunden, das heißt international tätiger Konzerne, zugeschnitten sind, andererseits an allen Standorten in gleicher Qualität und in gleichem Umfang zur Verfügung stehen sollen und zudem möglichst von einer einzigen Tk-Organisation bezogen werden (das sog. "one stop shopping", vgl. auch Mögling 1995: 13-16).

Die vorher auf ihre nationalen Märkte beschränkten Betreiber von Tk-Netzen reagierten darauf mit dem Angebot differenzierter, grenzüberschreitender Tk-Dienste. Dies führte zu einer wichtigen Transformation des Verhältnisses der Tk-Organisationen zueinander. Statt der in internationalen Verhandlungen vereinbarten einvernehmlichen Aufteilung des Gebührenaufkommens für grenzüberschreitende Tk-Dienstleistungen begann mit der Liberalisierung des US-amerikanischen Tk-Marktes bereits Mitte der 80er Jahre ein scharfer Wettbewerb zwischen den nationalen Tk-Gesellschaften um diesen Markt. Konkurrenz auf dem dynamischsten und attraktivsten Marktsegment der Geschäftskunden strukturiert heute die Beziehungen der Anbieter von Tk-Diensten. Eine weitere wichtige Konsequenz aus dem Umbruch im Tk-Sektor besteht im Wandel der Beziehungen zwischen den Betreibern öffentlicher Tk-Infrastruktur und der Herstellerindustrie (vgl. Rose 1995: 38-46). Dies ist in ordnungspolitischer Hinsicht bedeutsam insofern, als daß sich damit die vormals hohe vertikale Integration in der Tk (vgl. Schneider 1995: 111f) in der Bundesrepublik auflöst: statt 'quasi-vertikalen' Verflechtungsstrukturen zwischen Netzbetreibern und privilegierten Lieferanten auf den Fernmeldemärkten gewinnen marktförmige Beziehungen an Gewicht (vgl. Rose 1995:

45f, Michalski 1994: 361-376). In der Folge kam es zu Interessenunterschieden zwischen den vormals eng kooperierenden Akteuren hinsichtlich der Aufhebung von Monopolen.

Auch wenn es noch keinen stabilen Zustand gibt, so läßt sich ein Wandlungsprozeß von monopolistisch organisierten nationalen Märkten hin zu einem wettbewerblich strukturierten internationalen Tk-Markt beobachten. Je mehr die Prinzipien des Freihandels auf die Tk übertragen werden, desto mehr wird die traditionelle, auf dem Prinzip der Territorialität beruhende globale Organisation der Tk in Frage gestellt. Die weiter oben behandelte technische Konvergenz als die Quintessenz der technologischen Innovationen und die Liberalisierung als Quintessenz der wettbewerbspolitischen Veränderungen tragen das Ihrige dazu bei. Inwieweit es einen Wandel in der wissenschaftlichen und politischen Deutung und mithin ordnungspolitischen Behandlung der Tk gegeben hat, steht im Folgenden im Mittelpunkt.

1. 3 Wissenschaftlich-politische Liberalisierungsdebatten und Wandel von Situationsdeutungen

Die Transformationen der Einschätzung der für den Telekommunikationssektor angemessenen ordnungspolitischen Rahmenbedingungen sind besonders in wissenspolitologischer Sicht interessant. Veränderungen in den Situationsdeutungen und das Auftreten von Wissensangeboten, die zu den dominanten in Konkurrenz treten bzw. explizit deren Gültigkeit in Zweifel ziehen, sind wesentliche Faktoren für den Umbruch in der institutionellen Steuerung der Tk bzw. ihrer Governanceformen.

Als Ausgangspunkt sei die tradionelle Sichtweise der Tk und ihrer volkswirtschaftlichen Funktion skizziert. Die Tk gewann in den 70er Jahren in den Industriestaaten an ökonomischer Bedeutung und nimmt seitdem einen zentralen Stellenwert in wirtschaftstheoretischen und -politischen Debatten ein. "Ausgangspunkt waren strukturpolitische Konzeptionen zur Erklärung der Wachstumskrise. Die Krise wurde nicht als konjunkturelles Phänomen, sondern als Ausdruck einer tiefgreifenden Strukturveränderung der Volkswirtschaften interpretiert: dem Übergang von der Industriegesellschaft (...) zur Informationsgesellschaft (...)." (Rose 1995: 31). Die Tk wurde nun als ein Schlüssel für einen nachhaltigen Wachstumspfad angesehen, auf den die Volkswirtschaften über einen strukturellen Wandel ihrer industriellen Grundlagen gelangen können. Im Gegensatz zu den USA, wo Anfang der 80er Jahre eine schrittweise Deregulierung des Tk-Sektors ihren Ausgangspunkt nahm (vgl. Schneider 1995: 122-167, 471-489), setzte die Ordnungs- bzw. Industriepolitik in Westeuropa (zunächst) auf die traditionellen Fernmeldeverwaltungen für die Bewältigung der strukturellen Herausforderungen: Sie sollten, gestützt auf Monopolrechte, über eine einheitliche Modernisierung der Tk-Infrastrukturen und das ebenfalls einheitliche Angebot von neuen Tk-Diensten die Basis für die Informationsgesellschaft errichten. Diese Politik bzw. das generelle Politikfeld-Prinzip war angebotsorientiert ausgerichtet: Das von politischen Vorgaben geprägte Angebot von einer neuen Tk-Infrastruktur und den entsprechenden -Diensten sollte den strukturellen Wandel induzieren und fördern.

Gleichzeitig dominierte ein Paradigma, nach dem der Fernmeldemarkt als Musterfall eines sog. natürlichen Monopols galt. Im Kern besagt dies, daß einheitliche Technologien (z.B. in Form der Einheitstechnik bei der ehemaligen DBP), homogene Diensteangebote und signifikante Verbundvorteile eine effiziente monopolistische Anbieterstruktur bedingen (vgl. Sondhof 1994, Tetens/Voß 1995). Besonders für den Bereich der kabelgebundenen Tk-Netze und speziell auf der Ebene der Ortsnetze wurde dies behauptet und mit dem zentralen Argument begründet, daß bei der Produktion von Netzinfrastruktur erhebliche Größen- und Verbundvorteile auftreten (vgl. Klodt et al. 1995: 49f, Tetens/Voß 1995: 444f). Aus dieser Einschätzung wurde in ordnungspolitischer Hinsicht die Konsequenz gezogen, daß, wenn Wettbewerb im Netz aus technisch-ökonomischen Gründen sowieso nicht möglich und erst recht nicht funktionstüchtig sei, das Regulierungsmodell nicht darauf auszurichten sei, Wettbewerb künstlich herbeizuführen, denn dies hätte volkswirtschaftlich negative Doppelinvestitionen zur Folge. Dieses Paradigma war das Fundament für die Organisation der Regulierung des gesamten Tk-Sektors bzw. Marktes.

Dieses lange Zeit stabile Paradigma und das zugrundeliegende Deutungsmuster wurde Ende der 80er Jahre von zwei Seiten her unterminiert.

Erstens reagierte ein Teil der Wirtschaftswissenschaft auf die durch die technologischen Innovationen (s.o.; S. 26ff) aufscheinenden Möglichkeiten mit der Ausformulierung und Begründung der zentralen These, daß der Fernmeldesektor seinen Charakter als natürliches Monopol verloren habe und daß damit die rechtlichen Restriktionen des Marktzutritts durch Monopolrechte ökonomisch nicht mehr zu rechtfertigen seien. Ein in der wissenschaftlichen Diskussion kontroverser Punkt blieb bis in die heutige Zeit die Bestimmung derjenigen Teilbereiche, denen unzweifelhaft die Eigenschaften des natürlichen Monopols abzusprechen sind. Den Anfang machten die Märkte für Endgeräte und für neue Tk-Dienstleistungen. Später griff dies auf den Markt des Sprachtelefondienstes und schließlich auf den Markt der Netzinfrastruktur über. Im Fall des Festnetzes wurde unterschieden zwischen Orts- und Fernnetz. Lediglich auf der Ortsnetzebene scheint der Fall noch nicht klar: hier sind die Argumente für die Existenz eines natürlichen Monopols noch nicht gänzlich widerlegt, gleichwohl wird davon ausgegangen, daß die weiterhin ungebremste technologische Entwicklung auch hier in absehbarer Zeit die Bedingungen für natürliche Monopole hinfällig werden läßt (Neumann 1995). Dies hat Auswirkung auf die zukünftige Regulierung: Wenn auf der Ortsnetzebene ein natürliches Monopol (noch) Bestand haben sollte, gleichzeitig der Zugang zu den Endkunden eine unabdingbare Voraussetzung für das Tätigwerden von neuen Anbietern darstellt (sog. bottleneck facilities; Engpaßfaktoren) und diese auf absehbare Zeit von dem bisherigen Monopolanbieter kontrolliert werden, so ist diesem durch eine entsprechende Regulierung die Verpflichtung aufzuerlegen, neuen Wettbewerbern den Zugang zu diesen Voraussetzungen, also zu den Engpaßfaktoren zu ermöglichen.[2]

Zweitens wurde das Paradigma des "natürlichen Monopols" von der industriepolitischen Diskussion aus unterminiert, als diese sich an die technologischen Innovationen anpaßte. Dies führte zu einer, wenn auch in ganz anderer Weise als im wirtschafts- und wettbewerbstheoretischen Diskurs fundierten, Bestreitung des vormals dominanten und akzeptierten Paradigmas und damit zu ebenfalls anders begründeten Liberalisierungsbemühungen (Mögling 1995: 53, 58-61).

Gegenüber standen sich ordnungspolitische Liberalisierungsforderungen als Bedingungen für Markteffizienz und industriepolitische Liberalisierungskalküle als Bestandteile einer Konzeption für Wettbewerbsfähigkeit (vgl. Mögling 1995: 52-61).

Den Kern der wirtschaftspolitischen Kritik am Fernmeldemonopol bildet die Einschätzung, daß "marktwirtschaftliche Prozesse zentralgesteuerten Prozessen besonders dann überlegen sind, wenn es um die Anwendung neuer technologischer Möglichkeiten geht." (Monopolkommission 1981, zit. nach Mögling 1995: 54). Die Tk wird dabei als ein Bereich mit hoher technologischer Innovationsdynamik angesehen. Der Mechanismus des Wettbewerbs ist in dieser Sicht nicht nur für die effiziente Ausnutzung volkswirtschaftlicher Ressourcen überlegen, sondern wird auch als das optimale Entdeckungsverfahren für neue Produkte und Produkttechnologien betrachtet. Dies sei um so wichtiger, je mehr moderne Volkswirtschaften ihre Wettbewerbsposition auf dem Weltmarkt über ihre Innovationsfähigkeit sicherten. Ein Monopolist könne sich, so der nächste Schritt der Argumentation, einen Verzicht auf ein profitables Produkt und die

---

[2]   Diese Forderung und ihre konkrete regulatorische Ausgestaltung bilden denn auch, wie die weitere Untersuchung zeigen wird, einen der ganz wesentlichen Konflikte im Zusammenhang mit der Formulierung des TKG.

unterbliebene Ausnutzung von Rationalisierungspotentialen von neuen Produkttechnologien leisten, wohingegen kein Unternehmen im Wettbewerb sich dies erlauben dürfe,
denn der Preis für ein solches Verhalten bestehe in einer möglichen Verdrängung vom
Markt durch andere, innovativere Unternehmen. Die Dynamisierung der Entwicklung
des Tk-Sektors durch technologische Innovationen in Verbindung mit dem Auftreten
neuer, internationaler Konkurrenten erfordere, so die Schlußfolgerung, eine schnelle
Reaktion und Ausnutzung neuer Möglichkeiten. Dies könne aber ein Monopolist nicht
leisten, weswegen der Staat für Wettbewerb und das heißt für neue Anbieter auf dem
Tk-Markt sorgen müsse.

Innerhalb des Wissensmarktes entstanden einige wirtschaftstheoretische Konzepte.
Diese dienen zum einen der theoretischen Begründung der Möglichkeit von Wettbewerb auf dem von sektorspezifischen Besonderheiten gekennzeichneten Tk-Markt, mit
der die zentrale Behauptung vom "Ende des natürlichen Monopols" untermauert bzw.
gestützt wird. Zum anderen soll anhand von theoretischen Modellen die Wettbewerbssituation auf den verschiedenen Tk-Märkten abgeschätzt werden können (Klodt
et al. 1995: 49-68). Dabei wird Wettbewerb auch dann als möglich und funktionfähig
betrachtet, wenn eine der notwendigen Bedingungen für die Existenz von "natürlichen
Monopolen" - das Vorliegen von Größenvorteilen - gegeben ist. An erster Stelle stehen
dabei die im US-amerikanischen Kontext im Zusammenhang mit der Entflechtung von
AT&T entwickelte "Theorie der bestreitbaren Märkte" und die "Theorie des monopolistischen Wettbewerbs". Für die Abschätzung der Möglichkeit, daß im Marktprozeß
sich optimale Netzstrukturen herausbilden werden, wird die "Theorie der Netzwerkexternalitäten" herangezogen, die sich mit den technisch bedingten Besonderheiten der
Tk-Märkte befaßt (Müller 1994: 49-70).[3]

Die industriepolitische Argumentation fokussiert auf die Wettbewerbsfähigkeit der
(nationalen) Wirtschaft und als Bedingung dafür auf die Wettbewerbsfähigkeit spezieller Schlüsselbranchen. Dieses Ziel legitimiert den Eingriff des Staates (Stärkung und
Schutz betreffender Branchen, Förderung von Forschung und Entwicklung und Infra-
strukturvorleistungen). Gerade auch die Tk wurde in diesem Zusammenhang "entdeckt" und zu einer der bedeutendsten Schlüsselbranchen erklärt. Im europäischen
Kontext geschah dies besonders durch die entsprechende Thematisierung des Berei-
ches durch die EG-Kommission (vgl. dazu Schneider 1995: 535-542, Mögling 1995:
60, 84-91). Es wurde eine Situationsdeutung zugrundegelegt, derzufolge technologi-

---

[3]   Wie die weitere Darstellung zeigen wird, wurden diese Konzepte in der Auseinandersetzung um
das TKG verwendet.

sche Innovationen das Entstehen neuer Märkte in der Tk auf nationaler wie internationaler Ebene ermöglichten. In einer triadisch strukturierten Deutung des globalen Wettbewerbs (vgl. dazu kritisch Mestmäcker 1995b: 26-30) wurden die in den hauptsächlichen Konkurrenzländern der Bundesrepublik (USA, Japan, später GB) erfolgten Deregulierungs- und Liberalisierungsmaßnahmen als staatliche Strategien interpretiert, die jeweiligen heimischen Industrien im Kampf um die Aufteilung der Tk-Märkte zu unterstützen. Dies wurde im deutschen Kontext auch als ein Druck zu Reaktion und Anpassung wahrgenommen. Seinen Ausdruck fand dies einerseits in dem Bemühen um eine Reorganisation der Regulierung des nationalen Tk-Sektors, wenn auch vorerst nur in Teilbereichen. "Auslösend hierfür war hauptsächlich, daß sich in den 80er Jahren ein Wahrnehmungswechsel ereignete, bei dem Staatsmonopol und Staatsverwaltung im Telekommunikationsbereich plötzlich nicht mehr als Schutzschild wahrgenommen wurden, sondern als Behinderung." (Schneider 1995: 500). Wichtiger war aber zunächst das Verfolgen von zwei originären industriepolitischen Zielen: die Stärkung der Informationstechnik durch ein entsprechend dimensioniertes Förderungsprogramm und die tiefgreifende Modernisierung der grundlegenden Tk-Infrastruktur (vgl. dazu näher Werle 1990: 247-396, Dolata 1992: 107-160, bes. 152ff). Eine derartige Sicht und Reaktionsweise unter dem über allem schwebenden Damoklesschwert des drohenden Rückfalls der Bundesrepublik in der Weltmarktkonkurrenz, die als Sachzwang gedeutet wird und die als Legitimationsbasis schlechthin fungiert, ist letztendlich Ausdruck einer Industriepolitik, die die Herstellung der Wettbewerbsfähigkeit der deutschen Tk-Industrie als die prioritäre Aufgabe staatlichen Handelns ansieht. Infrastrukturelle Vorleistungen des Staates gelten als Bedingungen für das Ausnutzen von Rationalisierungspotentialen und mithin für die Stärkung der Wettbewerbsposition.

Eine wesentliche Gemeinsamkeit zwischen beiden Debatten, der ordnungspolitischen wie der industriepolitischen, besteht darin, daß für "den Wettbewerb" als überlegenes Regulierungsprinzip argumentiert wurde: überlegen als Bedingung in wirtschaftstheoretischer Sichtweise für das volle Ausschöpfen der Wachstumspotentiale des gesamten Tk-Marktes und in industriepolitischer Sicht für die strukturell erforderliche Modernisierung des Tk-Sektors als Notwendigkeit für den Erhalt (und Ausbau) der nationalen Wettbewerbsfähigkeit. Die entscheidende politische Frage bzw. der Konflikt bestand darin, wieviel Wettbewerb zugelassen werden sollte, und besteht heute aus der Frage, wie ein adäquates Regulierungsmodell aussehen müßte.

1. 4 Supranationale Politikübertragung via EU

In diesem Zusammenhang sind die Entwicklungen in den USA und auf der europäischen Ebene von besonderer Bedeutung. Es läßt sich eine Diffusion von politikrelevanten Situationsdeutungen beobachten, deren Ursprung im US-amerikanischen Kontext zu finden ist und die sich in zwei Wellen der Politikübertragung ausbreiteten (vgl. zur Vorstellung der Politikübertragung Schneider 1995: 489-502, 535-542). Als Ergebnis der ersten Welle läßt sich festhalten, daß in den 70er Jahren eine Reihe von traditionellen oder neuen Organisationen begannen, sich im Telekommunikationsbereich zu betätigen. "Hierdurch bildeten sich zunehmend dichtere Netzwerke für Kontakte und Informationsaustausch heraus, die als Plattform für transnationale Fachöffentlichkeiten und sektorspezifische epistemic communities' oder 'policy communities' fungieren konnten." (Schneider 1995: 492). Das Wissen über die Entwicklungen des Tk-Sektors in den USA (vgl. als Überblick Müller 1994: 136-140) erreichte über verschiedene Kanäle (Schneider (1995: 493) spricht von "Transmittoren des Wissens") verstärkt ab Anfang der 80er Jahre Westeuropa. Die EG und deren supranationale Politikstrukturen spielen insbesondere bei der zweiten Welle eine entscheidende Rolle bei der Politikübertragung. Einerseits wurde durch sie das Thema der Marktöffnung in der Tk auf die Agenda der nationalen Politik der Mitgliedstaaten gesetzt (Schneider 1995: 498f), andererseits diffundierten gerade auch ordnungs- und wettbewerbspolitische Wissensangebote aus dem US-amerikanischen Kontext in die entsprechenden nationalen Politikarenen. Die Betätigung der EG auf dem Politikfeld Telekommunikation führte seit ihrem Beginn 1984, als die Tk in einer generell geopolitisch und triadisch gefärbten Situationsdefinition in industriepolitischer Perspektive als ein vorrangiger Gegenstand der Gemeinschaftspolitik definiert wurde (vgl. Schneider 1995: 538ff), bis einschließlich 1994 dazu, daß ca. 80 Richtlinien, Entscheidungen, Verordnungen oder Empfehlungen entstanden (nicht mitgerechnet mehr als ein halbes Dutzend Grünbücher). Hinsichtlich der Auswirkungen dieser Aktivitäten auf die Bedingungen der internationalen Politikdiffusion kommt Schneider zu dem Schluß, daß es durch die EG-Intervention in nationale Arenen der Tk-Politik zwei Veränderungen gegeben hat: Erstens führte diese Intervention zu einer Stärkung schon vorhandener nationaler Reforminteressen; "zweitens, was noch wichtiger ist, wurden die institutionellen Verankerungen der alten Regelungsstrukturen in den verschiedenen Ländern zum Teil gelokkert. Allein durch die Kommissionsrichtlinien im Endgeräte- und Dienstebereich wurden eine Reihe von liberalisierungsunwilligen Ländern über das EG-Rechtssystem unter Druck gesetzt, ihre Monopolstrukturen zumindest partiell zu öffnen." (Schneider 1995: 542).

Die Aktivitäten der EG gingen (und gehen) hierbei von der Kommission der EG aus, die sich dabei vor allem auf Art. 90 Abs. 3 des Vertrages zur Gründung der Europäischen Gemeinschaft stützt. Danach kann die Kommission von sich aus Richtlinien erlassen oder Entscheidungen treffen. Richtlinien sind das am meisten angewandte Instrument zur Durchsetzung der Tk-Politik der EG. Diese richten sich an die Mitgliedsstaaten, sind für diese bindend und müssen durch die nationale Gesetzgebung umgesetzt werden. Die bedeutendsten Marken auf dem Weg zur vollständigen Liberalisierung waren neben den Richtlinien die Grünbücher der Kommission, die als Diskussionsvorschläge die Richtung und die Hauptlinien der Politik der EG wiedergeben. Das von der Kommission 1987 herausgegebene Grünbuch über die Entwicklung des Tk-Marktes (Kommission 1987) setzte die Hauptziele der Tk-Politik fest.[4]

Nach einer Richtlinie der Kommission über den Wettbewerb auf dem Markt für Tk-Endgeräte (Kommission 1988), einer Richtlinie des Rates der Europäischen Gemeinschaft zur Liberalisierung des Marktes für Tk-Dienste durch die Einführung eines offenen Netzzugangs (Open Network Provision - ONP; Rat 1990) und einer entsprechenden Richtlinie der Kommission dazu (Kommission 1990) akzeptierte der Tk-Ministerrat im Juli 1993 die Vorschläge der Kommission für die weitere, einschneidende Liberalisierung der Tk-Märkte und beschloß dafür einen Zeitplan (Rat 1993). Dieser sah vor: erstens die Liberalisierung der gesamten öffentlichen Telefondienste zum 1. Januar 1998; zweitens die beschleunigte Umsetzung der ONP-Vorschläge zum Telefondienst und der gegenseitigen Anerkennung von Lizenzen in der EG; drittens die Weiterentwicklung der europäischen Tk-Politik durch die Herausgabe von weiteren Grünbüchern zur Mobilkommunikation (Kommission 1994a) und zur Liberalisierung der Tk-Infrastruktur und der Kabelfernsehnetze (Kommission 1994b, 1994c) und viertens die schnelle Entwicklung von gemeinsamen Grundsätzen zu Universal Service (im

---

[4]   Es behandelte die Themen Liberalisierung der Tk-Dienste und des Endgeräte-Marktes, die technische Standardisierung im Tk-Markt und die Beschaffungsverfahren der tradionellen Tk-Organisationen. Als Grundsatzpositionen wurden genannt: die Trennung von Regulierung und Betrieb der Tk; eine vorläufige Tolerierung der nationalen Tk-Netzmonopole; die Aufhebung der Dienste- und Endgerätemonopole; die Erarbeitung eines Regelwerks, das technische Standards, die Zusammenschaltung zwischen und den Zugang zu Tk-Netzen betrifft und das für einen fairen Wettbewerb zwischen traditionellen Tk-Organisationen und neuen Anbietern bei Wettbewerbsdiensten sorgen soll.

deutschen Kontext: Universaldienst), Interconnection-Vereinbarungen zwischen Netzbetreibern sowie Zugangstarifen.[5]

Für das Verständnis der aktuellen Tk-Politik in der EU unerläßlich sind einerseits
das Grünbuch von 1994 und andererseits die auf diesem beruhende Entschließung des
Tk-Ministerrates. Mit dem im Oktober 1994 herausgegebenen Teil 1 des Grünbuchs
wurde das Ende aller Monopolrechte angekündigt und ein Zeitrahmen hierfür vorgelegt. Es gibt zwei Kernelemente des Grünbuchs Teil 1. Auch die Tk-Infrastruktur soll
gleichzeitig mit der Aufhebung des Telefondienstmonopols zum 1.1.1998 liberalisiert
werden; der dafür erforderliche Regulationsrahmen soll sofort erarbeitet werden und
Teil 2 des Grünbuchs soll konkrete Vorschläge unterbreiten. Noch vor Anfang 1998
sollen in einer Stufe 1, das heißt ab 1995, die sog. alternativen Infrastrukturen (Kabelfernsehnetze, kommunale Netze, Netze der EVU und der Bahnen usw.) für die Nutzung bereits liberalisierter terrestischer Dienste (auch für CN und CUG [6]) sowie für
Mobilfunk- und Satellitendienste freigegeben werden. Als Regulierungsform sollen
hierfür keine speziellen Regeln vorgegeben werden, sondern nur die allgemeinen
Wettbewerbsregeln und die Grundsätze des ONP-Konzepts (Nichtdiskriminierung,
Orientierung der Tarife an den Kosten, Transparenz) gelten. Dies hätte in der Konsequenz praktisch die Aufhebung des Netzmonopols ohne jegliche spezielle Regulation
bereits 1995 bedeutet, denn mit Ausnahme des Sprachtelefondienstes sind bereits alle
Tk-Dienste liberalisiert.

Auf der Tagung des Tk-Rates am 17. November 1994 unter der Präsidentschaft von
Bundesminister Bötsch (BMPT) wurde bezüglich der Vorschläge der Kommission die
in Stufe 1 vorgesehene sofortige Freigabe alternativer Infrastrukturen ohne regulative
Rahmenbedingungen abgelehnt. Es wurde aber als Grundprinzip anerkannt, daß die
Bereitstellung von TK-Infrastruktur zum 1. Januar 1998 liberalisiert werden sollte.
Dieses Grundprinzip soll durch die Schaffung des erforderlichen, einheitlichen rechtli-
chen Rahmens zur Gewährleistung der tatsächlichen Liberalisierung der Tk-
Infrastrukturen erreicht werden, dessen Ausarbeitung durch die Mitgliedsländer zu er-
folgen hat - allerdings unter Beachtung von gemeinsamen Grundsätzen. Diese sind
Gegenstand des Grünbuchs Teil 2 und betreffen u.a. Erbringung und Finanzierung von

---

[5] Vgl. zum Universal Service (Universaldienst) Rat 1994, Kommission 1994d; ONP-Normen
wurden im August, ONP-Bestimmungen für Mietleitungen wurden im Oktober 1993 im Amtsblatt der
EG veröffentlicht.

[6] Ein CN (Corporate Network, unternehmensinternes Netz) läßt sich als Spezialfall einer CUG
(Closed User Group, geschlossene Benutzergruppe) fassen.

Universaldiensten, Voraussetzungen und Verfahren für die Lizenzvergabe, Interconnection-Regeln, Wettbewerbsregeln für gegenwärtige Tk-Organisationen, effektiven Marktzugang unter gleichen Bedingungen auch in Drittländern und Sicherstellung fairen Wettbewerbs. Als konkrete Schritte auf dem Weg sind 1994 in der EU in den Bereichen Satellitennetze und Nutzung von Kabelfernsehnetzen für Tk-Dienste Liberalisierungsmaßnahmen angegangen worden. Parallel dazu wurden die Bemühungen um eine Harmonisierung des Regulierungsrahmens in der EU verstärkt (Ungerer 1994: 357f).

Angestrebt wird ein Gesamtmodell für die vollständige Liberalisierung des Tk-Marktes einschließlich der Tk-Infrastruktur und des Sprachtelefondienstes. Die Bedeutung dieser ordnungspolitischen Aufgabe und ihrer wirtschaftlichen Folgen, nicht nur für den Tk-Sektor, wird verständlich, wenn man sich vergegenwärtigt, daß in den meisten westeuropäischen Staaten noch wesentliche Monopolrechte im Fernmeldewesen bestehen (Müller 1994: 113, Schneider 1995: 119). Beachtenswert ist dafür weiterhin, daß im Grünbuch Teil 2 auch die Frage der Konvergenz zwischen Tk und Rundfunk und damit in Hinblick auf neuartige Multimediadienste auch deren Verhältnis zueinander behandelt werden. Im Kern geht es um die Ausgestaltung eines gemeinsamen ordnungspolitischen Rahmens für den zukünftigen Wettbewerb in beiden Bereichen, wobei die Nutzungsbeschränkungen der Tk-Infrastruktur möglichst rasch aufgehoben werden sollen.

Vor diesem Hintergrund soll im folgenden Abschnitt die Transformation des Regulierungsmodells für die Telekommunikation in der Bundesrepublik untersucht werden. Deren aktuelle institutionelle, rechtliche und politische Ergebnisse bilden den Rahmen, vor dem sich die Tk-Politik 1996 abspielt.

2 Umbruchprozeß und institutioneller Wandel in der Bundesrepublik

Das Arrangement von Steuerungs- und Regelungsstrukturen in der Tk läßt sich in drei Dimensionen beschreiben (Schneider 1995: 109-112): anhand des Grades erstens an politischer Kontrolle, zweitens der vertikalen Integration und drittens der horizontalen Differenzierung der Tk-Systeme. Somit ergibt sich ein dreidimensionaler Kombinationsraum. Der institutionelle Wandel der Telekommunikation läßt sich, so Schneider (1995: 112), als eine Serie von Transformationen in diesem Raum konzipieren. Alle drei Dimensionen können dabei jeweils als Kontinuum zunehmender Integrations- oder Kontrollintensität aufgefaßt werden. Die spezielle Ausprägung, die das traditionelle Muster in der Bundesrepublik bis zur Postreform I repräsentierte, besteht aus folgenden Facetten:

1. aus einer vollkommenen Staatsverwaltung als Form der politischen Kontrolle;

2. aus einer Integration von Post- und Telekommunikation als der stärksten Form der horizontalen Integration und schließlich

3. aus einer niedrigen Integrationsstufe, wobei sich die DBP auf Betrieb und Vertreib der Tk-Technik konzentrierte, die Herstellung aber einem kleinen Kartell von sog. privaten Amtsbaufirmen überließ.[7]

Vor diesem Hintergrund ist der Umbruch in der deutschen Tk-Politik zu sehen. Für eine Rekonstruktion des historischen Prozesses der Herausbildung der Telekommunikation als Staatsverwaltung und Staatsunternehmen seit den Anfängen der Entwicklung bis zum Vorabend der ersten deutschen Postreform, also bis Anfang der 80er Jahre, liegen ausführliche Studien vor. Für einen Überblick siehe Schneider (1995: 243-275), speziell für die Zeit 1877 bis 1945 Thomas (1989) und für die bundesdeutsche Entwicklung nach Ende des Zweiten Weltkrieges Werle (1990: 41-241). Die erste Phase des Umbruchs in den Governance-Strukturen, die ihren Abschluß in der Postreform I fand, ist detailliert als Transformationsprozeß beschrieben bei Werle (1990: 307-348) und ist von Schneider im Zusammenhang mit der zweiten Phase bis zur Postreform II als ein Prozeß der inkrementellen Politikanpassung rekonstruiert worden (1995: 275- 279, 542-559). Nach der Untersuchung der Interessenstruktur der Reformpolitik kommt Schneider zu dem Ergebnis, daß sich im deutschen Reformprozeß zunächst eine Status quo-orientierte Konstellation beobachten ließ, in der einer starken Vetokoalition, zu der in der ersten Phase auch die DBP zählte, nur relativ schwache Veränderungsinteressen gegenüberstanden (vgl. 543-49). "Nach wachsendem Druck aus der internationalen Ebene vollzog in den späten 80er Jahren dann ein nicht unwesentlicher Teil des beteiligten Akteursets zunächst einen Strategiewechsel hin zu einer moderaten institutionellen Anpassung, auf welche dann Anfang der 90er Jahre mit der Reformstufe II eine weitere Radikalisierung folgte." (Schneider 1995: 549). Die weiter oben genannten Faktoren technologischer, ökonomischer und wissenschaftlich-politischer Art sowie der Transformationsprozeß auf (supranationaler) euro-

---

[7] Zu dem komplexen Wechselverhältnis zwischen der DBP und der fernmeldetechnischen Industrie im Hinblick auf die Entwicklung von Technik und Infrastruktur vgl. Michalski 1994 (bes. Kap. 3-5) und Werle 1990 (bes. Kap. 4-5).

päischer Ebene trugen ganz entscheidend zu diesem Strategiewechsel bei, dem ein Wechsel in der Situationsdefinition vorangegangen war.

Diese zweite Stufe des Reformprozesses soll nun etwas näher betrachtet werden, da sie zum Verständnis des in dieser Studie untersuchten Prozesses unerläßlich erscheint.

Mit der ersten Stufe der Reform war die Liberalisierung aller Tk-Dienste mit Ausnahme des Telefondienstes vollzogen worden. Das Netzmonopol war erhalten geblieben, gleichzeitig sind mit der Einführung des ONP-Konzepts durch die EG die Spielregeln zwischen Monopolbetrieb und Wettbewerb festgelegt worden. Es schien so, als ob damit ein neuer solider ordnungspolitischer Rahmen konstituiert worden wäre, innerhalb dessen sowohl das neu geschaffene öffentlich-rechtliche Unternehmen DBP Telekom als auch die Wettbewerber genügend Betätigungsfreiraum hätten. Zudem ließ sich mit gutem Grund vermuten, daß die Auslegung des gesetzlichen Rahmens durch das nun BMPT genannte Postministerium hinlänglich präzise festgelegt worden wäre, so daß ordnungspolitisch eine gewisse Sicherheit zu erwarten war. Allerdings änderte sich diese Einschätzung schon bald.

Dem ordnungspolitischen Stand der Dinge, der als Ergebnis der ersten Reformstufe die Ausgangslage für die Postreform II darstellte, wurden von verschiedenen Akteuren des Politikfeld-Netzwerks schwerwiegende Mängel attestiert (vgl. Schneider 1995: 543-549). Der Kern dabei war die Feststellung, daß die vorangegangene Reform in ihren Hauptzielen - Marktöffnung und Wettbewerb in der Tk (mit Ausnahme der verbliebenen Monopolbereiche), Organisationsreform und Trennung der betrieblichen von den unternehmerischen Aufgaben und Schaffung eines funktionsfähigen Regelungsinstrumentariums - (noch) nicht weit genug gegangen war. So setzte schon kurz nach der Verabschiedung der ersten Reformstufe eine Debatte um die zweite Reformstufe ein, die durch die deutsche Einigung erheblich an Dynamik gewann (Mögling 1995: 72-79; Rose 1995: 109-130; Schneider 1995: 279-285). Als Hauptkritikpunkte wurden vorgebracht, daß:

1. die beschleunigt weitergehende weltweite Liberalisierung der Tk die Ergebnisse der Postreform unzureichend erscheinen ließe; dies wurde auch mit Bezug auf die intensivierten Deregulierungsbemühungen seitens der Kommission der EG vorgetragen;

2. Regulierung und Betrieb nicht klar genug voneinander getrennt worden seien;

3. der öffentlich-rechtliche Status der DBP Telekom für den intensiven internationalen Wettbewerb ungeeignet sei.

Daß für die Postreform II gerade auch die DBP Telekom bzw. deren Vorstand einer der wichtigsten Privatisierungsbefürworter gewesen war, ja geradezu die Privatisierung des Unternehmens eingefordert hatte, lag an den schwerwiegenden Problemen, die aus dem Zusammentreffen des Regulierungsrahmens mit den erheblichen internen und externen Anforderungen erwuchsen. Die Kumulierung der Probleme verursachte dann auch ganz wesentlich den Wechsel der Strategie in ordnungspolitischen Grundfragen. Dies traf auch auf die SPD zu, was insofern von erheblicher Bedeutung gewesen ist, als daß ohne sie der weitere Reformschritt, und daß hieß damals Privatisierung der Postunternehmen durch eine Grundgesetzänderung, nicht zu machen war (Schneider 1995: 284f).

Das Hauptproblem für die DBP Telekom hatte zwei zusammenhängende Aspekte. Zum einen hatte sie in ihrer derzeitigen Organsationsform keine rechtliche Eigenständigkeit, mithin konnte sie sich in den in der Zwischenzeit aufgetretenen Streitfällen zwischen ihr und dem Regulierer, dem BMPT, nicht ausreichend behaupten. Zum anderen machte genau diese Organisationsform es ihr unmöglich, auf die drängendsten Herausforderungen und Probleme adäquat zu reagieren, woraus für das Unternehmen eine existenzielle Bedrohung zu erwachsen drohte. Der erste Aspekt ließ sich zurückführen auf die ungenügende Trennung zwischen hoheitlichen, regulatorischen und unternehmerischen Aufgaben in der ersten Reformphase. Das BMPT war nämlich erstens keine eigenständige, politisch unabhängige Regulierungsbehörde (wie z.B. das britische Oftel), sondern über die Zugehörigkeit des Postministers (als oberster Verwaltungschef der Regulierung) zum Kabinett direkt in die Bundespolitik eingebunden. Zweitens blieb das BMPT, also die Regulierungsbehörde, weiterhin alleiniger Eigentümer der DBP Telekom (und der anderen Postunternehmen), wobei aber dessen Eigentümerrechte nicht exakt definiert waren. Drittens hatte das BMPT laut Poststrukturgesetz auch noch die Rechtsaufsicht über die DBP Telekom, welche dem Ministerium gegenüber keine eigene Rechtspersönlichkeit darstellte. Schließlich kam hinzu, daß das BMPT seine starken Rechte gegenüber der DBP Telekom auch in der Praxis nutzte. Dessen Regulierungsentscheidungen konnte das Unternehmen aber nicht gerichtlich nachprüfen oder anderweitig kontrollieren lassen.

Der zweite Aspekt des Hauptproblems - eine ungenügende Handlungsfähigkeit der DBP Telekom angesichts enormer Probleme - hatte, so die damalige Einschätzung eines Großteils der Akteure, ihre Ursachen ebenfalls in der öffentlich-rechtlichen Organisationsform des Unternehmens. Das öffentliche Dienstrecht (Beamtenstatus der Mehrheit der bei der DBP Telekom Beschäftigten) erwies sich als hinderlich, um flexibel genug auf die schärfer werdende Wettbewerbssituation reagieren zu können. Einerseits kam dies zum Tragen in der aufgrund des sich verschärfenden internationalen

Wettbwerbs notwendig gewordenen Ausrichtung auf die ausländischen Märkte. Anderseits war es so gut wie unmöglich, die ebenfalls notwendig erscheinenden Produktivitätssteigerungen zu erzielen, denn dies hätte als eine notwendige Bedingung die Entlassung einer erheblichen Anzahl von Beschäftigten erfordert. Die DBP Telekom arbeitete im Vergleich mit internationalen Konkurrenten mit zu hohen Kosten. Dies drückte sich auch in einer relativ niedrigen Pro-Kopf-Leistung der Beschäftigten aus. Der Vorstand des Unternehmens war somit bestrebt, die Effizienz von Personal (und Investitionen) deutlich zu verbessern, denn, so die Argumentation, nur ein deutlich höheres Produktivitätsniveau gäbe ihr den nötigen Spielraum für den (internationalen) Wettbewerb (Rose 1995: 128). Der Abbau von Personal und ein "modernes Personalmanagement" waren aber unter den Bedingungen des öffentlichen Dienstrechts nicht zu bewerkstelligen.

Andererseits war aufgrund der Restriktionen des Grundgesetzes die Möglichkeit für die DBP Telekom, sich im Ausland, also im internationalen Wettbewerb zu betätigen, eingeschränkt, etwa hinsichtlich der Bildung von Gemeinschaftsunternehmen oder internationaler Allianzen. Dies wog um so schwerer, als daß zu der damaligen Zeit die großen Telefongesellschaften anderer Staaten zunehmend gegeneinander zu konkurrieren begannen. Diese richteten ihr Augenmerk auch auf den deutschen Markt als den bisher unbestrittenen Heimatmarkt der DBP Telekom. Sie hatten mit dieser Strategie einigen Erfolg: einerseits aufgrund der Wettbewerbsstärke, die sie nach der (teilweise) erfolgten Liberalisierung in ihren Heimatländern und der damit nötig gewordenen Restrukturierung ihrer Unternehmensstrukturen erworben hatten. Andererseits trugen auch die rasanten technologischen Fortschritte in der Tk-Technik und die bereits erfolgten Liberalisierungsschritte in Randbereichen des bundesdeutschen Fernmeldemonopols dazu bei.

Schließlich machte der rechtliche Status es der DBP Telekom unmöglich, das Problem ihrer viel zu geringen Eigenkapitalausstattung aus eigener Kraft zu lösen, während gleichzeitig der Bund als Eigentümer keine Aufstockung des Eigenkapitals leisten wollte. Dieses Problem wurzelte in den hohen Investitionen, die für den Auf- und Ausbau der Tk-Infrastruktur in der ehemaligen DDR anfielen. Der dortige Mangel an vergleichsweise leistungsfähiger Tk-Infrastruktur schuf für das Unternehmen einen immensen, politisch forcierten Leistungsdruck. Von der DBP Telekom wurde, nachdem sie aufgrund des Vereinigungsvertrages ab 1990 das Fernmeldesystem der DDR übernommen hatte, besonders auch von der Wirtschaft verlangt, den schlechten Zustand der Tk-Netze möglichst schnell deutlich zu verbessern. In kurzer Frist sollte der westdeutsche Standard bezüglich Anschlußdichte und Qualität der Dienste erreicht werden (Rose 1995: 121-125, Schneider 1995: 281f). Hinzu kam, daß auch in Westdeutschland die Netze modernisiert werden mußten, insbesondere die geplante Digitalisierung des Festnetzes im Zuge des ISDN-Konzepts (Seeger 1990, Werle 1990: 277-284, Kubicek 1993: 35-46) erforderte erhebliche Investitionen. Insgesamt waren Zahlen von 60 Mrd. DM für Ostdeutschland und 120 Mrd. DM für Westdeutschland im Gespräch (Schneider 1995: 282). Erschwert wurde die Lage durch die Forderung des BMF, die DBP Telekom solle über vier Jahre eine jährliche Sonderabgabe von zwei Mrd. DM als Finanzierungshilfe für die Kosten der deutschen Einheit leisten (Rose 1995: 131). Diese sollte zusätzlich zu der gesetzlichen Ablieferung an den Bundeshaushalt in Höhe von zehn vH. der Einnahmen des Unternehmens erfolgen (Mögling 1995: 76 Fn. 212). Auch die Quersubventionierung für Postbank und Postdienst belasteten die Finanzen der DBP Telekom.

Um die sehr hohen Investitionen in den neuen Bundesländern tätigen zu können, mußte im erheblichen Umfang Fremdkapital aufgenommen werden. Die Folge davon war ein sprunghaftes Anwachsen der Nettokreditaufnahme, was zu einer weiteren Belastung in Form des gestiegenen Schuldendienstes führte (Rose 1995: 128). Diese Investitionen waren politisch unabweisbar, aber betriebswirtschaftlich problematisch, weil damit die Eigenkapitalquote dramatisch sank. Sie erreichte 1994 einen Tiefstand von 22 vH. und lag damit weit unter dem gesetzlichen Soll von einem Drittel (nach PostVerfG), auch im Vergleich mit international operierenden Tk-Unternehmen, die zu den stärksten Konkurrenten der DBP Telekom zählen, wie AT&T (33,1 vH.) oder British Telecom (57, 5 vH.; alle Zahlen für 1994 nach Mögling 1995: 77).

Die geringe finanzielle Basis stellte zunehmend ein Wettbewerbsproblem dar, weil der DBP Telekom nicht genügend Mittel zur Verfügung standen, über Kapitalverflechtungen und Beteiligungen strategische Allianzen zu bilden. Letzteres wurde um so wichtiger, je mehr der internationale Wettbewerb an Schärfe zunahm, die Nachfrage nach grenzüberschreitenden ("nahtlosen") End-zu-End-Verbindungen und nach Tk-Diensteangeboten aus einer Hand wuchs (Elixmann/Hermann 1995: 3) und die Konzentration auf dem Tk-Markt stärker wurde.

Diese aus der Sicht zahlreicher Akteure notwendige Orientierung der DBP Telekom auf internationale Märkte wurde auch von einem Teil der Tk-Herstellerindustrie befürwortet. Dies hatte einen wichtigen Grund darin, daß gerade den international tätigen Firmen, wie z.B. Siemens, aufgrund ihrer internationalen Verflechtungen klar geworden war, daß die Liberalisierung auch den deutschen Tk-Markt erreichen müßte, da sie

mittelfristig eine entscheidende Bedingung für den Zugang zu anderen, bereits z.T. liberalisierten Märkten darstellt, insbesondere zu dem US-amerikanischen. Im Ergebnis
"setzte sich insbesondere der international orientierte Teil der Industrie für eine möglichst umfassende Autonomisierung der Bundespost ein, um ihrem 'Globalen Spieler'
gute Wettbewerbschancen in dem sich beschleunigenden weltweiten Konzentrations-
karussell zu garantieren." (Schneider 1995: 548).

Auch das Eigeninteresse des BMPT als eine der einflußreichsten Interessen-
positionen ist nicht zu vernachlässigen für die zweite Reformstufe. Es stellte einen eigenständigen Mitspieler insofern dar, als die Regulierungsbürokratie nicht bloß als
passive, ausführende Institution tätig geworden war, sondern auch in den politischen
Auseinandersetzungen um die Tk-Reform eigene Positionen vertrat. Es tat dies verstärkt, nachdem das Ministerium nach der ersten Reformphase einen grundlegenden
Strategiewechsel vollzog. Dieser bestand im wesentlichen aus der neugewonnenen
Überzeugung, daß nur durch eine positive Anpassung an den internationalen, unabge-
schlossenen Liberalisierungstrend, und das meint die Mitgestaltung des ordnungspolitischen Rahmens insbesondere auf der europäischen Ebene, eine aussichtsreiche, das
heißt gesicherte Zukunftsposition zu erreichen sei. Ein bloßes Festhalten am Status quo
war, so die Einschätzung, gerade im Hinblick auf den von außen kommenden Druck
(ein handelspolitischer seitens der USA, ein Liberalisierungs- und Harmonisierungs-
druck durch die EG) langfristig nicht aufrechtzuerhalten (Schneider 1995: 547). In der
Zeit nach der ersten Umbruchphase entwickelte sich das BMPT immer mehr zu einem
Vorreiter in der EU hinsichtlich der Liberalisierung, und zwar einerseits durch die
konkrete Handhabung der Regulierung (vgl. dagegen Riehmer 1995: 370-373) und andererseits durch die Forcierung einer EU-weiten Liberalisierung der Netz- und
Sprachtelefondienstmonopole über den zuständigen Ministerrat (vgl. BMPT 1994: 6-
9). In diesem Zusammenhang ist auch die Tatsache zu sehen, daß der grundsätzliche
Beschluß, die in den Mitgliedsländern der EU noch bestehenden Monopolrechte im
Tk-Infrastrukturbereich bis zum 31. Dezember 1997 zu befristen, auf der Tagung des
Rates der Telekommunikation am 17.11.1994 unter dem Vorsitz des deutschen Ministers W. Bötsch zu der Zeit, als die Bundesrepublik die Ratspräsidentschaft ausübte
(zweite Hälfte 1994), getroffen wurde.

Es gab im Ergebnis, anders als zu Zeiten der ersten Umbruchphase, eine mächtige
Koalition für eine weitergehende Reform der Tk. Dieser gehörten nicht nur die Bun-

desregierung und die sie tragenden Fraktionen an, sondern auch der Vorstand der DBP Telekom, ein Großteil der Herstellerindustrie sowie die gewerblichen Großkunden der DBP Telekom. Entscheidend kam hinzu, daß mittlerweile ein Teil der SPD-Fraktion eine Privatisierung des Postunternehmens in Form einer privaten Aktiengesellschaft nicht mehr ablehnte, sondern sogar von sich aus im Sommer 1991 in die Diskussion einbrachte (Rose 1995: 131). Dieser Teil, dessen exponiertester Vertreter der postpolitische Sprecher der SPD, A. Börnsen, war, setzte sich in der innerparteilichen Auseinandersetzung letztendlich gegen die Position der Ablehnung der Privatisierung durch. Diese Veto-Position wurde am prononciertesten von der DPG (u.a. mit einem Streik) und dem mit ihr verbundenen "Postkomplex" der SPD (Schneider 1995: 548) vertreten. Innerhalb der Partei und der BT-Fraktion war der damalige Vorsitzende des BT-Postausschusses, P. Paterna, der wichtigste Akteur. Nach z.T. heftigen partei- und fraktionsinternen Auseinandersetzungen unterlag schließlich die Veto-Position (Interview Nr. 12). Damit war letztendlich auch der Konflikt um die Frage der tatsächlichen Ausgestaltung der Privatisierung, das heißt um die zukünftige Rechtsform der DBP Telekom, entschieden. Das Modell einer Aktiengesellschaft setzte sich gegen den Vorschlag einer Umwandlung der DBP Telekom in eine Anstalt des öffentlichen Rechts, wie er als Rückzugsposition von der Veto-Koalition vorgelegt wurde, durch (Schneider 1995: 284f). Die Rechtsform einer privaten Aktiengesellschaft erschien der Pro-Privatisierungs-Koalition das geeignete Mittel für die Lösung der oben dargestellten Probleme, denn erstens erhielte die DBP Telekom damit den Status einer eigenständigen Rechtspersönlichkeit, womit sie eine stärkere Position gegenüber dem Regulierer (dem BMPT) erreichen und gleichzeitig international handlungsfähiger werden würde, indem sie z.B. unternehmensrechtliche Verbindungen eingehen könnte. Zweitens erhielte sie, wenn auch nach einer erheblichen Übergangszeit, die gewünschte personalpolitische Flexibilität, da das öffentliche Dienstrecht immer mehr von dem Angestelltenrecht ersetzt werden würde. Nicht zuletzt könnte sie drittens ihr Finanzproblem lösen, indem der Aktiengesellschaft über die Plazierung an der Börse Privatkapital in erheblichem Umfang zufließen könnte.

Somit war also der Weg frei zu einer grundsätzlichen Reform und damit für die zweite Phase der Transformation der Telekommunikation und ihrer Regulierung in Deutschland. Daß diese im Kern eine Organisationsreform der DBP Telekom darstellte und (noch) keine Liberalisierung der fortbestehenden Teilmonopole mit sich brachte, lag zum einen daran, daß der Forderung der SPD, nicht nur an der Grundgesetzänderung, sondern auch an dem gesamten Paket der notwendigen Gesetzesänderungen beteiligt zu werden, stattgegeben wurde. U.a. damit erhöhten sich zum anderen aber auch die Transaktionskosten für die Aushandlung eines Regulierungsmodells, das eine Liberalisierung möglich gemacht hätte. Diese Kosten waren vor allem zeitlicher Natur. Denn die Postreform II sollte - und da waren sich die Beteiligten einig - noch vor Ablauf der im Herbst 1994 endenden Wahlperiode verabschiedet werden. In dieser Zeit ließen sich die komplexen Probleme, die mit der Liberalisierung verbunden sind, nicht lösen. Obwohl schon ein Vorentwurf eines "Gesetzes zur Regelung des Wettbewerbs auf den Fernmeldemärkten" (Riehmer 1995: 372 Fn. 16) als Ersatz für das FAG im BMPT vorlag (Interview Nr. 3), ließ sich kein Konsens herstellen über Zeitpunkt und Ausgestaltung der Liberalisierung und künftiger regulatorischer Behandlung des Tk-Sektors. Stattdessen einigten sich die Akteure darauf, die Liberalisierung im Gleichklang mit den angekündigten Vorstellungen der EU zu diesem Thema vorzunehmen. Diese waren in Form von detaillierten Regelungen zur Aufhebung des Telefondienst- und Netzmonopols erst für die Jahre 1995-1997 angekündigt.

Der politische Kompromiß bestand (neben dieser Verschiebung der Liberalisierung) aus drei Elementen. Erstens wurde der Grundsatzdissenz "Anstalt öffentlichen Rechts" vs. "privatrechtliche Aktiengesellschaft" aufgelöst durch ein Modell, das eine Holding als Anstalt öffentlichen Rechts vorsieht, die die Eigentümerrechte des Bundes an den geschaffenen Aktiengesellschaften wahrnimmt, ohne aber in die operativen Geschäfte der drei Unternehmen eingreifen zu können. Diese Holding ist die Bundesanstalt für Post und Telekommunikation. Der Streit darum, ob es eine eigenständige Regulierungsbehörde außerhalb der Bundesregierung geben sollte, so wie von der SPD, den Bundesländern, der DBP Telekom und der DPG in Anlehnung an das Modell des britischen Oftel gefordert und von der Bundesregierung strikt abgelehnt, wurde gelöst indem, zweitens, ein Regulierungsrat vorgesehen wurde. Zudem sollten die Regulierungsaufgaben, die innerhalb des BMPT verblieben, eindeutiger definiert und organisatorisch unabhängiger ausgestaltet werden durch die Einrichtung von Beschlußkammern. Die Schaffung eines Regulierungsrates, in dem die Länder vertreten sein werden, war auch ein Zugeständnis an die Länder. Damit sollte die Regulierungstätigkeit transparenter werden und das BMPT durch die Einflußmöglichkeiten des Regulierungsrates politisch besser zu kontrollieren sein. Das dritte Element des Kompromisses bestand schließlich darin, daß die gewünschte Erhöhung des Eigenkapitals auf 40 vH. über die Ausgabe von neuen Aktien erfolgen soll und der Bund in den ersten fünf Jahren keine Aktien der zum 01.01.1995 umgewandelten DTAG verkaufen darf. Diese Kompromißelemente und deren Umsetzung in Gesetzesform, die im nächsten Abschnitt erläutert werden, prägen die Ausgangslage für das TKG, das damit die konsequente Fortführung der Transformation und damit die dritte Umbruchphase der Governanceformen der Tk in der Bundesrepublik darstellt. Die Genese und Thematisierung dieser Policy war somit schon zum Zeitpunkt der Verabschiedung des Gesetzespakets der Postreform II gegeben. Allen Beteiligten war klar, daß der nächste Schritt der Transformation unmittelbar anschließend, das heißt nach der Bundestagswahl (im Oktober 1994), erfolgen müsse. Das Issue "Liberalisierung durch ein neues TKG" stand somit schon Ende 1994 auf der Agenda des Politikfeld-Netzwerks. Dies wurde auch mit der Befristung wichtiger, im Zuge der Postreform II geänderter oder erlassener Gesetze auf den 31. Dezember1997 signalisiert.

Der nächste Schritt betrifft vor allem die Errichtung eines Regulierungsmodells einschließlich einer Regulierungsinstanz, die schon vor Wegfall der Monopolrechte voll einsatzfähig sein müssen. Damit wäre dann auch das Hauptmanko der vorherigen Reformphase behoben - die fehlende Umsetzung der politisch gewollten Liberalisierung.

3 Governanceform, Politikfeld-Netzwerk und Issues

3. 1 Institutionelle und rechtliche Verfaßtheit der Regulierung der Tk

Der ordnungspolitische Rahmen, der im Zuge der ersten Reformstufe geschaffen worden ist, gilt grundsätzlich noch heute und solange, bis das TKG, das alle bisherigen Einzelgesetze in sich vereinigen soll, in Kraft tritt. Es wurde damals als wesentlicher Grundsatz der Wettbewerb als der Regelfall und noch bestehende Monopolrechte als zu begründende Ausnahmen für die Tk im Poststrukturgesetz festgeschrieben. Damit wurde auch im deutschen Tk-Recht die entscheidende Transformation des Grundmodells der Regulierung vorgenommen bzw. nachvollzogen. Die Ausnahmen bestanden im Errichten und Betreiben von Netzinfrastruktur für öffentliche Zwecke und aus dem öffentlichen Telefondienst. Das Monopolrecht im Netzbereich bezog sich nur auf das terrestrische Netz, wohingegen Satelliten- und Mobilfunknetze lediglich einer Lizenzierung unterlagen, aber ansonsten dem Wettbewerbsbereich überstellt wurden. Auch im Dienstebereich zählten von nun an alle Tk-Dienste, mit Ausnahme des öffentlichen Telefondienstes, der als das Vermitteln von Sprache für Dritte definiert worden war, zum Wettbewerbsbereich. Das bedeutet, daß sie seitdem von privaten Unternehmen in Konkurrenz zur DBP Telekom angeboten werden können. Dem staatlichen Unternehmen wurden für bestimmte Tätigkeiten Infrastrukturauflagen mit Hilfe von Pflichtleistungsverordnungen auferlegt. Die wichtigsten sind: Tarifeinheit im Raum, gleichmäßige Versorgung in der Fläche, Angebot eines einfachen Telefonendgerätes (seit 1990 herrscht Wettbewerb auch beim Angebot von Endgeräten), Übermitteln von Fernschreiben und Telegrammen. Gesetzlich möglich blieb die Quersubvention von Monopolbereichen zu Wettbewerbsdiensten, soweit dadurch keine Wettbewerbsverzerrungen im Einzelfall entstehen. Das grundsätzliche Modell der Ordnungspolitik im Bereich der Tk ist in Abbildung 1 skizziert.

Ordnungspolitisches Modell der Postreform I						
Funktion und **Tätigkeit**	Netzerrichtung und Betrieb	Tk-Dienste			Endgeräte-vertrieb	Produktion Hardware
		Infrastrukturdienste		freie Dienste		
		Telefon-dienst	Pflicht-leistungen			
ordnungs-politische Festlegung	Monopol reguliert	Monopol reguliert	Wettbewerb nicht reguliert		Wettbewerb nicht reguliert	Wettbewerb nicht reguliert
Wahrnehmung der Tätigkeit durch	DBP	DBP	DBP Private		DBP Private	Private
Bedingungen und Auflagen D B P	Auflagen Quersubventionierung kein Tarifarbitrage-Schutz auf Mietleitungen		keine Auflagen nicht ausgeschlossen		keine Auflagen	
Pri-vate			keine Auflagen aber gesetzl. Ermächtigung für Rechtsverordnung Mischkalkulation			

Abb. 1:Ordnungspolitisches Modell in der Telekommunikation (Teletech 1995a:7)

Die Regulierung wurde mit der ersten Reformstufe auf eine neue Grundlage gestellt. Die Hauptelemente der Governancestruktur bestanden aus der Trennung von hoheitlichen und betrieblichen Funktionen und der Trennung der Bundespost in drei öffentliche Unternehmen unter dem gemeinsamen Dach der DBP. Im Poststrukturgesetz wurde die von der EG geforderte Trennung in betriebliche und hoheitliche Funktionen insofern umgesetzt, als daß alle hoheitlichen Funktionen ausschließlich dem BMPT zugeordnet wurden, während die betrieblichen Funktionen bei der Unternehmensführung liegen sollten. Als ein neues Organ wurde der Infrastrukturrat geschaffen. Dieser sollte neben dem BMPT ein weiteres Kontrollorgan im hoheitlichen Bereich sein, und zwar im wesentlichen dadurch, daß der Infrastrukturrat über beabsichtigte Entscheidungen des BMPT zu infrastrukturellen Aufgaben der DBP Telekom und zu Rechtsverordnungen zur Bestimmung der Pflichtleistungen zu beschließen hatte. Er bestand aus je 16 Mitgliedern des BT und des BR. Dem BMPT bzw. der Bundesregierung verblieben aber letztendlich alle hoheitlichen Entscheidungsbefugnisse, da sie Widersprüche des Infrastrukturrates nach Kassationsrecht aufheben konnte. Das BMPT wird bei seiner Aufgabenerfüllung unterstützt durch zwei nachgeordnete obere Bundesbehörden, das BAPT und das BZT (BMPT o.J.: 7-12). Diesen drei Institutionen obliegt die Regulierung und Lizenzierung von DBP Telekom und privaten Tk-Unternehmen. Das Regulierungsmodell im Tk-Bereich verdeutlicht Abbildung 2.

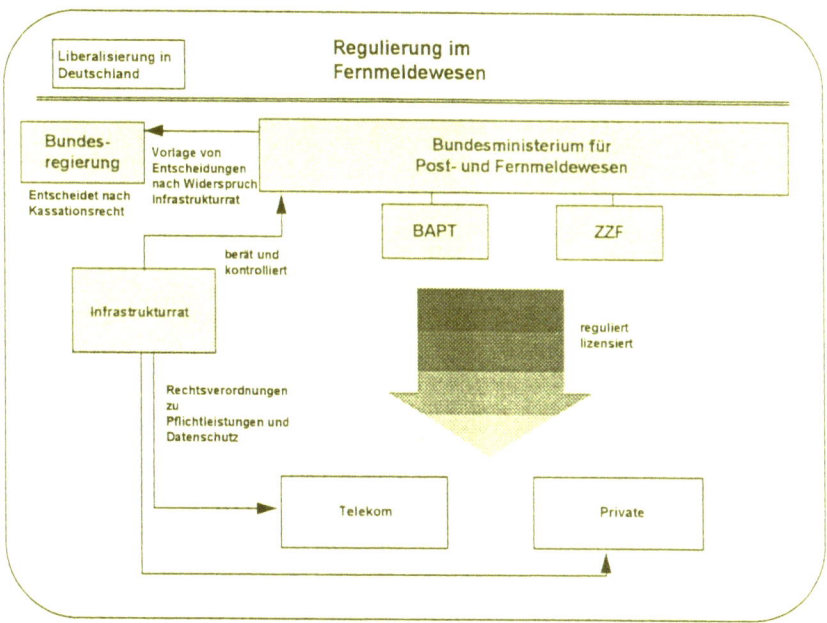

Abb. 2: Regulierung in der Telekommunikation (Teletech. 1995a: 11)

Als die wesentlichen hoheitlichen Aufgaben des BMPT sind festgelegt worden:
- das Wahrnehmen der Rechtsaufsicht über die Unternehmen der DBP;
- das Festlegen von technischen Spezifikationen sowie das Erteilen von Genehmigungen zum Errichten und Betreiben von Fernmeldeanlagen und die Vergabe von Funkfrequenzen;

- bezüglich der DBP Telekom die Festlegung der Pflichtleistungen, die das Unternehmen im öffentlichen Interesse erbringen muß, und die Genehmigung von Beschlüssen des Unternehmens im Monopolbereich;[8]

Einen wichtigen Liberalisierungschritt zwischen der ersten und der zweiten gesetzlichen Reform der Regulierung der Tk stellt die am 24.06.1991 verkündete Telekommunikationsverordnung (TKV) dar. Diese diente der Umsetzung der ONP-Rahmenrichtlinie, die der Tk-Ministerrat im Juni 1990 erließ. Ziel dieses in einzelnen Richtlinien detaillierter entwickelten ONP-Konzeptes ist die Harmonisierung von technischen Schnittstellen, Angebots- und Nutzungsbedingungen und Tarifprinzipien. Die hohe Bedeutung der Einführung des ONP-Prinzips besteht darin, daß mit dieser feste Regeln für das Verhältnis zwischen Wettbewerbsbereich und Monopolbereich errichtet worden sind.

Ein weiterer, sehr bedeutsamer Liberalisierungsschritt wurde mit der CN-Verfügung vom Dezember 1993 (BMPT 1993) getan. Mit diesem Genehmigungskonzept wurde seitens des BMPT einer Vorgabe der EG entsprochen, die Grenze dessen, was als Gegenstand des Monopolbereichs mit "Sprachtelefondienst" bezeichnet wird, enger zu fassen (Broß/Pickavé 1993). Im Kern stellt dies die Öffnung eines wichtigen Teils des geschäftlichen Telefondienstes dar, indem die Vermittlung von Sprache für zusammengefaßte Unternehmen (CN) allgemein genehmigt wird (weder Antragserfordernis noch Anzeigepflicht). In genehmigungsrechtlicher Hinsicht entscheidend ist dabei, daß es damit Unternehmen ermöglicht wird, für eine geschlossene Benutzergruppe (CUG) Tk-Dienstleistungen (insbesondere Sprachtelefondienst) zu erbringen, ohne selbst Mitglied dieser Gruppe zu sein. Dieses Unternehmen kann auch für mehrere CUG tätig sein, solange zwischen diesen Gruppen kein Sprachtelefonverkehr vermittelt wird. Eine für die heutige Diskussion wichtige Folge davon ist, daß somit das Errichten und Betreiben von privaten Netzen, auch für den grenzüberschreitenden Telefonverkehr, ermöglicht worden ist. Die sofortige Aufhebung von fernmelderechtlichen Beschränkungen für die Nutzung dieser Netze (als ein Kernsegment "alternativer" Tk-Infra-

---

[8]   Die ordnungspolitische Klassifizierung kennt neben den Pflichtleistungen bzw. -diensten (mit besonderen Auflagen für die DTAG) auch Monopoldienste (öffentlicher Sprachtelefondienst der DTAG), Lizenzdienste (können nur mit einer Lizenz des BMPT erbracht werden, z.B. Mobilfunkdienste) und freie Tk-Dienste (dürfen von jedem Anbieter inkl. der DTAG angeboten werden).

struktur) ist denn auch eine zentrale Forderung der Konkurrenten der DTAG und auch der Kommission der EG (Kommission 1994b: 27-30).

Die gesetzlichen Ergebnisse der zweiten Postreform, die zum Großteil noch heute in Kraft sind, in ihrer Gültigkeit aber bis zum Inkrafttreten des TKG, das heißt bis längstens 31.12.1997 befristet worden sind, wurden in dem am 14.9.1994 verkündeten Postneuordnungsgesetz niedergelegt (o.V. 1994). Dessen Grundlage ist die Änderung zweier Artikel des GG: der Artikel 87f GG wurde dahingehend geändert, daß die ho-' heitlichen Aufgaben der Tk (und des Postwesens) zwar weiterhin in bundeseigener Verwaltung wahrgenommen werden (Art. 87f Abs. 1 GG), die Tk-Dienstleistungen hingegen werden aber in privatwirtschaftlicher Tätigkeit "durch die aus dem Sondervermögen Deutsche Bundespost hervorgegangenen Unternehmen und andere private Anbieter erbracht." (Art. 87f Abs. 2 GG). Der geänderte Artikel 143b GG verfügt die Umwandlung des Sondervermögens DBP in privatrechtliche Unternehmen (Art. 143b Abs. 1 GG) und ermöglicht die Verleihung von Monopolrechten der DBP für eine Übergangszeit an die Nachfolgeunternehmen (Art. 143b Abs. 2 GG). Das darauf fußende Artikel-Gesetz zur "Neuordnung des Postwesens und der Telekommunikation" (PTNeuOG) brachte neben der sog. Aufgabenprivatisierung des Infrastruktur- und Vorsorgeauftrages und der Umwandlung der DBP Telekom in die DTAG zum 1.1.1995 einige Änderungen hinsichtlich der Regulierung der Tk. Die bedeutendsten sind folgende: Mit dem Bundesanstalt-Post-Gesetz (Art. 1 PTNeuOG) wurde die Errichtung einer Holding in Form einer Anstalt des öffentlichen Rechts beschlossen, die alle Aktionärsrechte des Bundes wahrnimmt. Das Postumwandlungsgesetz (Art. 3 PTNeuOG) regelt die Umwandlung der drei Teilsondervermögen (Postbank, Postdienst, Telekom) in Aktiengesellschaften, die die Rechtsnachfolger des jeweiligen Teilsondervermögens geworden sind. Für die DTAG entscheidend ist die Festlegung ihrer Satzung, nach der das Unternehmen auch im Ausland tätig werden darf.

Die bislang gültige Organisationsstruktur der DBP nach der Umwandlung ist in Abbildung 3 wiedergegeben. Durch eine Änderung wurden die EG-Diensterichtlinien in das FAG aufgenommen; zudem wurde dessen Gültigkeit zeitlich bis zum 31.12.1997 begrenzt. Die Regulierung der Tk wurde mit dem Postregulierungsgesetz auf eine neue gesetzliche Grundlage gestellt. Die Regulierung bleibt hoheitliche Aufgabe des Bundes, deren Zweck und Ziel es ist, daß flächendeckend angemessene und ausreichende Dienstleistungen im Bereich der Tk erbracht werden. Als ein wichtiges

Regulierungsziel soll der diskriminierungsfreie Zugang der Nutzer zu den Tk-Dienstleistungsangeboten sichergestellt werden.

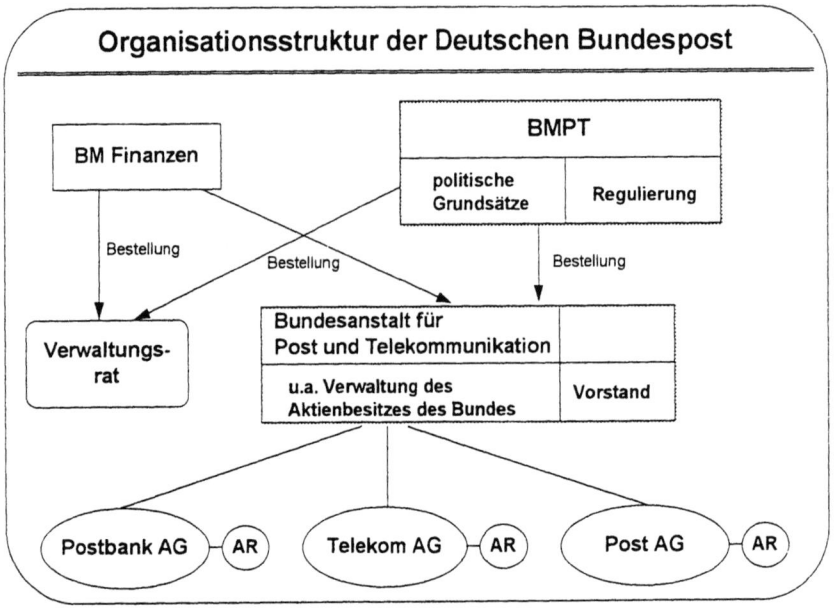

Abb. 3: Organisationsmodell der DBP (Teletech 1995a: 65)

Eine Quersubventionierung zwischen Monopol- und Wettbewerbsbereich ist zugelassen worden, jedoch erhalten das BMPT und das BMWi das Recht, im Rahmen einer Mißbrauchsaufsicht regulierend einzugreifen, sofern es zu einer zu großen Wettbewerbsverzerrung kommen sollte (vgl. dazu kritisch Möschel 1995: 408). Es gab für die Ausübung der Regulierung zwei wesentliche Neuerungen: Erstens wurde der Infrastrukturrat umbenannt in Regulierungsrat, dessen Entscheidungskompetenzen zudem ausgeweitet wurden, was einer Aufwertung der Rolle der Bundesländer entspricht. Dies wird u.a. dadurch deutlich, daß dem Rat ein Initiativrecht zugestanden wird. Allerdings hat die Bundesregierung nach wie vor die letztendliche Entscheidungsgewalt, da sie Beschlüsse des Regulierungsrates aufheben kann, wogegen ein Widerspruch nicht zugelassen ist. Zweitens wurde mit der Einführung von sogenannten Beschlußkammern im BMPT eine weitere Instanz (neben dem BMPT selbst und dem Regulierungsrat) zur Beaufsichtigung der Märkte eingerichtet. Sie kann auf Antrag, bspw. in Form von Widersprüchen von Unternehmen gegen Verordnungen des BMPT, oder aus eigener Initiative tätig werden und Verfügungen erlassen (BMPT o.J.a: 5). Diese sind auf dem Verwaltungswege anfechtbar.

Die Mechanismen der Regulierung, so wie sie bis zu ihrer Ersetzung durch das Regulierungsmodell des TKG gelten, sind in Abbildung 4 dargestellt.

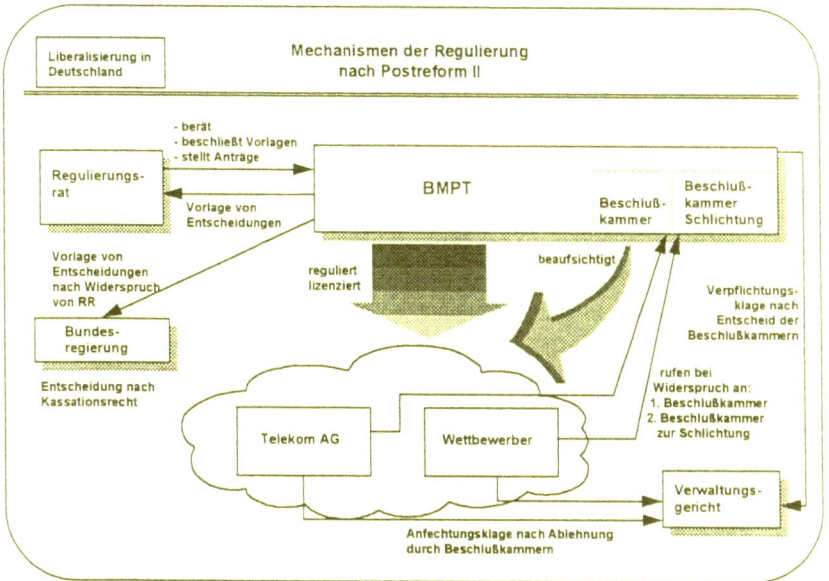

Abb.4: Regulierung in der Telekommunikation bis zum Inkrafttreten des TKG (Teletech 1995a:67)

Neben den gesetzlichen Grundlagen spielen Verordnungen, die das BMPT verfügt, eine zentrale Rolle für die konkrete Regulierung der Tk. Zu den in ordnungspolitischer Sicht wichtigsten zählen solche, die schon eine teilweise Liberalisierung vor Ende der gesetzlich festgeschriebenen Gültigkeit der Monopolrechte bedeuten. Im Zentrum stehen dabei zwei 1995 erlassene Verleihverordnungen: die TVerleihV und zum anderen die MTVerleihV (BMPT 1995a). Beide traten am 1.11.1995 in Kraft. Mit der ersten wurde hauptsächlich die CN-Regelung in Anlehnung an Vorstellungen der Kommission der EG erweitert. Das bedeutet, daß nunmehr großzügiger Genehmigungen für das Betreiben von CN erteilt werden können, was über die bisherige Liberalisierung von CN hinausgeht. Die MTVerleihV ermöglicht dagegen den öffentlichen Mobilfunknetzbetreibern eine Erweiterung ihrer Lizenzen. Der Kern dabei stellt die

Erlaubnis dar, daß die Mobilfunknetzbetreiber alle Übertragungswege einschließlich von Festverbindungen, die sie für das Errichten und Betreiben ihrer Netze benötigen, durch eigene Übertragungswege realisieren können. Das heißt, sie sind nicht länger darauf angewiesen, ihre Festnetze von der DTAG anzumieten (vgl. BMPT 1995c: 7f). Insgesamt handelt es sich um eine Liberalisierung im Bereich alternativer Netzstrukturen.

3. 2 Politikfeld-Netzwerk: Akteure und Issues

Ein Blick auf Netzwerk und aktuelle Themen im Politikfeld Telekommunikation läßt zweierlei deutlich werden. Es sind neue Akteure aufgetreten, die nicht zum traditionellen Netzwerk der Tk-Politik zählen. Dieses war bis zum Beginn des Umbruchprozesses in den 80er Jahren stabil gewesen, es bestand im Kern aus dem Postministerium, den sog. Amtsbaufirmen der DBP (insbesonders Siemens und SEL) samt ihrem Interessenverband (ZVEI), dem DIHT, der DPG, dem Postausschuß des BT, dem BMWi und dem BMF (vgl. Schneider/Werle 1991: 99-106). Die neu hinzugekommenen korporativen Akteure wuchsen bezüglich Anzahl und Einfluß, je mehr die Tk an politischer Bedeutung und ökonomischem Gewicht gewann. Dies hatte eine Ursache darin, daß die Tk sich in ihrem Charakter wandelte - sie wurde von einem Bereich des Postwesens zu einem der Innovationsfelder, auf dem sich (neben klassischen Tk-Unternehmen) auch aus anderen Branchen stammende Konzerne zu betätigen anfingen. Damit zusammenhängend wurden zweitens neue Themen auf die Agenda des Politikfeldes gesetzt, die die grundlegende Restrukturierung des Tk-Bereichs im Hinblick auf dessen zentrale Rolle im Umwälzungsprozeß hin zur sog. Informationsgesellschaft umfaßten. In dem Maße, wie die Tk als die Grundlage für den prognostizierten wirtschaftlichen und gesellschaftlichen Wandel in das Zentrum der Aufmerksamkeit gerückt und mit dem Übergang in eine angeblich neue Gesellschaftsform verbunden wurde, entdeckten andere korporative Akteure das Politikfeld bzw. die Tk als Betätigungsfeld. Die jeweilige Zusammensetzung der verschiedenen Netze variiert dabei in Abhängigkeit von dem Issue, das traktiert wird. Dies ist auch ein Ergebnis einer Studie zu den "Policy Networks in the German Telecommunications Domain", die anhand von zwei Fallstudien (zu Btx und der Postreform I) zu dem Schluß kommt, daß neben themenzentrierten Netzwerken auch ein "Inner Circle" im Politikfeld exisiert: "Our two cases indicate that within a policy domain there is always a multiplicity of policy networks which partly overlap and partly diverge. When there is an 'inner circle' of actors that are generally influential in the telecommunications policy domain, those actors would be present in all of the coexisting policy networks." (Schneider/Werle 1991: 131). Dazu zählten nach der Postreform I fast alle deutschen Hersteller von Tk-Technik und von EDV-Technik sowie ihre Verbände (ZVEI, VDMA), die Bundesländer, die Wirtschaftsverbände DIHT, BDI, ZDH, das BMWi, Banken und das Postministerium als dominantester Akteur.

Im Laufe und als Ergebnis der zweiten Umbruchphase der Tk-Regulation sind weitere Akteure zum Politikfeld-Netzwerk gestoßen. Dies hat auch die Zusammensetzung des "Inner Circle" verändert. So gehört heute bspw. die DTAG zum Kern.[9] Auch die Kommission der EG tritt immer mehr in Erscheinung als eine Instanz, die (auf den ersten Blick) von außen die entscheidenden Signale gibt. Sie gehört m.E. deswegen zum Zentrum des Politikfeld-Netzwerkes. Zu den neuen nationalen und internationalen Akteuren gehören eine ganze Reihe von industriellen Unternehmen. Es läßt sich hinsichtlich der jeweiligen Geschäftätigkeit und ihrer Ursprungsbranche eine Klassifizierung der privaten Anbieter vornehmen (vgl. Müller 1994: 123f, Teletech NRW 1995a: 24f, Teletech NRW 1995c: 9-12, Michalski 1995a: 529-535). Es lassen sich sechs Gruppen bilden: originäre Anbieter aus dem Mehrwertdienstbereich; Anbieter von Tk-Dienstleistungen als Nebengeschäft von Konzernen anderer Branchen; Großkonzerne anderer Branchen, die sich auf die Tk als Zukunftstechnologie und Diversifizierungsmarkt ausrichten (z.B. Thyssen, Mannesmann); Infrastruktur-Anbieter (Stadtwerke, Kommunen, EVU, DBAG); klassische Tk-Unternehmen aus anderen Staaten (z.B. AT&T, BellSouth, Sprint, British Telecom, C&W, FT) und schließlich Computer-Hersteller (z.B. IBM).

Diese enorme Ausweitung des Politikfeld-Netzwerks wäre ohne den Umbruch, der die Tk insgesamt erfaßt hat, nicht erklärbar. Die Tk hat ihren Charakter insofern verändert, als daß sie zu einem Querschnittsektor geworden ist, auf dessen Leistungen fast alle anderen Wirtschaftssektoren als Grundlage für ihr Tätigsein angewiesen sind. Aber auch die oben angesprochene Konvergenz, das heißt die technisch mögliche Aufhebung von tradierten Grenzen zwischen Tk, EDV und (elektronischen) Medien, veränderte die Tk (und die anderen beiden Bereiche) grundlegend.[10] Die ordnungspoliti-

---

[9]   Eine genauere Darstellung des Inner Circle in der Formulierung des TKG wird in Kapitel IV.2.2 gegeben.

[10]   In diesem Zusammenhang muß auch das Engagement branchenfremder Konzerne im Tk-Markt gesehen werden. Eine wichtige Rolle für das TKG spielt z.B. die Ankündigung von Unternehmen aus der Medienbranche, ihre Investitionen in neue Dienste ins europäische Ausland zu verlagern, sofern sie nicht hierzulande einen liberalisierten Markt vorfinden (Interview Nr. 11).

sche Frage bezüglich der Informationsgesellschaft (was immer das genau bezeichnen soll; vgl. begriffskritisch Michalski 1995b) ist dabei, wie neue bzw. neu entstehende Dienste auf der Grundlage von Verteil-, Vermittlungs- oder (neuen) Hybridnetzen in Zukunft klassifiziert werden, mithin welcher Governanceform sie unterliegen. Es geht gleichzeitig darum, diese Regulierungsformen in ihrer rechtlichen Gestalt an die geänderte Materie anzupassen. Zu dieser zählt im besonderen Maße auch der gesamte Bereich der Tk-Infrastruktur, die ebenfalls einer dynamischen, von (privaten) wirtschaftlichen Akteuren intendierten Entwicklung unterliegt, als deren eine Folge das tradionelle Regulierungsarrangement als nicht mehr adäquat erscheint. Dieses ging u.a. davon aus, daß neue Techniklinien der Tk planmäßig von staatsnahen Tk-Organisationen entwickelt werden, zur Verfügung gestellt und neue Anwendungen erst danach entstehen werden ("Technik sucht Anwendung"). Die Auswahl eines grundsätzlichen Governanceparadigmas sowie die konkrete Ausgestaltung der Regulierungsformen (inkl. Standardisierung und Normierung) sind ein hochpolitisches Thema und dies wird auf einige Jahre auch noch so bleiben.

Sowohl das TKG als auch der Regierungsbericht zur Informationsgesellschaft lassen sich in diesen Kontext einordnen. Sie stehen in einem engen Zusammenhang, denn die vollständige Liberalisierung des Tk-Sektors wird in der international zwischen den Industrieländern (z.B. im Rahmen von OECD, G-7-Konferenz, EU, WTO) geführten Diskussion über die aufscheinende Gesellschaftsform als deren notwendige Bedingung schlechthin präsentiert und auch entsprechend vorrangig behandelt.

IV Telekommunikationsgesetz und Deutschlands Weg in die Informationsgesellschaft

In diesem Kapitel stehen zwei Policies als Fallbeispiele im Zentrum, deren Verortung im Politikfeld Telekommunikation im vorhergehenden Kapitel erläutert wurde: zum einen ein Gesetzesvorhaben, zum anderen ein Bericht der Bundesregierung. Der Fokus der Analyse liegt beim TKG auf dem Prozeß der inhaltlichen Ausgestaltung des Gesetzesentwurfs und der daran beteiligten (korporativen) Akteure, es interessiert die Formulierungsphase der Policy. Beim Regierungsbericht Info 2000 liegt der Fokus dagegen auf dem bereits formulierten Inhalt, der in wissenspolitologischer Hinsicht untersucht werden soll. Mit dem jeweiligen Erkenntnisinteresse sind Unterschiede in der Organisation des Forschungsprozesses und der entsprechenden Methodik impliziert.

1 Der Regierungsbericht "Info 2000" zur Informationsgesellschaft

1. 1 Analyse der Entstehungssituation

Die Formulierung und Veröffentlichung des Regierungsberichts "Info 2000. Deutschlands Weg in die Informationsgesellschaft", der im Februar 1996 vom BMWi herausgegeben wurde, läßt sich verstehen als Policy, deren Zielsetzung darin besteht, ressortübergreifend die Position des paS, speziell der Bundesregierung, zu einem relativ neuen Thema staatlicher Politik darzulegen, und zwar in einer nach außen, für die Öffentlichkeit bestimmten Weise. Das Thema heißt "Informationsgesellschaft" (IG). In wissenspolitologischer Sicht stellt der Bericht ein Wissensangebot dar, das auf einem expandierenden Wissensmarkt angeboten wird. In policy-analytischer Perspektive ließe sich dessen Erstellung und Verbreitung als Thematisierungsversuch deuten, womit zudem in Ansätzen die Formulierung und Durchführung weiterer Programme vorbereitet wird. Im Hinblick auf die Eingangsfrage, ob und falls ja, welches politische Handeln es seitens der Bundesregierung zu dem in der öffentlichen Diskussion prominenten Thema Informationsgesellschaft gibt, läßt sich sagen, daß dieser Bericht eine wichtige Funktion in zweierlei Hinsicht übernimmt: Er setzt erstens die Reihe strategischer Berichte der Regierung fort, die sich mit "Zukunftsfragen" befassen (wichtig zu nennen ist hier bspw. das "Zukunftskonzept Informationstechnik" aus dem Jahre 1989), und zweitens transponiert er auf internationaler Ebene erarbeitete Grundprinzipien staatlichen Handelns bezüglich der IG in nationale Politikformulierung.

Sehr viel Widerhall lösten die 1993 von der neu gewählten Clinton-Administration formulierte "National Information Infrastructure: Agenda for Action" und die darauf folgenden Initiativen der US-Regierung aus. Auch in einer Reihe anderer Industriestaaten gab es entsprechende Initiativen, so in Japan, Frankreich und Großbritannien. Auch der Europäische Rat griff dies Thema auf und veranlaßte 1993 die Erstellung eines Berichts, der unter dem Titel "Europa und die globale Informationsgesellschaft" im Mai 1994 vorgelegt wurde. Schließlich befaßten sich auch die G-7-Staaten zusammen mit der Kommission der EG auf einer gemeinsamen Konferenz im Februar 1995 mit dem Thema Informationsgesellschaft. Das Ergebnis der Ministerkonferenz ("G-7 Information Society Conference") bestand aus einer Übereinkunft, künftig auf der Basis von Grundprinzipien bei der Verwirklichung einer gemeinsamen Vision zusammenzuarbeiten sowie gemeinsam eine Reihe von Pilotprojekten zu starten. Diese Grundprinzipien zielen vor allem auf die Errichtung eines einheitlichen Regulationsrahmens (inkl. Regeln für Zusammenschaltung, Interoperabilität und Standardisierung von Netzen und Diensten) und einer entsprechenden Wettbewerbspolitik, die das generelle Prinzip der Marktöffnung verfolgt. Es wurden folgende Grundprinzipien und grundsätzliche Maßnahmen der Zusammenarbeit verabschiedet:

"G-7 partners are resolved to collaborate on the basis of the following eight core principles in order to realise their common vision of the Global Information Society:

promoting dynamic competition

encouraging private investment

defining an adaptable regulatory framework

providing open access to networks

while

ensuring universal provision of and access to services

promoting equality of opportunity to the citizen

promoting diversity of content; including cultural and linguistic diversity

recognising the necessity of worldwide cooperation with particular attention to less developed countries.

These principles will apply to the Global Information Infrastructure by means of:

- promoting of interconnectivity and interoperability

- developing global markets for networks, services and applications

- ensuring privacy and data security

- protecting intellectual property rights

- cooperating in R&D and in the development of new applications

- monitoring of the social and societal implications of the information society."
(G-7 1995b: 2, vgl. G-7 1995a: 6-16)

Auch schon auf nationaler Ebene gab es Vorarbeiten in Form von Berichten. Diese bereiteten den Regierungsbericht wesentlich mit vor und sind eng mit diesem verbunden. Es handelt sich dabei hauptsächlich um die Ergebnisse zweier Diskussions- und Beratungsgremien: einerseits der auf Forderung der Wirtschaft eingerichtete (Interview Nr. 4) "Gespächskreis für wirtschaftlich-technologische Fragen der Informationstechnik" (sog. Petersberg-Kreis, dem neben der elektrotechnischen und elektronischen Herstellerindustrie die Ministerien BMWi, BMF und BMPT angehören), andererseits der von der Bundesregierung 1994 angekündigte und 1995 ins Leben gerufene "Rat für Forschung, Technologie und Innovation". Beide Gremien legten im Dezember 1995 bzw. im Januar 1996 Berichte zum Thema "Informationsgesellschaft" vor, die auch Forderungen und Empfehlungen an die staatliche Politik enthalten (BMBF 1995, BMWi 1996a).

Aus diesen verschiedenen Quellen stammen Wissenselemente, die in den Regierungsbericht einflossen und aufbereitet wurden mit dem Ziel, aus der Sicht der Bundesregierung die Ausgangslage in Deutschland aufzuzeigen und den konstatierten, notwendigen Handlungsbedarf sowie konkrete politische Programme zu dieser Thematik zu umreißen (BMWi 1996b: 14, im folgenden zitiert als Info 2000) und die Ergebnisse dieser Überlegungen einer breiten Öffentlichkeit bekannt zu machen. In diesem Zusammenhang wurden auch die Berichte des oben erwähnten Rates für Forschung, Technologie und Innovation und der Arbeitsgruppe "Ordnungspolitische und rechtliche Rahmenbedingungen der Informationsgesellschaft" des Petersberg-Kreises veröffentlicht.

Der Bericht wurde erarbeitet von einer Arbeitsgruppe unter der Leitung von Ministerialdirektor Dr. Berger. Diese bestand aus drei Unterarbeitsgruppen: der AG Info 1 für wirtschaftspolitische Grundfragen, der AG Info 2 für Anwendungen neuer IK-Technologien, diese stand in Kontakt mit Herstellern von IK-Technik, sowie der AG Info 3 für die Organisation von Pilotprojekten. Auf Referentenebene bestand die gesamte AG aus zehn Personen und war direkt an die Abteilung IV (Gewerbliche Wirtschaft) des BMWi angegliedert. Insgesamt waren durch Kabinettsbeschluß vom 15. Februar 1995, dem ein Gerangel um die Zuständigkeit vorausging, fünf Ministerien mit der Erarbeitung des Berichts beauftragt worden: BMWi, BMPT, BMI, BMBF, BMV. Die Koordinierung und Federführung erfolgte durch das BMWi, und hier durch die Arbeitsgemeinschaft Info 2000.

Der Inhalt des Berichts wird Gegenstand einer qualitativen Inhaltsanalyse sein. Die Frage, die beantwortet werden soll, lautet: Welches Verständnis der Funktion des Staates liegt welcher Handlungsstrategie für die auf die Informationsgesellschaft gerichtete Politik des paS zugrunde? Die grundsätzliche Annahme hierfür ist, daß in diesem offiziellen Regierungsbericht wesentliche Elemente der Beantwortung enthalten sind und sich durch eine an P. Mayring (1995) orientierte Inhaltsanalyse aufspüren lassen. Unterstützt wird dies durch das Hinzuziehen der Ergebnisse eines Experteninterviews, das mit einem der Verfasser dieses Berichts geführt wurde (Interview Nr. 4).

1. 2 Methodische Vorbemerkungen: Qualitative Inhaltsanalyse

Bevor die Auswertung dargelegt wird, soll in Abschnitt 1.1 zunächst die qualitative Inhaltsanalyse als Methode der Textinterpretation bzw. -auswertung vorgestellt werden. P. Mayring nennt als Spezifika der Inhaltsanalyse sechs Punkte, sie will: Kommunikation analysieren, dabei fixierte Kommunikation analysieren, systematisch, das heißt regelgeleitet und auch theoriegeleitet vorgehen mit dem Ziel, Rückschlüsse auf bestimmte Aspekte der Kommunikation zu ziehen (Mayring 1995: 12f).

Einzelfallstudien, wie die hier vorgelegte, stellen ein wichtiges Aufgabenfeld der qualitativen Analyse dar (Mayring 1995: 21). Mayrings Anspruch ist es, "eine Methodik systematischer Interpretation zu entwickeln, die an den in jeder Inhaltsanalyse notwendig enthaltenen qualitativen Bestandteilen ansetzt, sie durch Analyseschritte und Analyseregeln systematisiert und überprüfbar macht." (Mayring 1995: 42). Er entwickelt ein allgemeines inhaltsanalytisches Ablaufmodell (Mayring 1995: 50), das aus den folgenden elf Schritten besteht:

1. Festlegung des Materials
2. Analyse der Entstehungssituation
3. Formale Charakteristika des Materials
4. Richtung der Analyse
5. Theoretische Differenzierung der Fragestellung
6. Bestimmung der Analysetechnik(en) und Festlegung des Ablaufmodells
7. Definition der Analyseeinheiten
8. Analyseschritte mittels des Kategoriensystems je nach Grundtechnik
9. Rücküberprüfung des Kategoriensystems an Theorie und Material
10. Interpretation der Ergebnisse in Richtung der Hauptfragestellung
11. Anwendung der inhaltsanalytischen Gütekriterien

Mayring stellt drei Grundformen von Analysetechniken mit insgesamt sieben verschiedenen Analyseformen vor, die er durch Vergleich und Systematisierung bekannter Methoden der Textinterpretation gewinnt. Von den drei Grundformen - Zusammenfassung, Explikation, Strukturierung - werde ich hier die Zusammenfassung verwenden. Das Grundprinzip einer zusammenfassenden Inhaltsanalyse besteht darin, daß die jeweilige Abstraktionsebene der Zusammenfassung festgelegt wird, auf die das Material durch Einsatz von sog. Makrooperatoren (Generalisierung, Selektion, Bündelung und Konstruktion/Integration) transformiert wird. Die Zusammenfassung kann abstrakter werden, indem die Abstraktionsebene schrittweise verallgemeinert wird. Mayring spezifiziert den Punkt 8 seines Ablaufmodells (Analyseschritte) für die Zusammenfassung wie folgt (Mayring 1995: 56):

1. Paraphrasierung der inhaltstragenden Textstellen

2. Bestimmung des angestrebten Abstraktionsniveaus und Generalisierung der Paraphrasen unter diesem Abstraktionsniveau

3. Erste Reduktion durch Selektion, Streichen bedeutungsgleicher Paraphrasen

4. Zweite Reduktion durch Bündelung, Konstruktion, Integration von Paraphrasen auf dem angestrebten Abstraktionsniveau

5. Zusammenstellung der neuen Aussagen als Kategoriensystem

6. Rücküberprüfung (entspricht dem neunten Schritt im Ablaufmodell).

Dabei lassen sich die Schritte 2 bis 5 in einem Durchgang durchführen. Bezogen auf den hier zu analysierenden Text wurden zu den ersten drei Schritten des Allgemeinen Ablaufmodells schon im einleitenden Abschnitt Ausführungen dargetan. Bezüglich der Richtung der Analyse (Schritt 4) ist zu sagen, daß etwas über den Gegenstand des Berichtes ausgesagt werden soll. Das vorliegende Dokument wird im Sinne eines einfachen Kommunikationsmodells verstanden als Text, der vom Kommunikator (Bundesregierung) mit Bezug auf verschiedene Quellen verfaßt wurde und der Vermittlung bestimmter Positionen an ein disperses Publikum dient. Aus diesen Positionen im Text sollen Aussagen extrahiert werden. Es geht mir um die Zusammenfassung des Materials (des Textes) bezüglich Staatsverständnis und Handlungsstrategie. Diese werden in wissenspolitologischer Sicht als Wissensangebote betrachtet, die auf dem Wissensmarkt zur Informationsgesellschaft hinsichtlich der adäquaten Art und Funktion von Politik lanciert werden.

Auf diese Richtungsbestimmung der Analyse folgt als fünfter Schritt die Differenzierung der Fragestellung. Nach mehrmaligen Materialdurchgang wurden als Unterfragen bestimmt:

1. Welches Verständnis der Informationsgesellschaft liegt zugrunde? Kategorien hierfür sind die im Bericht anzutreffenden Dimensionen Technik, Ökonomie und Arbeitswelt.

2. Wie wird die Situation gedeutet? Die Kategorien lauten diesbezüglich: einwirkende Faktoren als Ausgangsbedingungen, Potential sowie Chancen und Risiken, auftauchende Probleme.

3. Welche Vorgehensweise in dieser Situation wird bestimmt? Die Kategorien heißen hier: Grundsätze und Zielsetzung; konkrete Maßnahmen und Programme.

Diese Unterteilung findet ihre Begründung darin, daß sich eine Antwort auf die Frage nach Staatsverständnis und Handlungsstrategie, die vom paS vertreten werden, danach richten wird, wie allererst die künftige Gesellschaftsform gesehen wird, mithin als was und wie die IG bestimmt wird. Dafür zentrale Dimensionen sind Technik und Ökonomie. Darauf aufbauend benötigt ein Akteur eine umfassende Deutung der Situation, um für sich seine Handlungsoptionen und -restriktionen zu erkennen, wozu auch die Identifizierung der aus seiner Sicht vorhandenen Probleme zählt. Dies stellt dann eine Grundlage für die Entwicklung eines in sich relativ konsistenten Plans dar, in den auch grundsätzliche Überzeugungen und Prinzipien, das heißt Handlungsleitlinien eingeflossen sind.

Als Analyseeinheiten sind bestimmt worden: eine vollständige Aussage (zu einer der Analysekategorien) bildet die Kodiereinheit. Mit der Kontexteinheit wird der größte Textbestandteil festgelegt, der unter eine Kategorie fallen kann, die Auswertungseinheit legt fest, welche Textteile jeweils nacheinander ausgewertet werden; die Kontexteinheit und Auswertungseinheit fallen in diesem Fall zusammen (vgl. Mayring 1995: 49 und 58) - es ist der gesamte Text.

Der Text wurde in mehreren Durchläufen durchgegangen und entsprechende Fundstellen den Kategorien der Unterfragen zugeordnet und paraphrasiert. Damit sind die Elemente extrahiert, die zur Beantwortung der Unterfragen dienen. In einem Schritt, der Paraphrasierung und erste Reduktion kombiniert, sind diese Elemente zusammengefaßt worden, so daß als erstes Ergebnis Antworten auf die drei Unterfragen, in die die Hauptfragestellung aufgeteilt wurde, vorliegen. Die Antworten auf die drei Unterfragen wurden in einem zweiten Reduktionsschritt durch Bündelung und Integration bearbeitet und die Ergebnisse in Richtung der Hauptfrage interpretiert. Das Fazit der Analyse hinsichtlich Staatsverständnis und Handlungsstrategie wird in Abschnitt 1.5 dargelegt.

1. 3 Verständnis der Informationsgesellschaft, Situationsdeutung und Problematik

Informationsgesellschaft

Die Informationsgesellschaft wird verstanden als eine Wirtschafts- und Gesellschaftsform, "in der der produktive Umgang mit der Ressource 'Information' und die wissensintensive Produktion eine herausragende Rolle spielen." (Info 2000: 15). Ein rascher technologischer Fortschritt in den Bereichen EDV, Nachrichtentechnik sowie Mikro- und Optoelektronik ist nach diesem Verständnis die Basis für einen technisch-wirtschaftlichen Wandel, der in Ausmaß und Folgewirkungen verglichen wird mit dem Übergang in die Industriegesellschaft. Das Zusammenwachsen von Computer, Tk, Unterhaltungselektronik und audiovisuellen Medien bildet die Triebkraft für diesen Wandel. Die Begriffe Datenautobahn (steht für Informationsübertragungsnetze) und Multimedia (steht für neuartige Produkte und Dienste) kennzeichnen den Wandel, dem ein großes Potential für positive Veränderungen zugemessen wird. Dieses Potential für Wirtschaftswachstum und Beschäftigung zu nutzen und das heißt den Weg in die IG zu gestalten, stellt eine große Herausforderung für Politik, Wirtschaft und Gesellschaft dar.

Die wichtigsten Facetten dabei sind: erstens, daß aufgrund der Fortschritte in der Informationstechnik, die einen Quantensprung in den letzten acht bis zehn Jahren erlebt hat, bisher getrennte Wirtschaftsbereiche verschmelzen und völlig neue Nutzungsformen, Anwendungen und Märkte entstehen und Innovationen ermöglicht werden. Dies läßt einen lang andauernden Wachstumsschub erwarten. Zweitens ist Information für die Wirtschaft ein zentraler Produktionsfaktor geworden, der die informationstechnisch gestützte Verkürzung von Entwicklungs-, Produktions- und Distributionszyklen sowie den Abbau raum-zeitlicher Beschränkungen bei der Herstellung von Produkten und der Erbringung von Dienstleistungen erlaubt. Die Informationswirtschaft ist als eigenständiger Bereich abgrenzbar, sie besitzt eine besondere Dynamik und hat heute ein Marktvolumen von rund elf vH. des Bruttoinlandprodukts. Für die Arbeitswelt wird ein Wandel der Berufsbilder und Beschäftigungsfelder vorhergesagt. Gegenwärtig sind in dem vierten Sektor "Information" (neben Produktion, Landwirtschaft und Dienstleistungen) schon 50 vH. aller Erwerbstätigen beschäftigt. Die Arbeits- und Produktionsorganisationen werden sich grundlegend hin zu einer räumlichen und zeitlichen Trennung sowie der Dezentralisierung von Arbeits- und Produktionsprozessen ändern (Stichwort Telekooperation/Telearbeit).

Situationsdeutung (exogene Faktoren, Potential, Chancen und Risiken)

In den hochindustrialisierten Ländern ist ein Prozeß in Gang gesetzt worden, der als Wandel hin zu einer neuen Gesellschaftsform, der Informationsgesellschaft, zu verstehen ist. Dieser Wandel ist grundsätzlich positiv einzuschätzen. Eine Abkoppelung Deutschlands oder ein nationaler Sonderweg zur IG ist nicht (mehr) möglich. Die Vision einer Informationsgesellschaft ruft Euphorie und Skepsis hervor. Der Wandel spielt sich ab vor dem Hintergrund eines verschärften weltweiten Wettbewerbs und der Globalisierung von Unternehmensstrategien und Märkten. Es gibt sowohl auf internationaler Ebene (OECD, G-7, WTO, WIPO) als auch auf europäischer Ebene (EU) Bemühungen, diesem Wandel, der ein globaler sein wird, und seinen Herausforderungen durch ein gemeinsames, koordiniertes Handeln zu begegnen bzw. ihn zu begleiten. Dafür haben sich die G-7-Staaten auf Vorschlag der international tätigen und organisierten IK-technischen Unternehmen auf acht Grundprinzipien des Handelns verständigt. Diese sind auch Grundlage für die Maßnahmen seitens der EU und für die nationale Politik. Im Fokus der internationalen Zusammenarbeit steht die Schaffung von einheitlichen, stabilen ordnungspolitischen Rahmenbedingungen. Die nationalen Programme müssen sich in den internationalen Zusammenhang einpassen. Auf nationaler Ebene werden von dem Wandel zur IG eine Reihe von Handlungsfeldern berührt. In der Bundesrepublik kann auf Vorarbeiten auf dem Gebiet der Forschungs- und Technologieförderung zurückgegriffen werden, speziell in der Mikroelektrotechnik.

Der sich abzeichnende Wandel ermöglicht eine erste Abschätzung des Potentials der IG. Deren Neuartigkeit ist gegeben mit der grundsätzlichen Eigenschaft, einen tiefgreifenden Strukturwandel herbeizuführen. Die erwarteten umfassenden, positiven Möglichkeiten der IG betreffen Staat, Wirtschaft und Gesellschaft. Die wichtigsten Elemente sind dabei: a) Neue Wachstums- und Beschäftigungschancen durch das Entstehen neuer Märkte. b) Neue Formen und Möglichkeiten der politischen Willensbildung können entstehen, damit kann es zu einer Intensivierung der Teilnahme am politischen Willensbildungsprozeß kommen und eine leichtere Beteiligung an politischen Entscheidungen wäre möglich. Dies sorgt in Verbindung mit der Dezentralisierung des

Staates bzw. der öffentlichen Verwaltung für einen bürgernahen, schlanken Staat. c) Die Flexibilisierung der Arbeitswelt und die Erhöhung der Zeitsouveränität käme allen Beschäftigten zugute. d) Die neuen Techniken der IG können zu einer wesentlichen Entlastung von Natur und Umwelt beitragen.

Risiken der IG werden in dem Bericht nur knapp behandelt und in erster Linie als Gefahren der Medienverwendung dargestellt. Es könne infolge der Informationsüberflutung zu "Suchterscheinungen" des Medienkonsums und zu einer Verwechslung der virtuellen mit der "realen" Wirklichkeit kommen. Jugendliche und Kinder können durch den Zugang zu bestimmten Diensten, die z.B. Gewalt-, Horror- oder Pornographiefilme anbieten, gefährdet werden. Insgesamt überwiegen in dem Bericht die Chancen der IG.

Problematik

Neben diesen Chancen gibt es allerdings auch Probleme, die die Ausnutzung des positiven Potentials des Wandels verhindern, sofern sie nicht gelöst werden. Als solche Hemmnisse sind erkannt worden: Erstens genügen die bisherigen rechtlichen Regelungen den veränderten Bedingungen nicht mehr. Zweitens gibt es Planungsunsicherheiten, die notwendige Investitionen in Frage stellen, hierzu zählt insbesondere die Ungewißheit, wie die neuen IK-Dienste regulatorisch behandelt werden. Insgesamt ist, drittens, ein zu hohes Maß an Regulierung festzustellen. Viertens bestehen auf Seiten der Bürger Sorgen und Ängste, gleichzeitig ist aber das Meinungsbild gegenüber der IG noch offen in weiten Teilen der Bevölkerung. Diese offene Diskussion kann bei Wissensdefiziten in Technikskepsis umschlagen, die der weiteren Entwicklung abträglich wäre. Es handelt sich insgesamt um die nichttechnischen Bedingungen für erfolgreiche Innovationen, deren Nicht-Beherrschung den Übergang in die IG entscheidend behindern kann. Schließlich fehlen, fünftens, international einheitliche Normen und Standards für Infrastruktur und Dienstleistungen der IG.

1. 4 Grundsätze, Zielsetzungen und Vorgehensweise

Grundsätze

Die Politik der Bundesregierung auf dem Feld der IG ist orientiert an einigen Grundsätzen. An oberster Stelle steht dabei die Auffassung, daß der Wandel aktiv gestaltet werden muß, dabei handelt es sich um eine Zukunftsaufgabe, die eine nationale

Anstrengung erforderlich macht. Die Gestaltung wesentlicher Parameter des durch eine Basisinnovation möglichen Wandels der Gesellschaftsform wird als ordnungspolitische Aufgabe par exellence begriffen. Dabei, und dies ist ein zweiter Grundsatz, muß die nationale Politik erstens mit der EU-Politik verzahnt und zweitens mit internationalen Maßnahmen abgestimmt bzw. in diese eingebunden werden. Dafür bilden, so ein weiterer Grundsatz, die Grundprizipien der G-7-Konferenz zur IG die Grundlage. Diese werden auch für die Ausgestaltung der nationalen Politik akzeptiert.[11]

Ein weiterer Grundsatz, der oberste Priorität besitzt, besteht darin, daß die Privatwirtschaft die treibende Kraft des Wandels ist und auch sein soll, da der Wettbewerb als idealer Suchprozeß nach bestmöglichen Lösungen angesehen wird. Dieser kommt aber nur in Schwung, wenn der Handlungsspielraum für die Unternehmen und die Konkurrenz groß genug sind. Daraus resultiert schließlich eine Handlungsmaxime, nach der es so wenig Regulierung wie möglich geben und stattdessen das Motto "pilotieren geht vor regulieren" gelten soll. Das beinhaltet auch die Vermeidung von industrie- oder infrastrukturpolitischen Vorgaben, denn die IG kann nicht vom Staat vorgeschrieben werden, ebenso wenig wie die geeignete Infrastruktur. Der Bedarf an Infrastrukturleistungen und neuen Diensten wird sich sich von den Anwendungen, mithin vom Angebot her entwickeln und läßt sich von keiner zentralen Instanz vorgeben.

Zielsetzung

Die von den Grundsätzen geleitete Zielsetzung umfaßt im Kern zwei Elemente. Zum einen soll der privatwirtschaftlich getragene Wandel hin zur IG auf internationaler Ebene gefördert werden. Zum anderen soll auf nationaler Ebene alles getan werden, um die Bedingungen für die privatwirtschaftliche Initiative optimal zu gestalten. Es sollen Existenzgründungen erleichtert sowie Flexibilität und Freiraum der Wirtschaft vergrößert werden, wofür einheitliche rechtliche Rahmenbedingungen geschaffen werden müßten. Es sollen dabei nicht neue, komplizierte Regelungen erlassen werden, sondern bestehende Gesetze fortentwickelt und angepaßt werden, dies unter dem Motto "innovationsorientierte Gesetzgebung".

Zum zweiten soll das Umfeld für das privatwirtschaftliche Tätigwerden verbessert werden, wobei es hauptsächlich darum geht, die Beherrschung der nichttechnischen

---

[11]   Nicht zuletzt deshalb, weil die Bundesregierung entscheidend an deren Formulierung beteiligt gewesen ist (Interview Nr. 4).

Bedingungen von Innovationen für die IG sicherzustellen. Das heißt, insbesondere das positive Potential, aber auch die Herausforderungen der umfassenden Entwicklung einer breiten Öffentlichkeit begreifbar und deutlich zu machen.

Ein weiteres Ziel ist es, zur Erhöhung der Technikakzeptanz beizutragen. Dies erscheint auf dem Gebiet der IK-Technologien leichter zu bewerkstelligen als auf den Gebieten Atomkraft oder Gentechnologie. Das übergeordnete Ziel besteht in der Ausarbeitung einer einheitlichen Politikkonzeption, die die ressortübergreifende Koordinierung bzw. Abstimmung beinhaltet.

Maßnahmen

Um die genannten Ziele zu erreichen, sind eine ganze Reihe konkreter Policies und begleitender Maßnahmen vorgesehen. Einerseits werden bestehende Rechtsgrundlagen überprüft und sofern notwendig an die veränderten Bedingungen angepaßt, etwa in den Bereichen Datenschutz, Sicherheit in der Informationstechnik, Jugendschutz. Andererseits sind neue Gesetze angekündigt, die fehlende Rahmenbedingungen in einzelnen Bereichen schaffen sollen, an prominenter Stelle ist das angekündigte sog. Multimedia-Gesetz zu nennen, das inzwischen in Eckwerten vorliegt (BMBF 1996). Aber auch das TKG, mit dem die für die Entfaltung der Kräfte für den Wandel als notwendig erachtete Liberalisierung im Tk-Bereich umgesetzt werden soll, gehört hierzu. Gedacht wird auch daran, eventuell eine sog. Experimentierklausel für neue IKT-Dienste einzuführen, also erst einmal, bspw. auf drei Jahre begrenzt, die Entwicklung des Angebots und der Nutzung neuer Dienstleistungen zu beobachten, ohne von vornherein Regelungen für diese vorzugeben.

Zur Verbesserung des Umfeldes für die privatwirtschaftliche Initiative gehören auch handelspolitische Maßnahmen. Zu den wichtigsten zählen: erstens die Anpassung der internationalen Normung an die Anforderungen der IG einschließlich der Verbreitung europäischer Normen über Europa hinaus, zweitens die Verankerung der G-7-Grundprinzipien in multilateralen Vereinbarungen, drittens die Schaffung eines diskriminierungsfreien Zugangs zu Netzen und Diensten und viertens die Durchsetzung eines international ungehinderten Marktzugangs für deutsche Unternehmen.

Daneben sind einige Fördermaßnahmen vorgesehen, die insbesondere Forschung und Entwicklung, aber auch die beschleunigte Umsetzung von Innovationen in marktfähige Produkte stärken sollen (z.B. Rahmenförderkonzept "Innovationen für das Informationszeitalter 1997-2001", Förderprogramme "Anwendung der IT in der Produktion", "Innovative Anwendungen im Breitbandnetz"). Begleitend sind Programme angeschoben worden, die den gesamtgesellschaftlichen Dialog initiieren und stärken sollen. So wurde die "Initiative Informationsgesellschaft Deutschland" in's Leben gerufen, das "Forum Info 2000" als Diskussionsforum für die breite Öffentlichkeit eingerichtet, eine "Bildungsoffensive" gestartet und die verstärkte Einbeziehung des Themas IG in die Öffentlichkeitsarbeit der Bundesregierung beschlossen. Dies dient insgesamt der Initiierung und Moderierung eines nationalen Dialoges, der neue Wege einer gesamtgesellschaftlichen Diskussion aufzeigen wird und der eine aufgeschlossene Grundeinstellung der Bevölkerung bewirken soll.

Um die Politik der Bundesregierung zu koordinieren und abzustimmen, ist zudem ein sog. IMA (interministerieller Ausschuß) auf Staatssekretärsebene eingesetzt worden, dessen Leitung beim BMWi, in Person von Staatssekretär Ludewig, liegt.

Im folgenden Abschnitt wird nun eine Antwort auf die Hauptfrage dieser Inhaltsanalyse nach Staatsverständnis und Handlungsstrategie möglich sein, die die bisherigen Ergebnisse zusammenführt. Diese und deren anschließende Zusammenfassung wurden auf einige Gütekriterien hin geprüft, die P. Mayring (1995: 103-109) nennt. Ein Re-Test (nochmalige Anwendung des Analyseinstruments auf das Material) diente der Prüfung der Reliabilität, auch die semantische Gültigkeit (Richtigkeit der Bedeutungsrekonstruktion des Materials) wurde durch Abgleich mit der Interviewauswertung ebenfalls mit positivem Ergebnis überprüft.

1. 5 Wissensangebote zu Staatsverständnis und Handlungsstrategie

Mit diesem Bericht, der die erste umfassende Positionierung der Bundesregierung zur IG darstellt, ist das Wissen geordnet und strukturiert worden, welches zugrundegelegt werden wird für die weiteren politischen Maßnahmen des paS zu diesem Thema. Damit ist eine Agenda für einen der zentralen Akteure staatlicher Politik vorgegeben. Gleichzeitig stellt der Bericht ein Wissensangebot zur Thematisierung dieses recht neuen Gegenstands der Politik dar. Die Thematisierung eines Politikgegenstandes ist entscheidend davon abhängig, welchem ministeriellen Geschäftsbereich dieser innerhalb der Bundesregierung zugeordnet wird. Der letztendlichen Zuständigkeit des BMWi ist es zuzuschreiben, daß der Tenor des Berichts und der öffentlichen Thematisierung seitens der Bundesregierung ein wirtschaftspolitischer ist.

Mit der gesamtgesellschaftlichen Thematisierung ist ein zentraler Punkt genannt, der es plausibel und sinnvoll erscheinen läßt, die Erarbeitung und Verbreitung dieses Berichts als Policy (als ein intendiertes Programm) aufzufassen. Denn dies kann m.E. als Vorarbeit staatlicher Aktivitäten in zwei Richtungen aufgefaßt werden:

Nach außen gerichtet besteht das Handeln im Initiieren eines Dialogs auf verschiedenen Ebenen mit unterschiedlichen Zielgruppen (Industrie, Gewerkschaft, Verbraucher/innen etc.). Mit diesem soll einerseits eine grobe Richtung für die derzeit offene Entwicklung (und Diskussion!) vorgegeben werden, indem bestimmte Aspekte und Einschätzungen der IG moderierend vermittelt werden. Es geht dabei auch darum, die breite Diskussion ebenso wie Spezialdebatten zu gestalten, mediativ einzugreifen, um insgesamt zum einen das Handeln relevanter Akteure möglichst aufeinander abzustimmen, andererseits um die Akzeptanz für Technik und Wandel zu erhöhen, Schwellenängste abzubauen und eine Aufbruchstimmung zu entfachen. Diesem Zweck dienen auch staatlich (finanziell) geförderte Pilotprojekte, mit denen Impulse gegeben werden und die gleichzeitig die (positiven) Möglichkeiten demonstrieren und so auch die Nachfrage nach neuen Angeboten anreizen sollen.

Eine nach innen, daß heißt auf das paS selbst gerichtete Aktivität stellt die Koordination der verschiedenen geplanten oder schon in der Formulierungsphase befindlichen Policies dar. Auch hierfür kann der Regierungsbericht Info 2000 als Vorarbeit gelten. Auf Bundesebene ist die Notwendigkeit der Koordinierung der staatlichen Politik akzeptiert worden. Diese soll durch den regelmäßig tagenden interministeriellen Ausschuß (IMA) auf Staatssekretärsebene erfolgen. In diesem Kreis sollen dann die Maßnahmen zusammengeführt und abgestimmt werden. Der Aufbau eines eigenständigen Ressorts ist z.Z. nicht beabsichtigt, die Aufgabenteilung zwischen den Ressorts bleibt auf weiteres bestehen.

Das dabei zugrunde gelegte Verständnis von Politik und gesellschaftlichem Wandel beeinflußte wesentlich die Ausrichtung der staatlichen Politik, das Entwerfen einer in sich schlüssigen Politikkonzeption sowie die Auswahl der weiteren, konkreten Maßnahmen und Programme. Dieses Verständnis kann als Situationsdeutung gelten, die handlungsorientierend ist für einen der zentralen Akteure in diesem neuen Issue-Network, dessen Struktur noch nicht endgültig feststeht. Ausgangspunkt der Situationsdeutung ist eine Einschätzung mit zwei zusammenhängenden Aspekten. Zum einen wird der Entwicklungsprozeß, das heißt der Wandel zur IG, als ein von außen aufoktroyierter Prozeß verstanden, dem man sich nicht entziehen kann, es sei denn um den Preis empfindlicher Einbußen bei Wirtschaft und Beschäftigung. Außerdem wird auch ein eigener, national ausgerichteter Weg für nicht (mehr) möglich erachtet. Zusammengenommen lautet dann das Motto "Wenn nicht wir, so machen es andere". Daraus wird ersichtlich, daß man, auch wenn der Anstoß und damit Handlungsdruck als von außen, unbeeinflußbar von nationaler Politik, kommend wahrgenommen wird, gleichwohl einen Gestaltungsspielraum sieht. Dieser wird zu einem Handlungsdruck: Es gilt, den Spielraum zu nutzen, um die (unvermeidlich kommende) Entwicklung so zu gestalten, daß im Sinne (nationaler) volkswirtschaftlicher oder gesellschaftlicher Ziele das Maximale herausgeholt wird. Es wird ersichtlich, daß damit die Alternative "Mitmachen oder nicht" nicht als eine tatsächlich existierende gesehen wird. Stattdessen wird die Situation beschreibend so konstruiert, daß die Dynamik, Bedeutung und "Folgendramatik" der Entwicklung keine Wahl läßt, sondern nur die Notwendigkeit übrigläßt, gestaltend mitzuwirken.

Zum anderen dominiert damit verknüpft die Einschätzung, daß die gesamtgesellschaftliche Entwicklung dermaßen vielschichtig und multikausal ist, daß es keinem einzigen Akteur, und sei es der Staat, mehr möglich ist, die IG vorzuschreiben: "Komplexität als Schranke der politischen Planung" (Interview Nr. 4). Diese Verabschiedung des Gedankens der Steuerbarkeit von Gesellschaft, die u.a. motiviert ist durch eine Ausdeutung der Entwicklungen in Osteuropa, führt zu einer geringeren Einschätzung staatlicher Eingriffsmöglichkeiten und andererseits zu einem anderen Politikmodell für den Bereich IG. Grundsätzlich sollte die Politik darauf ausgerichtet werden, antizipativ die Dinge anzugehen, anstatt bloß reaktiv negative Folgen zu bearbeiten. In der Umsetzung bedeutet dieses, daß der Staat sich der Sache annimmt und sie zum Thema macht, also einen am Anfang stehenden Prozeß von sich aus thematisiert. Diesem Ziel dient der "gesamtgesellschaftliche Dialog", dessen Zweck es ist, ein Bewußtsein bzw. ein Bild von der Entwicklung und deren Herausforderungen zu vermitteln, Ängste abzubauen, die Technikakzeptanz zu erhöhen und ein Klima der Aufgeschlossenheit sowie eine Umbruchstimmung zu induzieren. Zudem prüft das paS, an welchen Stellen es Hemmnisse der Entwicklung der privatwirtschaftlichen Tätigkeit gibt. Das zielt darauf, die privaten (wirtschaftlichen) Initiativen zu stärken, indem überall dort, wo (staatliche) Regulierung von maßgeblichen Akteuren aus der Privatwirtschaft als Behinderung angesehen wird, diese überprüft und nach Möglichkeit abgebaut werden soll. Auf einer etwas abstrakteren Ebene: die Governanceformen in vielen Politikfeldern (Datenschutz, Arbeitsrecht, Urheberschutz, Ordnungspolitik etc.) werden als nicht mehr den Ansprüchen des Wandels und damit der IG angemessen bzw. genügend betrachtet und müssen dementsprechend angepaßt werden. Dies erfolgt zum einen über die Novellierung bestehender Regulierungsformen (z.B. im Wettbewerbsrecht), zum anderen über die Schaffung neuer Regulierungsformen (z.B. bezüglich der Klassifizierung und ordnungsrechtlichen Behandlung von neuen Dienstleistungen: unterliegen sie Rundfunk- oder Telekommunikationsrecht?). Dabei gilt als

Richtschnur, daß es so wenig (zusätzliche) Regulierung wie möglich geben soll, und zwar nur dann, wenn sie unbedingt erforderlich erscheint. Dieses dem aus dem US-amerikanischen Kontext stammenden Motto "pilotieren geht vor regulieren" entsprechende Vorgehen soll, so die Überzeugung, einen bottom up-Prozeß, einen von unten beginnenden Wandel zur IG flankieren und stärken. Bei diesem soll die "Eigenverantwortlichkeit" der Akteure die entscheidende Rolle spielen und nicht vom Staat bestimmte, von außen gesetzte Prozeßziele. In dieser Hinsicht findet eine Beschränkung auf die Schaffung marktkonformer Rahmenbedingungen, in Verbindung mit der Anregung der Entwicklung durch Impulsgabe und Dialogmoderation, Eingang in den Bericht und wird Grundlage des Handelns.

Das TKG, dessen Wurzeln, wie in Kapitel III dargelegt, weit vor der Entstehung des Regierungsberichts Info 2000 liegen, dessen Formulierungsphase aber parallel zu der des Berichts verlief, kann m.E. als zentrales Beispiel für die im Bericht formulierte Schaffung neuer Regulierungsformen und marktkonformer Rahmenbedingungen gewertet werden. Aber schon das Hervorbringen dieses Berichts Info 2000 selbst stellt eine politische Maßnahme dar. Nicht zuletzt deswegen, weil dieses Wissensangebot strategisch-instrumentell in diverse Wissensmärkte eingebracht wird, um unter anderem Debatten zu initiieren, zu gestalten oder zu beeinflussen. Gerade im Hinblick auf ein Thema, dessen Struktur und Reichweite so vielfältig und z.T. noch unbekannt sind und dessen Bearbeitung mit soviel Unsicherheit bezüglich möglicher Folgen (outcomes) behaftet ist, kommt dem mit diesem Bericht formulierten Wissen eine herausragende Bedeutung und Funktion zu. Mit ihm wird ein Wissensangebot (inkl. Politikfeld-Prinzip) für ein Politikfeld-übergreifendes Thema propagiert, das weit über das tradionelle der Telekommunikation hinausweist, denn die IG als Feld staatlichen Handelns ist eigentlich erst im Entstehen begriffen.

2 Das Telekommunikationsgesetz (TKG)

2. 1 Methodische Vorbemerkungen

Für die Untersuchung der Policy kommen quantitative und qualitative Methoden zur Anwendung. Diese Kombination erscheint für eine am Netzwerk-Ansatz der Policy-Analyse orientierte Studie erfolgversprechend (vgl. Marin/Mayntz 1991b: 12-15, 21f; Kenis/Schneider 1991: 39f, 44-47); nicht zuletzt aufgrund der Nähe zwischen Policy-Analyse und Netzwerk-Forschung. Da diese Untersuchung ihren Schwerpunkt auf den wissenspolitologischen Ansatz legt, nehmen die qualitativen Methoden einen größeren Raum ein. Zum Einsatz kamen:

- die Expertenbefragung
- die qualitative Inhaltsanalyse von primären Quellen
- die Sekundäranalyse von Dokumenten, Monographien und Zeitschriftenaufsätzen.

Den ersten Schritt des Forschungsablaufs bildete die Sekundäranalyse. Damit wurde ein erster Einblick in das Politikfeld und dessen Akteursstruktur gewonnen, woran sich das weitere Vorgehen orientierte. Es ging zunächst um eine Eingrenzung der beteiligten korporativen Akteure anhand der Kriterien Einfluß und Grad des Engagements an der Formulierung. Als Ergebnis wurden die zentralen, einflußreichsten korporativen Akteure identifiziert, die den inneren Kern, den Inner Circle, des Issue Network bilden. Anschließend wurde das für die untersuchte Policy aktivierte Wissen und dessen Bedeutung und Funktion für den Policy-Prozeß an Beispielen untersucht. Entsprechend den Kategorien eines wissenspolitologischen Ansatzes, wie in Kapitel II dargelegt, wurde dabei unterschieden hinsichtlich der "Reichweite" des Wissens: Wissensangebote, die sich über das gesamte Politikfeld erstrecken (Politikfeld-Kerne), und solche, die speziell auf die Elemente des TKG bezogen sind (Wissensangebote zu "sekundären Aspekten" der belief systems).

Als Kernelemente wurden diejenigen Abschnitte samt Vorschriften des Gesetzes bestimmt, die für das zukünftige Regulierungsmodell zentral sind. Die Konflikte zwischen den Akteuren des Inner Circle spiegeln sich in der Konkurrenz der Wissensangebote wider, die von den Akteuren auf dem Wissensmarkt zum TKG zu einzelnen Regulierungsaspekten und Regelungselementen angeboten worden sind. Diese speziellen Wissensangebote bestehen aus divergierenden ökonomischen, politischen, technischen und juristischen Fach- und Detailwissenselementen, die die Akteure mit- und gegeneinander in den Formulierungsprozeß einbrachten. Zur Untersuchung dieser Wissens-Dimension wurden in der zweiten Phase des Forschungsablaufs Experteninterviews durchgeführt und Primärdaten erhoben, die aus den in der Formulierungsphase des TKG abgegebenen schriftlichen Stellungnahmen bestehen. Beide Datenquellen fließen in die qualitativ-inhaltlich vorgehende Auswertung ein.

In quantitativer Hinsicht spielten die Interviews zunächst eine wichtige Rolle bei der Identifizierung des Inner Circle. Diese erfolgte durch eine Abfrage der Einschätzung der Befragten zur Rangordnung aller beteiligten korporativen Akteure bezüglich Einfluß und Beteiligung an der Formulierung des TKG. Die Interviews selbst wurden in zwei Etappen durchgeführt. Zuerst befragte ich einige Personen, die aufgrund ihrer Tätigkeit über Sachkenntnis bzw. Expertenwissen verfügen. Dafür wurde als Form das unstrukturierte Interview ohne Gesprächsleitfaden gewählt, es handelte sich um quasirezeptive Interviews (Kleining 1994: 123-147), die die Tk als Politikfeld zum Gegenstand hatten. Der Zweck hierbei war eine erste Vertiefung des bisherigen Wissensstandes bezüglich Politikfeld und der in Frage stehenden, aktuellen Policy. Die Interviews der ersten Etappe hatten ihren Anteil einerseits an der Abgrenzung des Problems: "Oftmals ist es notwendig, daß in der explorativen Phase der Forschungsarbeit das Problem noch genauer abgegrenzt werden muß, bevor die eigentliche Erhebung durchgeführt wird"; andererseits an dem Auffinden der wesentlichen Informationen: "Bei manchen Studien besteht das größte Problem darin, diejenigen Personen ausfindig zu machen, die über die relevanten Informationen verfügen." (Roth 1984: 156). Für den zweiten Durchgang wurden daraufhin Personen ausgewählt, die diejenigen korporativen Akteure repräsentieren, die als Angehörige des Inner Circle identifiziert worden waren.[12] Die aktuelle Entwicklung miteinzubeziehen stellte sich als zentral heraus für die zweite Etappe der Expertenbefragung hinsichtlich der Auswahl der zu befragenden Personen und auch der Ausgestaltung der Fragestellung. Diesmal wurde für die ebenfalls unstrukturierten Interviews ein Gesprächsleitfaden verwendet. Die geführten Interviews erfüllten insgesamt eine der drei grundlegenden Funktionen von Interviews als sozialwissenschaftlicher Methode - die Entdeckung. Das meint "das Auffinden der relevanten Variablen, die entweder zur Herstellung der theoretischen Zusammenhänge benötigt werden oder die eine Abgrenzung der relevanten Befragtengruppe erlauben." (Roth 1984: 155). Die Verwendung eines Gesprächsleitfadens diente dem Zweck, die Gültigkeit und Verläßlichkeit der so erhobe-

---

[12] Alle Interviews sind im Anhang nach Zeitpunkt und befragten Personen ausgewiesen und durchnumeriert worden. Die Antworten wurden in drei Fällen in Ergebnisprotokollen, in den übrigen elf Fällen durch Tonbandaufzeichnung festgehalten.

nen Daten mittels der Kontrolle der Bedingungen, unter denen die Erhebung stattfand, zu gewährleisten (vgl. Roth 1984: 145-150).

Um die Politikfeld-Kerne zu ermitteln, wurden zudem Positionspapiere und allgemeine Stellungnahmen der korporativen Akteure herangezogen und inhaltsanalytisch ausgewertet. Dieses Material wurde von den Akteuren abgefragt bzw. öffentlichen Quellen (z.B. Fachzeitschriften) entnommen.

Die Auswertung der Interviews trug dazu bei, die Struktur des Inner Circle und die aufgetretenen Konflikte zu ermitteln. Zudem hatte die Auswertung Anteil an der Beantwortung der Frage, warum welche Positionen von den korporativen Akteuren eingenommen und vertreten worden sind. Die Frage nach dem "Warum" betrifft die im Formulierungsprozeß hervorgebrachten und vertretenen Wissensangebote. Diese Wissensangebote werden (in Abschnitt 2.5) in einer diachronen Perspektive in Verbindung gesetzt mit der Formulierung des TKG. Dies diente der Analyse der Veränderungen, die der Gesetzesentwurf in den Kernelementen von den ersten Eckpunkten bis zur Einbringung in den BT erfuhr. Dabei wurde als Zwischenstation der erste vom BMPT vorgelegte Referentenentwurf vom 27.7.1995 ausgewählt, da sowohl zu den Eckpunkten als auch zum Referentenentwurf schriftliche Stellungnahmen von interessierten Akteuren abgegeben wurden, die vom BMPT für die weitere Formulierung berücksichtigt worden sind. Die sehr in's Detail gehenden Stellungnahmen derjenigen Akteure des Inner Circle, die die Normadressaten des TKG darstellen, standen im Zentrum der Analyse. Ein Grund dafür ist, daß diese Akteure in Konkurrenz zueinander den größten Teil der Wissensangebote lieferten, die für die Auswahl und Ausgestaltung der im TKG vorgesehenen Instrumente Grundlage waren. Ein erster Vergleich der Stellungnahmen ergab, daß außer dieser Zielgruppe des Gesetzes kein anderer Akteur des Inner Circle sich derart detailliert zu den Regelungsinstrumenten äußerte.[13]

Mit Blick auf die endgültige Fassung des TKG wurde dann klar, welche Wissensangebote sich durchsetzten. Dazu wurde der in den Bundestag eingebrachte Gesetzesentwurf herangezogen. Da dieser von den Fraktionen der Koalition und der SPD in die parlamentarische Beratung eingebracht worden ist, läßt sich durch dessen Analyse sowohl feststellen, welche Wissenangebote der Normadressaten schließlich in den Gesetzesentwurf eingingen, als auch, an welchen Punkten es einen Kompromiß zwischen den Parteien gegeben hat. Der eingebrachte Gesetzesentwurf spiegelt das jeweilige Er-

---

13 Für die Analyse der Stellungnahmen wurden neben den primären Quellen auch zwei Auswertungen der Stellungnahmen verwendet, die im Auftrag des BMPT vom WIK erstellt worden sind (WIK 1995a, b).

gebnis des Konflikts zwischen den Normadressaten und andererseits die Auseinandersetzung zwischen den Fraktionen wider.

2. 2 Der Inner Circle des Issue Network

In einer synchronen Perspektive werden die beteiligten Akteure des Inner Circle hinsichtlich Ausgangslage, Interessen und Betroffenheit sowie ihren Beziehungen zueinander betrachtet. Dabei geht es auch darum, die jeweiligen Politikfeld-Kerne, also die das Politikfeld Telekommunikation betreffenden grundlegenden Annahmen, aber auch die jeweiligen Situationsdeutungen der ausgewählten Akteure zum TKG herauszuarbeiten.

Dieser Inner Circle besteht aus denjenigen korporativen Akteuren, die für die untersuchte Policy - das TKG - in der Phase der Formulierung von entscheidender Bedeutung waren und daher einen ausgezeichneten Teil des Issue Network bildeten. Bezogen auf die Formulierung des TKG versuchten etliche Akteure, Einfluß zu nehmen; deren Anzahl belief sich auf über 50. Neben Verbänden, Unternehmen, Tk-Organisationen aus anderen Ländern, Parteien, Institutionen und verschiedenen Landes- und Bundesministerien zählten dazu auch einige Privatpersonen (vgl. WIK 1995a: IV, WIK 1995b: IV).Tatsächlichen und erkennbaren Einfluß besaßen allerdings weit weniger Akteure. Diese bildeten den Inner Circle, dessen Identifizierung ein Ergebnis der Auswertung der geführten Interviews ist. Eine Zuordnung der Beteiligten zu verschiedenen Sektoren ergibt folgende Übersicht:

1. Aus dem Regierungs- und Verwaltungssektor steht das BMPT im Zentrum, daneben spielten das BMWi und das BMF wichtige Rollen.

2. Aus dem parlamentarischen Sektor auf der Bundesebene übernahmen die Koalitionsparteien und die SPD die wichtigsten Rollen; andere Parteien spielten keine Rolle. Dies läßt sich weiter eingrenzen, denn entscheidenden Einfluß übte die sog. Interfraktionelle Gesprächsrunde aus, die aus ein oder zwei Vertretern der Fraktionen von CDU/CSU, der FDP sowie der SPD und dem zuständigen Minister W. Bötsch (CSU) bzw. dem zuständigen Abteilungsleiter des BMPT, K.-D. Scheurle als Moderator besteht. Alle Parlamentarier gehören bis auf eine Ausnahme dem 17köpfigen Bundestagsausschuß für Post und Telekommunikation (der 13. Wahlperiode) an.

3. Der BDI, der DIHT und die DPG bzw. deren jeweilige Repräsentanten stellen die Akteure aus dem Sektor der privaten Interessenverbände dar.

4. Die Normadressaten des TKG bzw. dessen direkte Zielgruppe gehörten zum Inner Circle und nahmen eine entscheidende Rolle bei der Formulierung ein. Zu diesen

zählen die zuständigen Abteilungs- oder Bereichsleiter der Unternehmen: einerseits der DTAG und andererseits der sog. Newcomer, das sind die Unternehmen, die nach der Aufhebung der Monopolrechte zur DTAG in Konkurrenz treten wollen. Es handelt sich hier um die Konzerne Mannesmann, RWE, Thyssen, Veba und Viag.

2. 3 Ausgangslagen und Interessen

Für die Akteure des Inner Circle soll nun jeweils geklärt werden, wie ihre Ausgangs- und Interessenlage aussah.

2. 3. 1 Bundesministerien: BMPT, BMWi, BMF

Den Anfang machen die involvierten Ministerien. Zu allererst zu nennen ist das BMPT. Es stellt als federführendes Ressort die zentrale, ausgezeichnete "Ecke" bzw. ein Zentrum des Netzes dar. Genauer besehen handelt es sich um die Abteilung 1 "Grundsatzangelegenheiten", insbesondere die Unterabteilung "Grundsätze und Planung". Der Leiter der Abteilung 1, K.-D. Scheurle, spielte neben dem Minister und dem Staatssekretär O. Pfeffermann eine entscheidende Rolle. Ihm oblag als Vertrautem des Ministers die Verantwortung für das Gesetzesvorhaben, zugleich war er auf der operationellen (Arbeits-)Ebene die offizielle Schnittstelle zwischen dem BMPT und den beteiligten Akteuren außerhalb des Ministeriums. In gewisser Weise hatte er eine moderierende Rolle inne (Interviews Nr. 6, 14). Die Aufgabe bestand darin, ein Gesetz zu entwerfen, das die Liberalisierung des gesamten Tk-Marktes ermöglichen soll, aber gleichzeitig die DTAG im Hinblick auf ihren Börsengang im November 1996 nicht allzu sehr belasten und zudem die Sicherstellung einer flächendeckenden Grundversorgung mit Tk-Dienstleistungen gewährleisten soll.

Die Ausgangslage für das BMPT wurde hauptsächlich bestimmt durch folgende Faktoren: Erstens gab es die Vorgaben des Bundesregierung bezüglich einer umzusetzenden Liberalisierung der Tk, so wie sie in der Koalitionsvereinbarung vom 14.11.1994 für die laufende Legislaturperiode formuliert wurden. Einen zweiten Faktor stellte die Befristung der Gültigkeit der im Zusammenhang mit der Postreform II erlassenen Gesetze (FAG, PTRegG, TWG) bis zum 31.12.1997 dar. Drittens spielte die Entscheidung des Europäischen Rates der Telekommunikationsminister, in der EU den öffentlichen Sprachtelefondienst und die Tk-Infrastruktur vollständig bis zum 31.12.1997 zu liberalisieren, als Vorgabe eine zentrale Rolle. Die Kommission der EG hatte mit zwei Grünbüchern (vgl. Kapitel III) einen Zeitplan und Grundsätze für den zu

schaffenden regulatorischen Rahmen vorgelegt. Diese Vorschläge gilt es zu berücksichtigen bei der Umsetzung in das nationale Recht der jeweiligen Mitgliedsstaaten. Es besteht in diesem Zusammenhang seitens des BMPT, dessen Minister maßgeblich an dem Zustandekommen der oben erwähnten Ratsentscheidung beteiligt gewesen ist, auch das Interesse, mit dem TKG eine konkrete Vorlage für ein Regulierungsmodell zu schaffen, die für andere Staaten für die Liberalisierung als Vorbild und
Maßstab dienen kann. Dies dient nicht zuletzt dazu, die Interessen deutscher Akteure
und generell des "Standortes Deutschland" in den europaweiten Marktöffnungsprozeß
im Tk-Bereich einzubringen. Die Tatsache, daß die Liberalisierung in anderen Mitgliedsländern noch am Anfang steht, wird als Chance wahrgenommen, zumal das
BMPT nach eigenem Bekunden über den Telekommunikations-Ministerrat erheblichen
Einfluß auf die weitere Entwicklung in der EU nimmt (Interview Nr. 14). Ein vierter
wichtiger Faktor bestand aus der Tatsache, daß die von der DTAG angestrebten und
für sie im Hinblick auf ihre internationale Wettbewerbsfähigkeit entscheidenden Allianzen mit einerseits France Télécom (Gemeinschaftsunternehmen Atlas), andererseits
mit France Télécom und Sprint Corporation (USA, das gemeinsame Projekt trug den
Namen Phoenix, heute Global One) der Zustimmung bedurfte. Zustimmen mußten im
ersten Fall die Kommission der EG (in Person des zuständigen Wettbewerbs-
kommissars Van Miert, GD IV) und im zweiten Fall zusätzlich die FCC als die nationale US-amerikanische Regulierungsbehörde. Gerade letztere forderte nach dem Prinzip der Reziprozität für die Genehmigung die vollständige Liberalisierung des deutschen Tk-Marktes, um US-amerikanischen Unternehmen (allen voran AT&T) den Zugang zum lukrativen deutschen Markt zu erleichtern. Aber auch die Kommission forderte eine rasche Liberalisierung des deutschen Tk-Marktes ein - und dies schon vor
dem 1. Januar 1998. Diese sollte - als Gegenleistung für die Genehmigung der Allianz
- aus der Aufhebung von Benutzungsbeschränkungen von sog. alternativen Tk-Netzen
bestehen.[14]

Einen fünften Faktor stellte schließlich die Tatsache dar, daß das BMPT selbst
Normadressat des Gesetzes sein wird, und zwar aufgrund der politischen Entscheidung, das Ministerium als eine oberste Bundesbehörde mittelfristig aufzulösen. Die

---

[14] Am 16.10.1995 wurde eine grundsätzliche Übereinkunft zwischen der DTAG, France Télécom
und der Kommission der EG über die Bedingung für die Genehmigung der angestrebten
Gemeinschaftsunternehmen Atlas und Phoenix erzielt, nachdem es eine Ankündigung der französischen
und deutschen Regierung gegeben hatte, die alternativen Netze bis zum 1.7.1996 für den Wettbewerb zu
öffnen (o.V. 1995: 5).

Zukunft der Beamt/inn/en wird von dem Gesetzesvorhaben insofern entschieden, als dort auch die Grundlagen für eine zukünftige Regulierungsbehörde für die Telekommunikation formuliert werden.

Zwei andere Ressorts nahmen wesentlichen Einfluß auf die Formulierung und gehören zum Inner Circle: das BMF und das BMWi. Die Ausgangslage für das BMF ist bestimmt durch die angespannte Haushaltslage und die alleinigen Eigentumsrechte des Bundes an der DTAG. Es besteht das Interesse, den geplanten Börsengang der DTAG, der der Erhöhung der Eigenkapitalquote dient, möglichst reibungslos und effektiv durchzuführen. Ein Mißerfolg der DTAG an der Börse aufgrund von Belastungen, die dem Unternehmen durch das TKG auferlegt würden, hätte einen Imageverlust auch des BMF zur Folge. Daraus und aus der Tatsache, daß auch nach dem Verkauf der ersten Tranche von Aktien der Bund Mehrheitsaktionär bleiben wird und damit ein Interesse an einer guten wirtschaftlichen Entwicklung der DTAG hat, resultiert in bezug auf das TKG die Forderung, die Belastungen für die DTAG, die am stärksten von der zukünftigen Regulierung betroffen sein wird, in Grenzen zu halten. Auf der Arbeitsebene war das Referat IB4, das unter anderem für die bundeseigene Holding, die die Sondervermögen des Bundes nach der Privatisierung der DBP verwaltet, zuständig ist, mit dem TKG befaßt. Es gehört zur Abteilung I "Grundsatzfragen der Finanzpolitik".

Das von einem Minister der FDP geführte BMWi vertrat in der Formulierungsphase des Gesetzes eine stark liberal-ordnungspolitische Linie. Die Liberalisierung des Tk-Marktes stellt denn auch eine große Chance dar, die wirtschaftsliberalen Leitlinien des Hauses (und der FDP) auf einem bedeutenden Sektor der Volkswirtschaft umzusetzen. Die Vorstellungen der FDP werden weiter unten behandelt. Beachtenswert erscheint, daß das BMWi in gewissem Widerspruch zu der reinen ordnungspolitischen Linie akzeptierte, daß es eine sektorspezifische Regulierung in der Tk geben müßte, um allererst die Voraussetzungen für den Wettbewerb zu schaffen. Auf der Referatsebene war das Referat IB2, das zur Unterabteilung "Wettbewerbs- und Preispolitik" gehört, die wiederum Teil der Abteilung I "Wirtschaftspolitik" ist, mit dem TKG sehr eng befaßt. Konkret war der zuständige Referatsleiter, N. von Baggo, intensiv an der Formulierung des Gesetzestextes beteiligt und zeitweilig an das BMPT "entliehen" worden (Interview Nr. 1). Das BMWi war bestrebt, einen möglichst liberalen Ansatz im Gesetz zu verankern, das heißt den Marktteilnehmern möglichst wenig Beschränkungen und Auflagen aufzuerlegen. Es sollte nach Möglichkeit einen einfachen Regulierungsrahmen geben, der durch die Grundprinzipien Gewerbe- und Dienstleistungsfreiheit wesentlich geprägt sein sollte. Die akzeptierte sektorspezifische Regulierung sollte nur solange wie tatsächlich nötig erfolgen und dann das Kartellrecht nach GWB auch für diesen Sektor gelten.

2. 3. 2 Parlamentarischer Sektor: CDU/CSU-, FDP- und SPD-Fraktion

Als Mitglieder des Inner Circle aus diesem Bereich spielen die BT-Fraktionen der Koalitionsparteien und der SPD die zentralen Rollen. Aus ihren Reihen kommen 15 der 17 Mitglieder des für das TKG zuständigen BT-Ausschusses für Post und Telekommunikation und alle fünf Mitglieder der Interfraktionellen Gesprächsrunde. In dieser wurden die entscheidenden politischen Verhandlungen geführt. Außer dem zuständigen Minister als Moderator gehören zu dieser R. Funke (FDP[15], E. Müller (CDU), A. Börnsen und H. M. Bury (beide SPD). Die SPD war vor allem aufgrund ihrer Mehrheit im BR, der dem Gesetz zustimmen muß, in das Geschehen und damit in die Aushandlungsprozesse involviert. Ein weiterer Grund für das relativ hohe Gewicht der SPD und der Interfraktionellen Gesprächsrunde besteht in der Rolle, die die SPD, die den Vorsitz im BT-Ausschuß bekleidet, und die Gesprächsrunde im Zusammenhang mit der Postreform II gespielt hatten. Damals leistete dies informelle Gremium die entscheidende Verhandlungsarbeit in dem intensiven politischen Konflikt. Diese bewährte Arena der politischen Verhandlung im kleinen Kreis, deren personelle Zusammensetzung sich nach der BT-Wahl 1994 bis auf eine Person[16] nicht verändert hat, sollte auch im Falle des TKG genutzt werden. So fanden schon erste Sondierungsgespräche bezüglich des TKG statt unmittelbar nachdem die Gesetze, die die Postreform II ausmachen, in Kraft getreten waren und kurz nach der besagten BT-Wahl im Herbst 1994 (Interview Nr. 6). Es gab eine Übereinstimmung in der Deutung wichtiger Einflußfaktoren: Die internationale Entwicklung der Liberalisierung würde es erforderlich machen, auch in der BR Deutschland den Tk-Markt zu öffnen und damit die Pläne der DTAG hinsichtlich der Bildung internationaler Allianzen zu unterstützen. Andererseits war den Politikern signalisiert worden, daß Konzerne anderer Branchen (Medien, Energiesektor) in den Markt in volkswirtschaftlich erheblichem Maß (es wurden 70 Mrd. DM genannt) investieren wollen und dafür geeignete Vorbedingungen

---

15   Er ist gleichzeitig Parlamentarischer Staatssekretär im BMJ und nahm auch über diese Funktion Einfluß auf den Formulierungsprozeß (Interview Nr. 6).

16   Es handelt sich um den aus dem BT ausgeschiedenen P. Paterna, für ihn rückte H. M. Bury nach.

in Form eines liberalisierten, wettbewerblich ausgestalteten Tk-Marktes erwarten (Interview Nr. 11).

Natürlich hatten die Parteien der Koalition beim Gesetzgebungsverfahren das Heft in der Hand. Wie in der oben genannten Koalitionsvereinbarung vom November 1994 festgeschrieben, unterstützten sowohl die CDU als auch die CSU und die FDP das Vorhaben, den bisherigen Organisationsreformen (Aufteilung und Privatisierung der DBP) nun die tatsächliche Liberalisierung des TK-Sektors folgen zu lassen. Da dies, nicht zuletzt aufgrund von Forderungen seitens der zukünftigen Wettbewerber der DTAG, noch vor der Sommerpause des BT 1996 in Form eines verabschiedeten TKG umgesetzt werden sollte, verschrieb sich die Koalition einem sehr ehrgeizigen Zeitplan. In den Ausgangslagen gab es indes Unterschiede zwischen den Parteien. Ein Grund dafür ist die Tatsache, daß die CDU und die CSU stärker als die FDP auch länderspezifische Interessen im Tk-Sektor verkörpern und diese auch auf der Bundesebene berücksichtigen müssen. Zudem betont die CDU, aber besonders auch die CSU, eher (noch) das Modell der sozialen Marktwirtschaft, während die FDP zusehends stärker eine neoliberale Position vertritt - auch im Hinblick auf das Gesetzesvorhaben zur Tk (Interviews Nr. 6, 11).

Für die SPD stellte sich die Lage natürlich anders dar. Sie ist derzeit stärkste Oppositionspartei, verfügt über die Mehrheit im BR, stellt den Vorsitzenden des zuständigen und einflußreichen BT-Ausschusses und wird von den Koalitionsparteien gebraucht für einen politischen Konsens. Ohne einen solchen ließe sich der Zeitplan nicht einhalten, der aber auch grundsätzlich von der Fraktion akzeptiert wurde. Nachdem die heftigen Konflikte um die Postreform II und die damit einhergehende Privatisierung der DBP Telekom sowie letztendlich des vormals staatlichen Infrastrukturauftrages beigelegt worden sind, indem die SPD dem Reformwerk zustimmte, konnte (und wollte) sie als BT-Fraktion nicht mehr hinter diese Linie zurück. Die Privatisierung war akzeptiert worden, ebenso wie nun die Notwendigkeit des nächsten Schrittes - die Liberalisierung des Tk-Sektors. Auf der anderen Seite hatten sich die vormals engen Bindungen zur DPG durch die Zustimmung der SPD zur GG-Änderung im Zuge der Postreform II gelockert (Schneider 1995: 285, 557-559). Ja, es gab sogar einen Bruch zwischen den beiden, der das Verhältnis auch während der TKG-Formulierung erschwerte (Interview Nr. 9, 12; DPG 1994). Betrachtete die SPD die DBP und dann ihre Teilunternehmen eine Zeitlang als eine ihrer Domänen, so haben sich auch die Beziehungen zur DTAG gewandelt, seitdem diese als Wirtschaftsunternehmen in erster Linie an ökonomischen Kriterien orientiert handelt und sich einer politischen

Einflußnahme immer mehr zu entziehen sucht. Auch dies ist weitestgehend akzeptiert worden von der BT-Fraktion und mithin von den zentralen Personen, die die Telekommunikationspolitik der SPD auf Bundesebene gestalten. Es sind dies die beiden SPD-Vertreter der Interfraktionellen Gesprächsrunde. Generell besteht seitens der SPD-Fraktion das Interesse an einer starken DTAG, über die dann, wenn auch mittelbar, noch vorhandene industriepolitische Vorstellungen (Stichwort Informationsgesellschaft) umgesetzt werden sollen (Interviews Nr. 2, 12).

2. 3. 3 Interessenverbände: BDI, DIHT, DPG

Die Akteure dieses Sektors unterscheiden sich stark in Ausgangslage und Interessen. Während der BDI und der DIHT die Interessen der bundesdeutschen Wirtschaft vertreten, ist die DPG die traditionell starke und einflußreiche Interessenvertretung der im Post- und Tk-Bereich Beschäftigten.

Für den BDI läßt sich konstatieren, daß dieser eher allgemeine ordnungspolitische Ziele verfolgte und sich in ihm zum Teil divergierende Interessen vereinigten. Dies führte dazu, daß bezüglich des TKG der Verband allgemeine und wenig detaillierte Aussagen traf. Aufgrund seines Charakters als Spitzenverband, der die gesamten Interessen der deutschen Industrie vertreten soll, und aufgrund seiner schwierigen internen Entscheidungsstruktur, die von den großen Einzelverbänden dominiert wird, konnte er sich nicht zu einseitig äußern. Dies hat seinen Grund auch darin, daß nicht nur die Newcomer, sondern auch die DTAG (jeweils indirekt) im BDI vertreten sind. Bei den vertretenen Interessen stehen allerdings diejenigen der potentiellen Wettbewerber im Vordergrund (vgl. Schulz 1995: 57). Involviert in die Tk-Politik ist der BDI nicht zuletzt wegen der sektorübergreifenden Bedeutung der Tk für die deutsche Industrie. Die generelle Zielvorstellung läßt sich mit dem Motto "Möglichst vielfältige Tk-Dienste möglichst preiswert" überschreiben. Zum Zielkatalog zählen weiterhin kostenorientierte Gebühren (Schulz 1995: 66). Damit verbunden ist ein grundsätzliches Plädoyer für Wettbewerb, Konkurrenz, Deregulierung und umfassende Liberalisierung. Als einem der Spitzenverbände der deutschen Wirtschaft mit sehr guten Kontakten zur Bundesregierung und einer professionellen Lobbyarbeit kommt dem BDI von vornherein große Bedeutung im Politikfeld-Netzwerk generell, aber auch im Issue Network zu.

Der DIHT als zweiter hier genannter Spitzenverband tritt als Repräsentant aller gewerblichen Unternehmen auf. Alle am Wirtschaftsleben teilnehmenden Unternehmen werden von diesem Verband auf Bundesebene als Anwender von Tk-Dienstleistungen vertreten. Als Vertretung der gewerblichen Anwender verfolgt der DIHT eine konsequente und durchgreifende Umsetzung der Liberalisierung des Tk-Sektors. In einem besonderen Ausschuß beschäftigt sich der DIHT mit den für ihn relevanten Tk-Themen (Michalski 1994: 116). Zu den generellen Zielen zählen in diesem Zusammenhang: kostenorientierte Gebühren, Verbilligung von Ferngesprächen, bedarfsgerechte Tk-Dienste und Endgeräte, Zulassung von alternativen Netzen (vgl. Schulz 1995: 56f, 66). Die im Zusammenhang mit dem Policy-Prozeß der Tk-Liberalisierung schon frühzeitig prononciert vorgetragenen Forderungen und die generell hohe Bedeutung des DIHT als Spitzenverband, der bei der Vorbereitung von Bundesgesetzen i.d.r. unterrichtet wird, wirkte sich vor allem auf die Ausrichtung des Gesetzesentwurfes aus (Interviews Nr. 6, 8). In Detailfragen hingegen gab es, ebenso wie im Falle des BDI, keine konkreten Äußerungen. Die Funktion des DIHT innerhalb des Inner Circle bestand insbesondere darin, den nötigen politischen Druck für die baldestmögliche, tiefgreifende Liberalisierung seitens der Wirtschaft zu entfalten, in dieser Hinsicht war er vor allem für die Akteure des parlamentarischen Sektors, die auf radikale Liberalisierung drängten, in den Verhandlungen wichtig (Interview Nr. 6).

Als stärkste Vertretung der gewerkschaftlich organisierten Beschäftigten der DTAG zählt die DPG zum Issue Network und auch zum Inner Circle bezüglich des TKG. Ihre Tradition als "Hausgewerkschaft" der ehemaligen DBP beeinflußt sowohl Ausgangslage als auch die Interessen der DPG. Drei Ziele stehen obenan: Bestandsinteresse der DPG, Sicherung der Arbeitsplätze und Tariffähigkeit. Die ersten beiden Punkte sind eng verwoben. Je mehr Arbeitsplätze bei der in den vollständigen Wettbewerb entlassenen und auf ihre Wettbewerbsfähigkeit ausgerichteten DTAG verloren gehen und je weniger die Gewerkschaft diesen angekündigten Stellenabbau (es werden Zahlen zwischen 60 und 100 Tausend abzubauende Arbeitsplätze bei der DTAG genannt, Spiegel Nr. 8/1996: 112-114) verhindern kann, desto mehr verliert die DPG an Mitgliedern und Einfluß; desto mehr ist aber auch ihre Existenz als Einzelgewerkschaft bedroht und damit ihre Tariffähigkeit. Mit der Liberalisierung des Tk-Sektors treten andere Unternehmen als die DTAG auf, deren Beschäftigte nicht quasi automatisch von der DPG vertreten werden. Auch das Gefüge der Tarifpartner wird sich drastisch ändern, sobald sich nicht mehr nur die DTAG und die DPG als Tarifpartner gegenüberstehen. Die exponierte Stellung der DPG ergab sich aus einem vergleichsweise sehr hohen Organisationsgrad (ca. 75 vH.) und ihrem starken Gewicht und Engagement in den vorausgegangen Reformen des Post- und Telekommunikationswesens (Schneider 1995:

285, 548f). Aus der Tatsache, daß sie bislang ausschließlich die Beschäftigten der aus der DBP hervorgegangenen Unternehmen vertrat, resultiert eine sehr homogene Interessenstruktur. Zu den Hauptanliegen zählt dann auch, neben dem Erhalt von Arbeitsplätzen, deren qualitative Verbesserung und quantitativer Ausbau. Diese Ziele ließen sich besonders gut im Schutze des Fernmeldemonopols realisieren, "weil die Monopolrente die Finanzierung der Forderungen erlaubt" (Schulz 1995: 59). Dieses wurde zwar schon in Randbereichen aufgehoben, aber bis zur anstehenden Liberalisierung besitzt die DTAG weiterhin die Monopolrechte in den Kernbereichen - öffentliches Tk-Netz und Sprachtelefondienst für die Öffentlichkeit. Die DPG hat mittlerweile gleichwohl die Privatisierung der DTAG und auch die Liberalisierung des Tk-Sektors nach erbittertem Widerstand im Zuge der Postreformen I und II als unumkehrbare Entwicklungen akzeptiert (Interview Nr. 9). Ihr Interesse an einer starken DTAG ist geblieben, das heißt bezüglich des TKG das Interesse an akzeptablem Output für das Unternehmen. Nicht zuletzt diesem Ziel dienen auch die erhobenen industrie- und gesellschaftspolitischen Forderungen, die bei der Ausgestaltung der Policy erhoben wurden. Im Kern geht es um eine Modernisierung der Tk-Infrastruktur in Richtung auf ein breitbandiges, multimediafähiges Vermittlungsnetz und das Angebot entsprechender Tk-Dienste.

2. 2. 4 Normadressaten: Newcomer und DTAG

Eine sehr wesentliche Gruppe, die zum Inner Circle zählte und die für die Formulierungsphase des TKG entscheidend war, wird gebildet von den Normadressaten des Gesetzes in wettbewerbsrechtlicher Sicht. Zu diesen gehört auf der einen Seite die DTAG als Noch-Inhaberin von ausschließlichen Rechten in zentralen Teilbereichen des Monopols. Andererseits zählen dazu diejenigen (großen) Konzerne, die in einem liberalisierten Tk-Markt zu der DTAG in Konkurrenz treten wollen. Dies sind die sogenannten Newcomer. Neben den drei großen deutschen EVU: RWE, Veba und Viag (vgl. Spiegel Nr. 46 /1995: 76-110) sind dies die heutigen Mischkonzerne der Montan- und Stahlindustrie Mannesmann und Thyssen. Die Ausgangslagen und Interessen dieser am stärksten von dem zukünftigen TKG betroffenen korporativen Akteure divergieren sehr stark. Für die DTAG steht mit der Aufhebung ihrer bis Ende 1997 befristeten Monopolrechte ihre Wettbewerbsfähigkeit, ihre Position im internationalen Tk-Geschäft und ihr Handlungsspielraum auf ihrem "home market" auf dem Spiel. Bei den Newcomern besteht der Einsatz aus dem Markteintritt und der damit verbundenen, angestrebten Diversifikation in den als lukrativ und dynamisch angesehenen Tk-Markt.

Die Bedingungen für Marktzutritt und Chancen auf dem Tk-Markt werden durch das TKG ganz wesentlich bestimmt.

Die Ausgangslage der DTAG wird verständlich aus ihrer Position infolge der vorangegangenen Postreformen. Sie ging aus der zweiten Reform, die die von ihr gewünschte Privatisierung in Form einer Überführung in eine Aktiengesellschaft zum 01.01.1995 ermöglichte, als ein noch vollkommen im Staatsbesitz befindliches Unternehmen hervor. Dieses soll im Herbst 1996 an die Börse geführt werden. Der Anteil des Bundes an den Aktien wird sich durch die geplante Neuausgabe von Aktien und deren Börsenplazierung in einem ersten Schritt verringern. Gerade vor diesem Hintergrund ist die DTAG sehr daran interessiert, die Umwandlung von einer ehemaligen Behörde zu einer erfolgreichen, an ökonomischen Kriterien orientierten Aktiengesellschaft möglichst effektiv zu vollziehen. Zudem ist sie mit einer stark veränderten Umwelt konfrontiert, denn im Zuge der internationalen Entwicklung hin zu Privatisierung und Liberalisierung des gesamten Telekommunikationsbereichs und dem damit verbundenen institutionellen Umbruch in Regelungsstrukturen und Systementwicklung der Tk (vgl. umfassend Schneider 1995) änderten sich die grundlegenden Koordinaten. Das Agieren im nationalstaatlich abgegrenzten und staatlich, das heißt rechtlich geschützten Markt ist nicht länger möglich. Die internationale Betätigung von Konzernen sowohl aus dem Tk-Sektor als auch aus anderen Branchen auf dem global gewordenen Tk-Markt, die sehr starke Dynamik der technologischen Entwicklung der Telekommunikation und auch die schon erfolgte Aufhebung von ausschließlichen Rechten in Teilbereichen des Fernmeldemonopols (Endgeräte, Mehrwertdienste, Mobilfunk) sind Faktoren, die eine Neuorientierung bzw. Umstrukturierung erforderlich machten. Das erforderte auch die Loslösung aus alten Banden. Diese bestanden in den sehr engen Bindungen zwischen der DBP bzw. der DBP Telekom und dem zuständigen Bundesministerium, den sog. Amtsbaufirmen (und ihrem Dachverband, dem ZVEI) und der DPG als "Hausgewerkschaft". Die bisherigen Reformschritte dienten dann (auch) gerade dem Zweck, der DBP Telekom die Anpassung an die veränderten Bedingungen zu ermöglichen. Sie sollte in die Lage versetzt werden, flexibler, schneller, eher an marktwirtschaftlichen denn an politischen Vorgaben orientiert und vor allem international auftretend zu handeln. Dabei sollte sie gleichzeitig (nach Artikel 87f GG) bestimmte infrastrukturelle Aufgaben für den Bund übernehmen (vgl. Michalski 1994: 122, 124f). Für die Anpassung an das grundlegend geänderte Umfeld stellt der vorgesehene Börsengang den nächsten, entscheidenden Schritt dar. Der Verkauf neu ausgegebener Aktien bezweckt nämlich vorrangig die Erhöhung des Eigenkapitalanteils des Unternehmens und damit den Zufluß von privatem (nicht staatlichem!) Kapital, was wiederum für die Stärkung der Positionierung der DTAG als global player auf dem Weltmarkt unerläßlich ist. Dies ist außerdem notwendig für den Abbau sogenannter Altlasten, die im Zuge der Privatisierung in Form von Versorgungsleistungen, vor allem als Pensionsanprüche der ehemalig beamteten Beschäftigten des Unternehmens, angefallen sind. Mit dem TKG sollen die verbliebenen, wenngleich wesentlichen Monopolrechte aufgehoben werden. Allerdings wird dies erst zum 01.01.1998 geschehen und der DTAG ist somit eine Anpassungszeit gewährt, in der sie ihre Restrukturierung sowie Divisionalisierung, die der internationalen und qualitativen Expansion dienen sollen (Mögling 1995: 122-130), durchführen kann. Dieser Zeitraum und mithin die Gültigkeit ihrer Monopolrechte wurde ihr im Zuge der Privatisierung zugesagt ("Vertrauensschutz"). Nur unter diesem Schutz kann die DTAG die notwendigen Schritte angehen, als deren Ergebnis neben einer generellen Nachfrageorientierung die Erhöhung sowohl der Personalproduktivität als auch der Kapitalrentabilität und eine bessere Auslastung der eigenen Netzkapazitäten stehen sollen. Vom TKG und dessen regulativen Elementen wäre die DTAG unmittelbar und durchgreifend betroffen, wenn das Gesetz so zugeschnitten würde, daß mit einer speziell gegen das ehemalige Monopolunternehmen ausgerichteten Regulierung Wettbewerb ermöglicht werden sollte. Das zentrale Interesse der DTAG besteht darin, entweder diesen (asymmetrischen) Regulierungsansatz zu verhindern, oder, wenn dies nicht gelingen sollte, die für sie nachteiligen, das heißt vor allem ihren Handlungsspielraum einengenden Folgen zu minimieren (Interview Nr. 15). Mit einem hohen Grad der Beschränkung ihrer Handlungsautonomie auf ihrem Heimatmarkt stehen ihre ökonomischen Grundlagen auf dem Spiel, dies auch deshalb, weil damit die Erwartungen an die mittelfristige Ertragslage der Aktiengesellschaft getrübt werden könnten - mit negativen Auswirkungen auf die Börsenplazierung.

Auch wenn das TKG ebenfalls existentiell für die sogenannten Newcomer sein wird, so ist doch deren Ausgangs- und Interessenlage eine wesentlich andere. Die fünf potentiellen, nationalen Wettbewerber der DTAG im dann liberalisierten Kernbereich der Tk sind Tochterunternehmen der oben genannten Konzerne. Ihnen gemeinsam ist das strategische Ziel, in den als gewinnträchtig und umsatzstark gewerteten Markt der Tk zu expandieren. Dies zielt aber nicht (länger) nur auf ein Engagement in Randbereichen des Sektors, also in schon liberalisierten Teilmärkten wie z.B. Mobilfunk und

Satellitenkommunikation, im dem einige der oben genannten Konzerne schon tätig sind oder in Kürze sein werden (z.B. Mannesmann im Mobilfunknetz D2), sondern auch auf die noch nicht liberalisierten Kernbereiche: den Betrieb von eigenen Übertragungswegen, auf denen Tk-Dienstleistungen für die Öffentlichkeit angeboten werden sollen, und auf das Angebot eines (öffentlichen) Sprachtelefondienstes. Diese Pläne sind zudem dadurch motiviert, daß die EVU aufgrund einer Ausnahmebestimmung des FAG schon seit längerem über eigene, z.T. hochmoderne Glasfasernetze für die interne Telekommunikation verfügen und sie diese Infrastruktur nun vermarkten wollen. Für den Einstieg in das Geschäft nach dem Aufheben der letzten Monopolrechte sind erhebliche Investitionen in Milliardenhöhe angekündigt. Diese zur Verfügung stehenden Summen stammen im Falle der EVU aus den Gewinnen in ihrem Stammgeschäft, der (noch) durch regionale Monopolrechte geschützten Energieversorgung. Es sind gerade die nicht unerheblichen, bislang steuer- und zinsfreien Rückstellungen für die Entsorgung von Atomkraftwerken und radioaktivem Abfall, die einer neuen Verwendung zugeführt werden sollen. Diese steuerliche Bevorteilung der Rücklagen, die 1994 bei RWE ca. 40 Mrd. DM, bei Veba ca. 26 Mrd. DM und bei Viag über 10 Mrd. DM betragen haben sollen (Spiegel 46/1995: 84), wird zunehmend kritisiert und wird sich nicht mehr rechtfertigen lassen (Interview Nr. 6). Gerade auch vor diesem Hintergrund erscheint eine Diversifikation in die Tk-Branche reizvoll und sinnvoll.

Es wurden vor allem in 1995 verschiedene Allianzen und Gemeinschaftsunternehmen mit internationalen Tk-Unternehmen aus anderen Ländern (insbesondere den USA und GB) geknüpft. Aber auch untereinander entstanden längerfristige, strategische Allianzen, die der Kombination von jeweiligen Stärken in bestimmten Bereichen der Wertschöpfungskette der Tk dienen - oder in anderen Worten der Zusammenlegung komplementärer Ressourcen, wie sie für das komplette Angebot von Tk-Diensten benötigt werden. Dies ist der Einschätzung geschuldet, daß alleine kein Newcomer der Marktmacht der DTAG und ihren Standortvorteilen, besonders in Form des flächendeckenden, festen Ortsnetzes und des gewachsenen know how, gewachsen wäre. Da diese Einschätzung auch auf den Erfahrungen in der Vergangenheit mit dem "erheblichen Diskriminierungspotential" der DTAG (Weyhenmeyer 1995: 14), z.B. bei dem Angebot von VANS (Mehrwertdiensten), beruht, wurde die Notwendigkeit gesehen, einen eigenen Interessenverband zu gründen. Dies geschah, besonders in Hinblick auf die zu erwartende völlige Liberalisierung des Tk-Marktes, schon recht früh (1992) mit der Gründung des VTM (Interview Nr. 5). Dieser stellt einen neuen korporativen Akteur im Politikfeld-Netzwerk dar, der umso direkter und zielstrebiger die Interessen der Konkurrenten der DTAG vertreten kann, als er nicht durch die etablierten Strukturen der großen Dachverbände und ein Netzwerk unterschiedlicher Gruppenverhandlungen eingebunden bzw. gemäßigt wurde. Der VTM konnte also reine Partialinteressen vertreten.[17] Gleichwohl gab es auch Interessenunterschiede; hauptsächlich hinsichtlich der Frage, ob von vornherein nur sehr wenige, bundesweit oder in zwei, drei großen Regionen tätige Netzbetreiber angestrebt werden sollten, oder aber ob es diesbezüglich keine Vorabregelung durch das Gesetz geben sollte. Knapp gesagt plädierten die EVU für eine regionale Aufteilung des Tk-Marktes auf der Netzebene in Verbindung mit dem Angebot von Sprachtelefondienst für die Öffentlichkeit, wobei sie Unterstützung insbesondere durch die Bundesländer NRW und Bayern erhielten. Die beiden anderen Aspiranten auf den Tk-Markt votierten dagegen, sie teilten nicht die Einschätzung, daß es, sollte es nicht von vornherein eine Aufteilung des Marktes unter wenigen Unternehmen geben, zu einer Zersplitterung des Tk-Marktes (einschließlich damit einhergehender volkswirtschaftlicher Nachteile) kommen werde.[18]

2. 4 Politikfeld-Kerne und TKG

In diesem Abschnitt soll die Beziehungsstruktur der Akteure des Inner Circle anhand von Gemeinsamkeiten bzw. Differenzen in den Politikfeld-Kernen untersucht werden. Damit, so die Annahme, lassen sich erstens die wesentlichen Konfliktlinien bezüglich des TKG erkennen, da die Hauptdifferenzen innerhalb der Politikfeld-Kerne die Konflikte in der Auseinandersetzung um die Policy prägten. Zum anderen läßt sich auf Grundlage des unterschiedlichen, in den Polititkfeld-Kernen manifestierten Wissens eine Aufteilung der Akteure in Koalitionen vornehmen. So können Gruppen aggregiert werden, die sich im Prozeß der Formulierung der Policy gegenüberstanden und widerstreitend Einfluß auf die Ausgestaltung des TKG nahmen. Dieser Schritt dient dazu, das Gemenge an unterschiedlichen Positionen, Interessen, Wissensangeboten der Akteure, die im Spiel sind, zu strukturieren, um somit in sinnvoller und fruchtbarer Weise eine Reduktion der Vielschichtigkeit der in Frage stehenden Politik

---

[17] Die Newcomer sprachen zwar hauptsächlich jeweils für sich, aber es gab eine informative Koordination des Vorgehens und der VTM wurde zu entscheidenden Zeitpunkten, insbesondere in Verhandlungen mit der DTAG und dem BMPT während der Formulierungsphase des TKG, als gemeinsame Interessenvertretung tätig (Interview Nr. 5).

[18] Zugrunde liegen dabei auch verschiedene Handlungsstrategien bezüglich Markteintritt und angestrebtem Marktsegment (vgl. Mögling 1995: 114-120, Vereinsbank 1995).

vornehmen zu können. Als Ergebnis liegt dann eine Rekonstruktion vor, die die wesentlichen Elemente deutlich hervorhebt.

Um die Wissens-Dimension der korporativen Akteure auszuleuchten, wurde zunächst das Material anhand einer Drei-Felder-Matrix analysiert. Das Vorgehen orientiert sich an der in Abschnitt 1.1 dargelegten qualitativen Inhaltsanalyse nach P. Mayring (1995). Zunächst bestand die Aufgabe aus der Erfassung der jeweiligen, von den Akteuren vorgebrachten Aspekte zu den Kategorien

- Hintergrund (Bedingungslage), vor dem die Tk-Politik zu gestalten ist;
- Problematik, die anzugehen ist; und
- Zielabsichten sowie Lösungsstrategie.

Nachdem in einem ersten Schritt die einzelnen Elemente, die den jeweiligen Politikfeld-Kern bilden, herausgefiltert worden sind,[19] wurden diese dann zusammenfassend verglichen. Ziel dessen war die Identifizierung von Gemeinsamkeiten und Unterschieden zwischen den Politikfeld-Kernen der untersuchten Akteure. Die damit erhaltenen Ergebnisse dienten dazu, die Beziehungsstruktur des Netzes, so wie sie schon anhand der Interviews im Groben ermittelt worden war, zu überprüfen und zu verfeinern. Es wurden zunächst Übereinstimmungen in den drei oben genannten Kategorien der Politikfeld-Kerne gesucht, die das Kriterium für die Aufteilung der Akteure in TKG-Koalitionen waren. Die Suche nach Unterschieden in den Dimensionen der Politikfeld-Kerne diente der Überprüfung der Einteilung. Aus dem aufbereiteten Material wurden die (inhaltlichen) Sub-Kategorien in einem iterativen Zugriff auf die Textteile ermittelt. Diese sind bezüglich

- der Bedingungslage: "Bedeutung der Tk für die Wirtschaft", "ordnungspolitische Grundsätze", "Externe Vorgaben" (also solche, auf die die Akteure nach ihrer Einschätzung keinen Einfluß hatten bzw. haben);
- der Problematik: "Defizite der bisherigen Reformen der TK" und "Probleme der Tk in Deutschland";
- der Zielsetzung und Lösungsstrategie: "Wettbewerbsmodell" und "Regulierungsart".

---

[19]   Bei der Auswertung des herangezogenen Materials zeigte sich ein abnehmender Grenznutzen, das heißt die Auswertung zusätzlichen Materials brachte so gut wie keine neuen Aspekte mehr hervor. So erscheint es als gerechtfertigt anzunehmen, daß alle wesentlichen Aspekte der Politikfeld-Kerne entdeckt worden sind.

2. 4. 1 Gemeinsamkeiten und TKG-Koalitionen

Es konnten eine Reihe von Gemeinsamkeiten bezüglich der Politikfeld-Kerne festgestellt und zwei TKG-Koalitionen identifiziert werden.

Zunächst stehen die von fast allen untersuchten Akteuren des Inner Circle mehr oder weniger geteilten Aspekte im Vordergrund. Wesentlich dabei sind zunächst die Aspekte der Bedingungslage, die den Hintergrund für die Policy bilden. Einigkeit besteht hinsichtlich der Bedeutung der Tk für die Wirtschaft: ihr wird ein sehr großes Potential an Gütern zugeschrieben, die im allgemeinen positiv bewertet werden, wie z.B. Wohlstand, Wachstum, Innovation, Arbeitsplätze. Zudem wird sie als die "strategische Basis für den Industriestandort Deutschland" angesehen. Von ihr, so der Tenor, hängt das Wohlergehen der deutschen Wirtschaft entscheidend ab. Sie gilt darüber hinaus als einer der ganz großen weltweiten Wachstumsmärkte der näheren Zukunft. Aus diesem Grund ist es für die deutsche Wirtschaft insgesamt wichtig, einen Gutteil des Marktes zu bestreiten, also an der Dynamik des Wachstumsmarktes zu partizipieren. Fast einhellig (bis auf den VTM) wird dabei die Einschätzung vertreten, daß eine starke DTAG als international operierender Konzern einer der global player im Wettbewerb sein bzw. werden sollte; andererseits aber auch (mit Ausnahme der DTAG), daß andere deutsche Tk-Unternehmen groß und stark genug werden müßten, um sich auf dem internationalen Markt zu behaupten und ein Stück des Tk-Marktes für den Standort Deutschland zu erringen. Aber nicht nur hinsichtlich der ökonomischen Bedeutung wird die Tk hoch eingeschätzt. Auch deren technologisches Potential gilt als enorm, die Tk wird als die Schlüsseltechnologie für die kommende Informationsgesellschaft angesehen.

Auch hinsichtlich der externen Vorgaben dominiert Übereinstimmung. Da sind zum einen die Faktoren, die auf der nationalen Ebene wirken; im Vordergrund steht dabei die Akzeptanz der Prinzipien, die das Politikfeld Telekommunikation seit den vorangegangenen Reformen prägen. Der Weg, der damals mit der Aufteilung der DBP und der Privatisierung ihrer Nachfolgeunternehmen eingeschlagen worden ist, wird nicht in Frage gestellt, im Gegenteil, er wird gewürdigt und soll weiter beschritten werden. Nur bei der DPG und der SPD wird dies verhaltener formuliert. Es gibt eine gemeinsame Einschätzung hinsichtlich der Faktoren, die "von außen" in das Politikfeld hineinwirken. Ganz zentral dabei ist die Auffassung, daß die Entwicklung auf internationaler sowie auf europäischer Ebene wesentlichen Einfluß auf die nationale Tk-Politik besitzt. Da werden zum einen die Globalisierung der Märkte und der internationale

Wettbewerb auf dem Gebiet der Tk benannt, der sich zunehmend auch in Deutschland abspielt bzw. auf den deutschen Tk-Markt zielt. Zum anderen wird auf die Bestimmungen verwiesen, die seitens der EG gekommen sind, namentlich wird auf die Entschließungen des Ministerrates der EG verwiesen, sowohl das Netz- als auch das Sprachtelefonmonopol zum 01.01.1998 aufzuheben. Interessant ist hierbei, daß es gewisse Unterschiede gibt hinsichtlich der Einschätzung der Einflußmöglichkeit von nationalen Akteuren auf diese Vorgaben bzw. Entwicklungen. Im Widerspruch zu der dominierenden Auffassung, daß man keinen Einfluß auf die von der autonomen Kommission der EG vorgegebenen Bedingungen hat, wird angemahnt, die deutschen Interessen über die Institutionen der EG in die europäische Telekommunikationspolitik einzubringen (CDU/CSU-Fraktion) bzw. wird gefordert, daß Deutschland eine Führungsposition bei der Umsetzung der EU-weiten Liberalisierung der Tk einnehmen sollte (VTM). Durchgehend anerkannt ist die Tatsache, daß Tk-Politik heute nicht mehr allein auf bundesdeutscher Ebene betrieben werden kann, das heißt, die deutsche Politik muß auf die externen Vorgaben reagieren bzw. diese zu beeinflussen suchen.

Werden die allgemeinen Grundsätze und Prinzipien betrachtet, die sich in den Politikfeld-Kernen widerspiegeln, so wird deutlich, daß mit Ausnahme der DPG Einigkeit über diese besteht. Auch im Tk-Sektor wird "der Markt" als das geeignete Organisationsmodell angesehen; dies mit einer solchen Selbstverständlichkeit, daß anzunehmen ist, daß dieses Modell den Akteuren als das einzig mögliche gilt. Markt und Wettbewerb als Regulierungsmodell zum Wohle der Tk-Branche, der Volkswirtschaft und der Wohlfahrt, damit der Gesellschaft - so ließe sich dieser Grundsatz zusammenfassen. Dieses zu ermöglichen bzw. sicherzustellen sollte der Zweck des TKG sein. Dafür wird von allen Akteuren (vorerst) eine sektorspezifische Regulierung befürwortet, allerdings erheblich weniger stark von der DTAG. Lediglich die DPG vertritt die konträre Auffassung, der Tk-Markt solle reguliert bleiben und nicht der Markt die Tk regulieren. Im folgenden trennen sich die Wege und enden die Gemeinsamkeiten. Selbst wenn alle Akteure (bis auf die DPG) den Wettbewerb und die (weitere) Liberalisierung des Tk-Marktes befürworten, diesbezüglich also Einigkeit herrscht, so besteht der Scheidepunkt in der alles entscheidenden Antwort auf die Frage, ob es schon Wettbewerb in der Tk gibt und wie dieser (künftig) auszusehen hat. Von der Beantwortung hängt dann alles weitere ganz wesentlich ab, speziell auch die Positionierung der einzelnen Akteure bezüglich der Policy, also des TKG und der Zielsetzung, die damit verknüpft ist. Und aus der Antwort folgt dann auch, aus welchen Elementen sich die Handlungsstrategie für das Erreichen der Ziele zusammensetzen sollte, mithin welche Instrumente in das Gesetz aufgenommen werden sollten.

Nachdem ich das Material daraufhin ausgewertet habe, lassen sich die Akteure zwei Gruppen zuordnen, diese bilden die beiden TKG-Koalitionen; es gibt Akteure, die jeweils mehr im Zentrum stehen und solche, die etwas entfernt stehen. Eine Ausnahme bildet das BMPT insofern, als daß es sich nicht eindeutig zum jetzigen Auswertungszeitpunkt einer der beiden Gruppen zurechnen läßt. Das ist zu erklären: Aus dem in Kapitel II. 3 dargelegten Modell läßt sich entnehmen, daß diejenige Instanz, die die Policy formuliert, also in der Regel ein Akteur des paS, darauf angewiesen ist, mit all den korporativen Akteuren zu kooperieren, die entweder Normadressaten des Gesetzes sind und/oder auf dessen Unterstützung der federführende Akteur bei der Formulierung bzw. die Exekutive bei dessen Implementation angewiesen ist. Ersichtlich ist denn auch, daß sich das BMPT zunächst bedeckt hält und sozusagen als dritte Kraft die nach außen hin neutrale bzw. vermittelnde Position eines policy brokers einnimmt. In diesem Falle hat ja das BMPT, entsprechend seiner oben dargelegten Ausgangslage, die Aufgabe, dem Kabinett und der Legislative einen Gesetzesentwurf zu präsentieren, der mit ausreichender Unterstützung rechnen kann. Für das Ausgestalten eines solchen Entwurfs, also für die entsprechende Formulierung der Policy benötigt sie die Mitarbeit aller Akteure des hier identifizierten Inner Circle. Zu diesem zählen aber beide TKG-Koalitionen. Der weitere Gang der Untersuchung wird zeigen, wie sich das BMPT schließlich positionierte und ob es der einen oder anderen Koalition zuzuschlagen ist. Zunächst ist anzunehmen, daß sich das BMPT, das in formaler, institutioneller Hinsicht das Zentrum des Netzes darstellt, sozusagen als Vermittler positionieren wird, um den herum sich die anderen Akteure positionieren werden. Auf der Ebene des federführenden Referats muß es dem BMPT darum gehen, alle anderen Mitglieder des Netzes zur Kooperation zu bewegen und die unterschiedlichen Interessen und Standpunkte oder auch Wissensangebote miteinander dergestalt zu verknüpfen, daß letztendlich alle Akteure mit dem Ergebnis der Kooperation - dem Gesetzesentwurf - leben können - selbst diejenigen, deren Koalition sich nicht oder weniger gut durchsetzen konnte. Wie sahen nun die beiden TKG-Koalitionen aus?

2. 4. 2 Die Große TKG-Koalition

Die erste Koalition, die ich "Große TKG-Koalition" nenne, wird im Kern gebildet aus den im VTM zusammengeschlossenen, potentiellen oder tatsächlichen Konkurrenten der DTAG. Ebenfalls dieser Koalition lassen sich die beiden Verbände BDI und DIHT, die FDP-Fraktion, das BMWi und, mit Abstrichen, die CDU/CSU-Fraktion und das BMF zuordnen. Das Verbindende ist eine gemeinsam geteilte Situationsdeutung hinsichtlich der Frage, wie es mit der Tk in Deutschland allgemein und mit dem Wettbewerb auf dem Tk-Markt im besonderen bestellt ist. Zur Verdeutlichung wurde auch eine Teilauswertung der Interviews durchgeführt. In diesem war eine auf das TKG bezogene Deutung der Situation und des Sachverhalts abgefragt worden.[20] Die Auffassungen lassen sich bündeln zu folgendem "Bild", das hier eines der (beiden) grundlegenden Ensembles von Wissensangeboten hinsichtlich Politikfeld und Policy darstellt. Geprägt ist es von dem Grundton einer konstatierten Mängellage und der Betonung der "Bedrohung", die diese Defizite zur Konsequenz haben. Der Hauptmangel besteht in dem fehlenden Wettbewerb auf dem deutschen Tk-Markt. Dieser hat verschiedene Ursachen und verschiedene Dimensionen.

Zu den Ursachen: die bisherige Reform des Post- und damit des Telekommunikationssektors, namentlich die Postreform II, wurde aufgrund politischer Zugeständnisse nicht weit genug gebracht. Diese brachte zwar eine Privatisierung der ehemals in unmittelbarer bundeseigener Verwaltung geführten DBP Telekom mit sich, wovon diese auch profitieren konnte, denn z.B. war sie nicht länger an das Personalrecht einer Bundesbehörde gebunden. Auch gab es eine zaghafte Liberalisierung in Teilmärkten der Tk, aber die rechtlichen Grundlagen und damit der ordnungspolitische Rahmen, also das Regulierungsmodell für die Tk, blieben unverändert, die gesamte Reform war nicht mehr als eine Organisationsreform (vgl. zu dieser Einschätzung aus wirtschaftswissenschaftlicher Sicht Riehmer 1995 und Möschel 1995). Die tatsächliche Liberalisierung, wie sie in Artikel 87f des GG angelegt ist, wurde aber nicht vollzogen. Damit ist auch das politische Ziel, nämlich der Übergang vom Monopol zum Wettbewerb in der Tk, nicht erreicht worden.

Zu den Dimensionen: Mit Verweis auf die internationale Konkurrenzsituation gerade auch auf den Märkten der Tk werden schwerwiegende strukturelle Defizite und Mängel konstatiert und beklagt. Zunächst wird ein sehr gewichtiges Argument in's Feld geführt. Dieses besagt, daß wichtige Konkurrenten Deutschlands im internationalen Standortwettbewerb deutlichen Vorsprung aufgrund einer konsequenten Liberalisierungsstrategie haben und daß sowohl Deutschland als auch deutsche Unternehmen Wettbewerbsnachteile aufgrund der fehlenden Marktöffnung haben. Deshalb

---

[20]   Für ein besseres Verständnis des von dieser TKG-Koalition entworfenen "Bildes" waren besonders die Interviews Nr. 1, 3, 5, 6, 7, 8 hilfreich.

ist es auch kaum möglich, daß deutsche Unternehmen und damit Deutschland insgesamt an der Expansion des Tk-Weltmarktes Anteil nehmen können. Ein damit verknüpftes Argument zielt auf die telekommunikationstechnischen Grundlagen des Binnenmarktes, die zu den wesentlichen Standortfaktoren gehören. Knapp gefaßt lautet es: die deutsche Wirtschaft braucht eine moderne und kostengünstige Tk-Infrastruktur und innovative Tk-Dienstleistungen, sie hat diese aber nicht, da die DTAG aus Mangel an Wettbewerb auf ihrem Heimatmarkt nicht stark genug motiviert ist, ein entsprechendes Angebot an Infrastruktur und Dienstleistungen anzubieten und zwar - das ist der entscheidende Punkt - zu im internationalen Vergleich günstigen Preisen. Nicht nur, daß ihr Angebot nicht die Nachfrage der deutschen Wirtschaft ausreichend befriedigt, sondern sie tut dies auch noch zu überhöhten Preisen, die sich nicht an den Kosten orientieren, sondern an letztendlich politisch vorgegebenen Preisen. Die Crux besteht darin, daß die deutschen Unternehmen aufgrund der Monopolrechte, die der Bund der DTAG verliehen hat, keine Möglichkeit haben, diesem Mißstand durch Umgehung der DTAG abzuhelfen. Die Wirtschaft trägt so eine doppelte Bürde: einerseits kann sie nicht auf die anderenorts üblichen Tk-Dienstleistungen zurückgreifen, sondern muß sich mit einem defizitären Standard, was Vielfalt und Qualität der Dienste und deren Verfügbarkeit betrifft, zufriedengeben. Andererseits muß sie die überhöhten Preise der DTAG akzeptieren. Unternehmen, die willens und in der Lage sind, diesen Mißstand durch den Aufbau eigener Tk-Netze und das Angebot von Tk-Dienstleistungen für die Öffentlichkeit zu beheben, werden daran durch das antiquierte Monopol der DTAG gehindert.

Aus dieser Deutung der Situation in Verbindung mit korrespondierendem wirtschaftswissenschaftlichen Wissen (um z.B. das Ende "natürlicher Monopole"), sowie wirtschaftsrechtlichem Wissen (um z.B. die Legitimität der privatwirtschaftlichen Erfüllung eines staatlichen Infrastrukturauftrags) werden die Konsequenzen gezogen - Liberalisierung des Tk-Marktes, Abschaffung jeglicher Monopolrechte für die DTAG und freier, das heißt möglichst wenig regulierter Wettbewerb. Allerdings, so die Einschätzung, und dies ist ein weiterer entscheidender Punkt, wird eine bloße Liberalisierung des Marktes, also die Aufhebung bestehender Monopolrechte, keinen Wettbewerb auf dem Tk-Markt hervorrufen, denn der bisherige Monopolist würde jeden versuchten Markteintritt eines Wettbewerbers zu vereiteln wissen aufgrund der Möglichkeiten, die ihm aus seiner marktbeherrschenden Stellung erwachsen. Deshalb wird ein aktives Eingreifen seitens des Staates verlangt, durch das zuallererst Wettbewerb geschaffen werden muß. Dies geschieht am besten mittels einer (zeitlich befristeten, wie lange ist umstritten) Regulierung, die auf die Besonderheiten des Tk-Sektors bezogen ist, also durch eine sektorspezifische Regulierungsform. Diese muß im Gegensatz zum Vorgehen nach dem geltenden Wettbewerbsrecht des GWB nicht ex post ansetzen, sondern ex ante.

Das ist eine der beiden grundsätzlichen Überzeugungen des Politikfeld-Kerns, um die herum sich die sekundären Aspekte des "belief systems" dieser TKG-Koalition gruppieren. Die andere Überzeugung hängt damit unmittelbar zusammen. Ihr zufolge muß diese ex ante-Regulierung auf das marktbeherrschende Unternehmen gerichtet sein und diesem jedwede Möglichkeit nehmen, seine Marktmacht gegen den Markteintritt der Newcomer auszuspielen. Konkret bedeutet dies, daß dem ehemaligen Monopolisten als marktbeherrschendem Unternehmen spezielle Verpflichtungen und Verbote auferlegt werden. Die Verpflichtungen zielen im Kern darauf, daß das marktbeherrschende Unternehmen sog. Engpaßfaktoren (wie z.B. im Festnetz der Kundenzugang auf Ortsnetzebene), die es kontrolliert, anderen Marktteilnehmern unter Bedingungen zur Verfügung stellen muß, die nicht vom Marktgeschehen vorgegeben werden, sondern die von außen, das heißt seitens des Regulierers, folglich des Staates, gesetzt werden müssen.

Andererseits zielen die Verbote im Kern darauf, daß das marktbeherrschende Unternehmen seine Vormachtstellung, die auf den ehemaligen Monopolrechten beruht und die noch eine ganze Zeit lang (wie lange ist eine Streitfrage) bestehen bleiben wird, nicht dazu benutzt, Preise für seine Angebote zu nehmen, die es Newcomern unmöglich macht, in den Markt einzutreten. Dies wäre dann der Fall, wenn etwa die DTAG ihre Preise so weit senkt, daß die Kostendeckung für die angebotenen Dienste nicht mehr gewährleistet wäre und die niedriger wären als die von Wettbewerbern durchsetzbaren Preise (denn diese sind um des Überlebens willen gezwungen, mit Kostendeckung zu arbeiten). Infolgedessen dürfte nicht damit zu rechnen sein, daß die potentiellen Wettbewerber eine Chance hätten, auf nennenswerte Marktanteile zu kommen, folglich nicht genug Umsatz zum Überleben erwirtschaften könnten, mithin früher oder später wieder vom Markt verschwänden. Damit wäre seitens der DTAG eine Markteintrittsbarriere durch Preissetzung errichtet worden, die ihr zugute käme, auch wenn sie kurzfristig mit Kostenunterdeckung wirtschaften und eventuell Verluste hinnehmen müßte. Schließlich würden diese aufgewogen durch die zu einem späteren Zeitpunkt, wenn es keine Markteintrittsversuche von Newcomern mehr gäbe, zu erzielenden Erlöse, die dann wiederum auf wesentlich erhöhten Preisen beruhen würden, die die DTAG aufgrund ihrer Vormachtstellung am Markt durchsetzen könnte. Damit

diese Möglichkeit ausgeschlossen werden kann und potentielle Wettbewerber überhaupt eine Chance haben, in den Markt einzutreten, müßte dem ehemaligen Monopolisten verboten werden, seine Preise frei zu gestalten. Das marktbeherrschende Unternehmen wird dementsprechend einer Preisregulierung unterworfen, die wiederum der
Regulierer, also der Staat in Form einer Regulierungsbehörde, vornehmen müßte.

Beide Seiten, sowohl Verpflichtung als auch Verbot in der jeweiligen Rechtsform,
bilden den Kern der sektorspezifischen ex ante-Regulierung. Diese wäre eine asymmetrische, da sie einseitig zu Lasten des marktbeherrschenden Unternehmens, hier also
der DTAG, erfolgte. Sowohl die Verpflichtungen als auch die Verbote müßten als wir-
kungsvolle, funktionstüchtige Instrumente in Form von Rechtsvorschriften im TKG
ausformuliert werden. Diese ordnungspolitischen Instrumente in Form von wettbe-
werbsrechtlichen Gesetzesvorschriften sollten nach Meinung der Großen TKG-
Koalition die Kernelemente des TKG bilden. Sie sind Gegenstand des politischen
Konfliktes, wie die weitere Untersuchung zeigen wird.

2. 4. 3 Die Kleine TKG-Koalition

Diese zweite Koalition wird gebildet von der DTAG, der DPG und - mit Abstrichen
- von der SPD. Der Politikfeld-Kern, so wie er aus dem Material ersichtlich ist (hier
werden besonders die Interviews Nr. 2, 9, 10, 12, 13 herangezogen), setzt sich aus drei
Elementen zusammen. Das erste besteht aus der Auffassung, daß es sehr wohl schon
Wettbewerb auf dem deutschen Tk-Markt in Folge bisheriger Liberalisierungsschritte
gibt (vor allem bei Fern- und Auslandsverbindungen) und daß das Netzmonopol der
DTAG faktisch nicht mehr besteht. Dazu fügt sich die Annahme, daß es sofort nach
dem Wegfall der verbliebenen Monopolrechte der DTAG eine sehr hohe Wettbewerb-
sintensität geben wird, da schon jetzt kapitalstarke, große Unternehmen, die z.T.
(EVU) auf ihren Stammärkten (Energieversorgung) Monopolgewinne erzielen, in strategischen Verbindungen mit britischen und US-amerikanischen Tk-Konzernen intensive Vorbereitungen für den Markteintritt tätigen. Zudem sei die DTAG gar kein so starker Gegner wie behauptet, denn sie habe, so die Einschätzung, mit den sogenannten
Altlasten der Postreform II zu kämpfen, dazu gehören u.a. Pensionsforderungen der
ehemaligen Beamten der DBP Telekom, die von der DTAG im Zuge der Privatisierung
übernommen worden sind. Dafür müsse das Unternehmen erhebliche Mittel bereitstel-
len, die letztendlich zu einer spürbaren Schwächung der Finanzkraft geführt haben.
Zusammengenommen: die wenigen verbliebenen Monopolrechte der DTAG sind faktisch aufgehoben, es herrscht also schon Wettbewerb in (fast) allen Teilmärkten; die

Newcomer sind sehr starke Wettbewerber, die im Verbund mit den international bedeutendsten Tk-Unternehmen über ein äußerst starkes Potential verfügen; die DTAG
ist geschwächt. Also ist kein Schutz für neue Marktteilnehmer notwendig, mithin sind
keine besonderen regulatorischen Maßnahmen für die Herstellung eines tatsächlichen
Wettbewerbs im Tk-Sektor erforderlich. Vielmehr ist es erforderlich, einen fairen
Wettbewerb sicherzustellen unter dem Motto "Gleiche Rechte, gleiche Pflichten, gleiche Chancen für alle".

Das zweite Element des Politikfeld-Kerns besteht in der Einschätzung der Bedeutung der DTAG als wichtigstes deutsches Tk-Unternehmen. Dieses gilt vor allem in
Hinblick auf einen sich verschärfenden internationalen Wettbewerb; in diesem muß die
DTAG im gesamtwirtschaftlichen Interesse und zum Wohle des Standortes Deutschland eine führende Rolle übernehmen. Eine starke DTAG ist auch in industriepolitischer Perspektive wünschenswert, denn ihre Investitionen kommen auch
weiterhin ganz wesentlich deutschen Herstellern von Tk-Technik zugute, also der im
internationalen Vergleich wettbewerbsfähigen deutschen Fernmeldeindustrie. Damit
rückt dann auch unmittelbar der bevorstehende Börsengang der DTAG in den Blick,
dieser gilt als eine ganz entscheidende Marke auf dem Weg der Umwandlung der
DTAG von einer nationalen Fernmeldeverwaltung zu einem international führenden
global player. Dieser darf nicht gefährdet werden. Genau dies würde aber geschehen,
wenn die zukünftige Regulierung der DTAG zu starke Belastungen auferlegen würde.
Damit wären die wirtschaftlichen Aussichten der DTAG ungünstig und dies würde
sich negativ auf die Bewertung des Unternehmens an der Börse und folglich auf den
zukünftigen Aktienkurs auswirken, damit direkt auf den zu erzielenden Kapitalerlös.
Ein guter Erlös für das Aktienpaket ist aber dringend geboten, um die Eigenkapital-
basis der DTAG, gerade mit Blick auf den sich verschärfenden Wettbewerb und dessen
Erfordernisse, zu erhöhen. Nur mit einer entsprechend guten Ausstattung an (privatem)
Kapital läßt sich die Positionierung der DTAG als global player, zu der auch das Eingehen von strategischen Allianzen und die (finanzielle) Beteiligung an Gemeinschaftsunternehmen gehört, verwirklichen. Sollte diese langfristige Strategie nicht umzusetzen
sein, so besteht für die DTAG eine Bedrohungslage, die letztendlich ihren Bestand gefährdet, denn sie muß sich sowohl dem Wettbewerb auf dem Heimatmarkt stellen, als
auch den globalen Entwicklungen Rechnung tragen. Zu denen zählen wesentlich die
Internationalisierung der Tk sowie die Konzentration des Wettbewerbs auf einige wenige globale Allianzen, die den lukrativen internationalen Tk-Markt unter sich auftei-
len werden. Es ist umso wichtiger, diesen zu bedienen, das meint in einer Allianz mit

anderen Tk-Unternehmen Tk-Dienstleistungen international anzubieten, je mehr diese gerade von großen Unternehmen aus Industrie, Handel, Banken und Versicherungen verstärkt benötigt und nachgefragt werden.

Ein drittes Element des Politikfeld-Kerns, der hauptsächlich von der DPG vertreten wird, besteht in den Resten einer Gemeinwohlorientierung im Tk-Bereich, insbesondere bezogen auf die Informationsgesellschaft. Mit Betonung des Infrastrukturauftrages des Bundes und des Prinzips der Daseinsvorsorge durch den Staat wird dessen Einflußmöglichkeit auf die Entwicklung der Tk-Infrastruktur auch zukünftig befürwortet. Dies heißt bezüglich der Informationsgesellschaft: die Sicherstellung eines Zugangs zu Netzen und Diensten in dem dafür notwendigen technischen Standard für alle zu einheitlichen Konditionen und erschwinglichen, gleichen Preisen (dies wäre als Universaldienst vorzugeben)[21]. Dieses ist eine Bedingung für die sozial verträgliche, gemeinwohlorientierte Einführung der neuen Techniken und Dienstleistungen. Hier hat der Staat, so die Auffassung der DPG, eine zentrale Aufgabe, der er mittels einer entsprechenden Regulierung des Tk-Sektors nachkommen sollte. Es wird nicht davon ausgegangen, daß allein die ungezügelten Marktkräfte dies gewährleisten können, es braucht vielmehr einen aktiven Staat als Garanten des Gemeinwohls.

Dies sind allerdings Einschätzungen, die sich bei der SPD nur kaum und bei der DTAG nicht finden lassen, letztere vertritt rein betriebswirtschaftlich orientierte Positionen. Hierbei ist sie nicht sehr weit von den Newcomern entfernt. Der Hauptunterschied besteht darin, wie die gegenwärtige und vor allem die zukünftige Wettbewerbssituation, für die das Marktpotential der Wettbewerber einen entscheidenden Faktor darstellt, eingeschätzt wird und welche Schritte angesichts dieser Deutung von Gegenwart und Zukunft für angemessen und notwendig gehalten werden. Die SPD stimmt, so das Ergebnis der Analyse, eher mit der Einschätzung der DTAG als mit der der DPG überein. Allerdings geht das nicht soweit, daß die Notwendigkeit jedweder speziellen Regulierung zur Herstellung von Wettbewerb verneint wird. Es verhält sich so, daß die SPD die Notwendigkeit einer sektorspezifischen, wenn es sein muß auch asymmetrischen Marktregulierung, die der Verhinderung des Mißbrauchs der Marktmacht der DTAG dient, zwar sieht, aber die daraus resultierenden Belastungen für die DTAG in Grenzen halten will. Geleitet wird die SPD dabei von der Annahme, daß ein fairer Wettbewerb dem Wohle aller Marktteilnehmer dient. Im Unterschied zur DPG

---

[21] Mit umfangreichen Universaldienst-Anforderungen im Infrastrukturbereich (z.B. ISDN-Netz) würden aber auch der Marktzutritt für Newcomer erschwert und der Wert der bestehenden Infrastruktur der DTAG deutlich erhöht - ein Effekt, der durchaus begrüßt wurde.

wird die Ansicht vertreten, daß die (befürwortete) Entwicklungsrichtung im Tk-Sektor als Beispiel für eine gelungene Verbindung von Privatisierung und Marktöffnung angesehen werden kann, auf die man auch im Hinblick auf die weitere Entwicklung, die eindeutig als in Richtung Informationsgesellschaft strebend angesehen (und begrüßt) wird, setzen und der man Vertrauen schenken könne.

2. 4. 4 Die wesentlichen Konfliktlinien zwischen den Koalitionen

Als Ergebnis kann festgehalten werden, daß der Hauptunterschied in den Politik-feld-Kernen darin besteht, inwieweit der von allen gewollte bzw. von der DPG akzeptierte Wettbewerb auf dem gesamten Tk-Markt staatlicher Eingriffe, die zu Lasten des bisherigen Monopolisten DTAG gehen würden, bedürfe. Die beiden Extrempositionen sind dabei: Es wird eine harte, asymmetrische Regulierung zugunsten der Newcomer benötigt, damit sich ein wirklicher Wettbewerb im Tk-Sektor herausbilden könne. Ohne eine solche, die sich im Kern einerseits als Verpflichtung der DTAG zu einer geeigneten Zusammenschaltung des Netzes sowie zur Gewährleistung eines offenen Netzzugangs und andererseits als Preisregulierung im TKG aufgenommen werden muß, wird es keinen Wettbewerb geben. Eine solche Regulierung muß sich auf das Marktverhalten des marktbeherrschenden Unternehmens, also auf die DTAG beziehen, da diese auf absehbare Zeit den Tk-Markt dominieren wird und ein Mißbrauch ihrer Stellung vermutet werden muß. Die Gegenposition besteht in der Ablehnung dieser asymmetrische Regulierung zu Lasten der DTAG, im Kern wird die Notwendigkeit, daß der Staat als Regulierer überhaupt wettbewerbsfördernd in den Markt eingreift, verneint. Danach genügt für eine Übergangszeit eine für alle Konkurrenten gleichmä-ßige sektorspezifische ex post-Regulierung, die nur solange angewendet werden darf, bis sie von der allgemeinen Wettbewerbsaufsicht nach dem GWB abgelöst werden kann. Es solle nur dann regulatorische Eingriffe geben, wenn eine mißbräuchliche Ausnutzung einer marktbeherrschenden Stellung zweifelsfrei nachgewiesen ist.

Neben diesen beiden Positionen, die sich allein um wettbewerbspolitische Aufgaben und die geeigneten Instrumente ihrer Erfüllung konzentrieren und die dementsprechend auf - umstrittenem - wirtschaftstheoretischem Wissen basieren, aus dem in Verbindung mit einer entsprechenden Deutung der Gegenwart und näheren Zukunft konkrete politische Handlungsempfehlungen abgeleitet werden, läßt sich noch ein mehr unter-schwellig wirkendes Motiv bei der Kleinen TKG-Koalition erkennen. Gespeist wird dies aus industriepolitischen und infrastrukturpolitischen Annahmen und Zielvorstel-lungen. In der Liberalisierung des Tk-Marktes wird demnach die wünschenswerte

Möglichkeit gesehen, privates Kapital in großem Umfang der Erweiterung und Verbesserung der Tk-Infrastruktur zuzuführen. Dies sei aus drei Gründen wichtig: Erstens
würden damit erhebliche Investitionen in die Infrastruktur getätigt, wovon vor allem
deutsche Unternehmen der fernmeldetechnischen Industrie profitieren würden, was ihrer Wirtschaftskraft und auch ihrem Innovationspotential zugute käme. Zweitens diene
diese, unter Verweis auf den Zwang der Weltmarktkonkurrenz als notwendig erklärte,
Verbesserung bzw. Modernisierung der Tk-Infrastruktur auch entscheidend der Sicherung bzw. Stärkung der deutschen Wirtschaft allgemein und mithin des Standortes
Deutschland. Dies gelte auch in erweiterter Sicht, denn die verbesserte Tk-Infrastruktur
sei, zusammen mit den auf ihr aufbauenden Tk-Dienstleistungen, das Fundament für
die Informationsgesellschaft, der ein großes Potential von sowohl volkswirtschaftlichen als auch gesamtgesellschaftlichen Wohlfahrtszuwächsen zugeschrieben wird.
Die dafür erforderlichen Mittel seien nicht vom Staat aufbringbar, die große Aufgabe
müsse zusammen mit der Wirtschaft angegangen werden, dafür sei die Verbindung von
Liberalisierung und Privatisierung im Tk-Sektor Grundlage. Zusammen mit sparsamen
staatlichen Eingriffen ("Regulierung soviel wie nötig") sei dies das Modell für die
weitere, gesamtgesellschaftlich und industriepolitisch wünschenswerte Entwicklung
der Telekommunikation, auch im Sinne des staatlichen Infrastrukturauftrages laut Art.
87f GG. Dieses Wissensangebot findet sich bei der SPD und DPG und wurde weder
von der Großen TKG-Koalition noch von der DTAG geteilt. Es manifestiert sich als
"sekundärer Aspekt" bezogen auf das TKG als Forderung nach einem umfassenden
Universaldienst. Denn ein solcher fördere, so die Einschätzung, die Entwicklung hin
zur Informationsgesellschaft, indem der gesamten Bevölkerung der Zugang zu modernen, leistungsstarken Tk-Dienstleistungen gesichert werde und die Umsetzung der umfassenden Universaldienstverpflichtung erstrebenswerte Innovationen (und Investitionen, damit zusätzliche Arbeitsplätze) nach sich zöge. Zusammengenommen würde dies
dem Aufbau und der Akzeptanz der Informationsgesellschaft dienen. Diese Position
erlangte erst zu einem recht späten Zeitpunkt Bedeutung, und zwar bei der Auseinandersetzung in der parlamentarischen Arena (vgl. Abschnitt IV. 2. 6).

Bezüglich der Abschätzung der Kräfteverteilung zwischen den beiden identifizierten
Koalitionen kann festgestellt werden, daß die "Große Koalition" durchsetzungsfähiger
erscheint und zudem die Initiative innehat, wenn sie eine asymmetrische Regulierung
(als ordnungspolitscher Kern des TKG) einfordert. Auf der anderen Seite steht die
DTAG als gewichtigster Akteur in klarer Opposition zu dieser Initiative/Aktion. In der

Hauptsache wird es, so die These nach der Auswertung der Politikfeld-Kerne, die DTAG sein, die in einer Art von Verteidigungsreaktion versuchen wird, die asymmetrische Regulierung abzuwenden bzw. abzumildern für den Fall, daß sie sich nicht verhindern läßt. Ob diese These sich erhärten läßt, wird die Analyse des Formulierungsprozesses und seiner Ergebnisse - des TKG in seiner Fassung bei der Einbringung in das parlamentarische Verfahren - erweisen.

Nach einer wesentlichen Annahme des Untersuchungsansatzes müssen die Akteure ihre Politikfeld-Kerne in konkrete Instrumente, das heißt in "sekundäre Aspekte" ihres belief systems übertragen, sofern sie tatsächlichen, direkten Einfluß nehmen wollen. Für das TKG bedeutet dieses die Vorlage konkreter Vorschläge, z.B. in Form von Vorschriften, in denen die Politikfeld-Kerne - übersetzt in "sekundäre Aspekte" - als konkrete Regulierungsinstrumente manifestiert sind. Analog zu den divergierenden und konkurrierenden Politikfeld-Kernen der beiden TKG-Koalitionen stehen die Wissensangebote, die die "sekundären Aspekte" konstituieren, in Konkurrenz zueinander.

Im nächsten Abschnitt wird in diachroner Perspektive der Verlauf der Formulierung des TKG bis zum endgültigen Gesetzesentwurf untersucht. Erläutert werden soll, wie die angebotenen "sekundären Aspekte" zu den Politikfeld-Kernen der beiden rekonstruierten TKG-Koalitionen aussehen und welche sich für die endgültige Fassung des TKG durchgesetzt haben, bzw. ob und wenn ja, welche Kompromißlösungen zu erkennen sind.

2. 5 Policy-Formulierung: Phasen und Wissensangebote

Im folgenden wird es hauptsächlich um die im Prozeß der Formulierung des TKG getroffene Entscheidung über den Hauptstreitpunkt gehen, ob und wie eine asymmetrische Regulierung gestaltet werden sollte. Relativ unstrittig zwischen den hier untersuchten Akteuren (mit Abstrichen bezüglich der DPG) war hingegen, daß das Ziel des Gesetzesvorhabens darin bestehen sollte, einen intensiven Wettbewerb zwischen (privaten) Anbietern zu ermöglichen. Die Auseinandersetzungen wurden in der Formulierungsphase des TKG darüber geführt, wie ein entsprechender Regulierungsrahmen ausgestaltet werden sollte. Zunächst wird der chronologische Ablauf der Formulierung des Gesetzesvorhabens dargestellt. Anschließend wird das Ergebnis der ersten Etappe des Formulierungsprozesses zusammengefaßt, dieses wird als Ausgangspunkt für die Rekonstruktion des Prozesses im zeitlichen Verlauf genommen. Es besteht aus den ersten schriftlich fixierten Vorstellungen des BMPT bezüglich des TKG - den "Eckpunkten eines zukünftigen Regulierungsrahmens im Telekommunikationsbereich".

Damit soll der Aufbau des Regulierungsrahmens vorgestellt werden. Dieser blieb im Ansatz konstant, er läßt sich durch die verschiedenen Etappen der Formulierung bis zu der im BT eingebrachten Fassung verfolgen. Unter Berücksichtigung der oben darge-legten Ergebnisse zu den Politikfeld-Kernen wird dabei fokussiert auf die Elemente, die eine asymmetrische Regulierung im Kern ausmachen. Es sind dies die Punkte "Regulierung von marktbeherrschenden Unternehmen" und "Zusammenschaltung und offener Netzzugang". In diesen materialisieren sich die oben analysierten Verbote bzw. Verpflichtungen für marktbeherrschende Unternehmen. Sie lassen sich, wie die Aus-wertung der Interviews mit den Vertretern der TKG-Koalitionen bestätigte, als die Kernelemente des TKG in wettbewerbs- und ordnungspolitischer Hinsicht bezeichnen.

Danach werden die Wissensangebote der "sekundären Aspekte" näher betrachtet und in Beziehung gesetzt zu den ausgewählten zeitlichen Stufen der Formulierung. Damit soll die Frage beantwortet werden, welche der TKG-Koalitionen sich mit wel-chen "sekundären Aspekten" und folglich mit welchen Wissensangeboten bezüglich dieser Kernelemente durchsetzen konnte bzw. an welchen Punkten es Kompromisse gegeben hat.

2. 5. 1 Chronologischer Überblick und Arenen der Policy-Entwicklung

Schon unmittelbar im Anschluß an die BT-Wahl im Oktober 1994 gab es ein erstes Gespräch zum Gesetzesvorhaben im Rahmen der Interfraktionellen Gesprächsrunde, an der aus dem BMPT neben dem Minister auch der Staatssekretär O. Pfeffermann sowie der Leiter der Grundsatzabteilung K.-D. Scheurle teilnahmen (Interview Nr. 6). Am 31.01.1995 fand ein erstes öffentliches Hearing im BMPT mit Vertretern der deut-schen Tk-Unternehmen und Wirtschaftsverbände statt. Es wurden dabei Vorstellungen, Vorschläge und Forderungen der Beteiligten gesammelt. Die Positionierung der Frak-tionen der Koalition und der SPD zu dem Gesetzesvorhaben geschah daraufhin im Frühjahr 1995 in Form von Grundsatzpapieren.

Am 27.03.1995 wurden die "Eckpunkte eines künftigen Regulierungsrahmens im Telekommunikationsbereich" vom BMPT als erste schriftliche Äußerung zum geplan-ten TKG vorgelegt. Die Eckpunkte sind innerhalb der Koalition in einem sehr kleinen Kreis beraten worden (von W. Bötsch, R. Funke, E. Müller; Interview Nr. 6). Veröf-fentlicht wurden diese im Amtsblatt des BMPT mit der Aufforderung zur schriftlichen Kommentierung. Damit wurde ein ungewöhnliches Verfahren der Gesetzesformulie-rung eröffnet. Die Besonderheit bestand in der im Vergleich zu anderen Gesetzesvor-haben sehr frühen Einbeziehung von nicht zum paS gehörenden Akteuren. Diese Wahl basierte auf einer Entscheidung des BMPT. Die Möglichkeit der Kommentierung wurde von über 50 Unternehmen, Organisationen und Einzelpersonen genutzt.

Am 31.05.1995 legte das BMPT den "Diskussionsentwurf für ein Telekommunikationsgesetz" vor. Am 20.06.1995 fand eine weitere Anhörung im BMPT statt - in erster Linie mit Akteuren aus der Wirtschaft (u.a. mit dem VTM und den Newcomern) zwecks mündlicher Kritik und Abklärung des Entwurfs. Auf den 27.07.1995 ist der erste "Referentenentwurf für ein Telekommunikationsgesetz" des BMPT datiert, er wird ebenfalls veröffentlicht mit der Aufforderung, schriftliche Stellungnahmen zu diesem abzugeben. Es werden über 20 Stellungnahmen eingereicht (WIK 1995b: IV). Diese werden berücksichtigt in der darauf folgenden Formulierungsphase, deren Ergebnis der auf den 06.10.1995 datierte zweite "Referentenentwurf für ein Telekommunikationsgesetz" ist. Dieser wird den Bundesministerien nach deren Gemeinsamer Geschäftsordnung zur Ressortabstimmung übergeben.

Gleichzeitig wurden intensive Verhandlungen zwischen den Fraktionen von CDU/CSU, FDP und SPD geführt, die im Spätsommer begannen und für deren Zweck die beteiligten Fraktionen auch getrennte fraktionsinterne Anhörungen durchführten, zu denen Vertreter verschiedener involvierter Akteure als Experten geladen worden waren. Zusätzlich zu den Abgeordneten nahmen an den Verhandlungen Minister W. Bötsch sowie K.-D. Scheurle aus dem BMPT teil. Auch die Länder wurden an den Aushandlungen beteiligt. Zunächst verhandelte für die Länder nur deren telekommunikationspolitischer Sprecher, der niedersächsische Wirtschaftsminister Fischer (SPD). Die Verhandlungen orientierten sich an der Systematik des Referentenentwurfs. Der wichtigste Streitpunkt dabei war die Ausgestaltung der Lizenzen für die Anbieter öffentlichen Sprachtelefondienstes: Sollten die Lizenzen zahlenmäßig beschränkt werden und sollten den Lizenznehmern Universaldienst-Auflagen gemacht werden - oder sollte es keinerlei Beschränkungen geben? Die erste Position wurde von der SPD vertreten. Nachdem über Monate keine Einigung erzielt werden konnte, wurde auf Initiative des Verhandlungsführers der Union, E. Müller, die Verhandlungsgruppe um zwei Vertreter der sog. B-Länder (von den Unionsparteien regierte), Wirtschaftsminister Schommer, Sachsen (CDU), und Wirtschaftsminister Wiesheu, Bayern (CSU), erweitert. Damit wurde der Druck auf die SPD verstärkt und anschließend gelang es in relativ kurzer Zeit, einen Durchbruch bezüglich der Lizenzgebiete zu erzielen.[22] So wurde von SPD-Seite akzeptiert, daß es neben regionalen auch lokale Lizenzen geben kann. Nach ins-

---

[22]　　Dies erfolgte hauptsächlich auf einem Klausurwochenende in Würzburg im Herbst 1995 (Interview Nr. 11).

gesamt zwölf Verhandlungsrunden konnte dann im November der Kompromiß in Form einer sog. Politischen Vereinbarung (BMPT 1995i) auf einer gemeinsamen Pressekonferenz verkündet werden. Trotzdem wurden Nachverhandlungen notwendig, da es zu Differenzen bezüglich der Interpretation des Kompromisses in der Öffentlichkeit kam. Erst am 29.12.1995 konnte ein (vorläufig) endgültiger Kompromiß gefunden werden.[23]

Mit diesem Verfahren wollte man das Gesetzgebungsverfahren beschleunigen, indem das TKG über die Fraktionen im BT in das Gesetzgebungsverfahren eingebracht werden sollte; zeitgleich sollte sich der BR auf Initiative der Bundesregierung mit dem Entwurf befassen.

In einen Zwischenstand der Ressortabstimmung, die sich als schwierig erwies und einige Wochen in Anspruch nahm (Interviews Nr. 11, 14), wurden die zehn Punkte der Politischen Vereinbarung zwischen den oben genannten Fraktionen eingearbeitet. Er wurde am 19.12.1995 vorgelegt. Erst am 30.01.1996 wird der vom BMPT vorgelegte Entwurf schließlich vom Kabinett verabschiedet; einen Tag nachdem die beteiligten Fraktionen ihn gebilligt hatten. Als gemeinsamer Gesetzesentwurf der Fraktionen der CDU/CSU, SPD und FDP (BT 1996a) wird der TKG-E am 01.02.1996 in erster Lesung im BT behandelt und zur eingehenden Beratung an den federführenden Ausschuß für Post und Telekommunikation (und fünf weitere) überwiesen (BT 1996b).

Bei der Rekonstruktion des Formulierungsprozesses fällt auf, daß es zwei Arenen gab, in denen die Auseinandersetzungen um die endgültige Gestalt des TKG geführt wurden. Die eine bildete sich um die Referatsebene des BMPT, denn hier lag die Federführung für die Ausarbeitung des Gesetzestextes. Für die Bewältigung dieser Aufgabe wurde das oben genannte, relativ unübliche Verfahren eingesetzt, wobei das BMPT in einem frühen Stadium interessierten Akteuren die Möglichkeit einräumte, sich an der Formulierung mittels Teilnahme an Anhörungen und Abgabe von Stellungnahmen zu beteiligen. Dies war motiviert von der Einschätzung, daß es erforderlich sei, besonders die Normadressaten des Gesetzes zu einem frühen Stadium der Formulierung, noch vor der ersten schriftlichen Fixierung des zukünftigen Regulierungsmodells, hinzuzuziehen. Die zu regulierende Materie stellt sich als sehr komplex dar, gerade aufgrund der sehr schnellen Veränderungen im Tk-Bereich infolge der technolo-

---

[23] Im Kern wurde eine Einigung erzielt, nach der bestimmte Universaldienst-Auflagen nur dann auferlegt werden, wenn ein Lizenznehmer eine knappe Ressource in Anspruch nehmen darf; zudem werden keine bundesweiten Auflagen gemacht, sondern nur das jeweilige Lizenzgebiet betreffende; zu den Einzelheiten vgl. Abschnitt 2.6.

gischen Dynamik, so daß man möglichst früh und rechtzeitig die Anforderungen der Tk-Anbieter an das Gesetzeswerk kennenlernen wollte, zumal mit dem TKG Neuland betreten werden würde (Interview Nr. 14). Die Zielsetzung des BMPT bestand darin, einen ordnungspolitischen Rahmen zu schaffen, der sich, so die Ansicht, an den Strategien der Newcomer bezüglich Markteintritt, Marktsegment und Angebot orientieren müßte, um nicht ein Regulierungswerk zu schaffen, das gar nicht ausgefüllt werden würde von dem tatsächlichen Engagement der Tk-Unternehmen auf dem Markt. Damit war natürlich auch schon eine erste Positionierung des BMPT gegeben; es war keineswegs "leidenschaftslos" und ohne Interessen - im Gegenteil: die Verwirklichung von Wettbewerb war ein erklärtes Ziel. Daß dies in erster Linie gegen die DTAG gehen würde, war ebenfalls klar. Wie die Auswertung der Eckpunkte zeigt, hatten damit schon in einer frühen Phase zentrale Wissensangebote der Großen TKG-Koalition Berücksichtigung gefunden.

Es sollten aber auch die Grenzen der DTAG in Bezug auf eine asymmetrische Regulierung zu ihren Lasten ausgelotet und "absolute" Grenzen, z.B. durch bestandsgefährdende Auflagen, berücksichtigt werden, denn es gehörte ebenfalls zur Zielsetzung, den Rahmen so zu gestalten, daß für die DTAG ein Handlungsspielraum für ökonomisch-rationales Handeln unter Wettbewerbsbedingungen gegeben wäre. Dieses verband sich mit dem dritten Element der Zielsetzung, dem Infrastrukturauftrag nach Paragraph 87f des GG nachzukommen. Dazu, so die Einschätzung, wird es einer handlungsfähigen DTAG bedürfen, da ohne ihr wirtschaftliches und technologisches Potential die Erfüllung des Infrastrukturauftrages unmöglich oder zumindest nicht gesichert sei.

Es gab also einen Zielkonflikt, für dessen Auflösung das BMPT als Formulierungsinstanz (und spätere Implementationsinstanz des Gesetzes - in welchem institutionellen Gewand auch immer) auf die Kooperation der vom TKG betroffenen Akteure angewiesen war. Dieser Zielkonflikt bestand im Kern darin, ein Regulierungsmodell zu finden, mit dem sowohl die potentiellen Wettbewerber als auch die DTAG leben bzw. überleben könnten. Die Form der Kooperation bestand wesentlich aus dem Aufbau eines informations- bzw. wissenslogistischen Netzes, über das die benötigten detaillierten Informationen bezüglich Anforderungen an Inhalt und Ausgestaltung der Instrumente des TKG in den Prozeß der Formulierung einflossen. Neben intensiven, für die wissenschaftliche Analyse nicht zugänglichen informellen Interaktionen (z.B. Telefonaten), gab es formale Kontakte - in erster Linie in Form der Stellungnahmen und der Auskünfte auf den Anhörungen.

Ein weiterer Grund für die Anwendung des Verfahrens hängt mit der zweiten Ebene der Konfliktaustragung und den Erfahrungen mit der Postreform II zusammen. Diese zweite Arena wurde von den parlamentarischen Akteuren und deren Interaktionen für eine von allen Seiten gewünschte politische Einigung über das TKG im Vorfelde des formalen Gesetzgebungsverfahrens gebildet. In der aus den jeweiligen telekommunikationspolitischen Experten der Fraktionen gebildeten, fünfköpfigen Interfraktionellen Gesprächsrunde wurde der Aushandlungsprozeß geführt, der schließlich die oben erwähnte Politische Vereinbarung zum Ergebnis hatte. Die Einbeziehung der SPD in einem frühen Stadium des Prozesses hatte ihren Grund in dem Obstruktionspotential der Oppositionspartei. Sie hat über die Parteiorgane wesentlichen Einfluß auf den BR, wo die A-Länder (von der SPD regierte) die Mehrheit haben. Hieraus besteht das eigentliche Faustpfand der SPD, denn das TKG ist ein zustimmungspflichtiges Gesetz, das die Zustimmung des Bundesrates benötigt. Das war dem zuständigen Minister natürlich bewußt, und so wählte er als politisches Vorgehen eine frühzeitige (partielle) Kooption der Tk-Politiker der SPD-Fraktion in den engeren Kreis. Das Verbindungsglied zum BMPT war wie schon zu Zeiten der Verhandlungen um die Postreform II der Minister selbst, der als Moderator dieser Gesprächsrunde angehörte. Von daher war bekannt, daß dem politischen Kompromiß mit der SPD zwecks der damals äußerst umstrittenen Grundgesetzänderung das meiste von dem zum Opfer fiel, was an Liberalisierung schon damals seitens der Regierung geplant gewesen war.

Auch das politische Ziel, diesmal die Liberalisierung konsequent durchzusetzen, sprach für das Verfahren der Einbindung von außerparlamentarischen Akteuren in die Formulierungsphase des TKG. Der Gedanke dabei war, das Gewicht der politischen Ebene, also der parlamentarischen Arena der Auseinandersetzung, zugunsten der "sachlichen" Ebene, der ministeriell geprägten Arena der Ausarbeitung des Gesetzestextes, zu mindern. Der Konflikt sollte sozusagen ein Stück weit auf diese sachliche Ebene verlagert werden. Dafür war aber die Motivierung von Akteuren, die nicht dem parlamentarischen Sektor angehören und die ihr politisches Gewicht mitbringen würden, wichtig. Nur dadurch war es möglich, daß das BMPT für seinen Entwurf des TKG genug Unterstützung mobilisieren würde können, um diesen ggf. auch gegen Widerstände in der parlamentarischen Arena (und auch gegen den anderer Ressorts) durchzusetzen. Ein Verfahren, das den hinzugezogenen korporativen Akteuren frühzeitig Einflußmöglichkeiten auf die Formulierung des Gesetzes einräumt, bietet (quasi in einer Art Tausch) Gewähr für die Mobilisierung von benötigten Informationen sowie von Unterstützung für das Durchsetzen (und Umsetzen) der Policy.

Der eigentliche, inhaltliche Konflikt um die Kernpunkte des Regulierungsrahmens in der Formulierungsphase spielte sich dann auch hauptsächlich auf der ministeriell moderierten Arena der "Sachauseinandersetzung" ab. Diese steht demnach im Mittelpunkt; dies auch deswegen, weil sich hier die Relevanz von Wissen im politischen Prozeß besonders deutlich belegen läßt. Es handelt sich hierbei um argumentatives und Deutungswissen: Verbunden mit plausibel zu machenden Deutungen über zukünftige Folgen (Outcomes) der Policy wird für oder gegen bestimmte "sekundäre Aspekte" argumentiert. Bezogen auf die Kerninstrumente des wettbewerbsorientierten Regulierungsrahmens und die zwei rekonstruierten TKG-Koalitionen bedeutet dies, anhand der Stellungnahmen herauszuarbeiten, wie argumentierend und deutend für bzw. gegen die Ausgestaltung der Instrumente gefochten wurde. Sowohl für die "Preisregulierung marktbeherrschender Unternehmen" als auch für die "Regulierung zur Sicherung des offenen Netzzugangs und der Zusammenschaltung" sollen die jeweiligen Wissensangebote, wie sie von den TKG-Koalitionen vorgetragen worden sind, untersucht werden. Die inhaltliche Auseinandersetzung basierte in erster Linie auf den Stellungnahmen der Newcomer, diese werden für die Analyse gemeinsam behandelt, und zweitens auf denen der DTAG. Die dem parlamentarischen oder dem verbandlichen Sektor zugehörigen Akteure gaben keine (z.B. CDU/CSU-Fraktion, SPD-Fraktion, VTM) oder eher allgemeine Stellungnahmen (FDP, BDI, DIHT, DPG) ab. Die Normadressaten hingegen legten sehr detaillierte Stellungnahmen (gerade bezüglich der beiden zentralen Kernelemente) vor. Daß der VTM sich nicht mittels schriftlicher Stellungnahmen äußerte, hatte wie erwähnt seinen Grund darin, daß die betreffenden Unternehmen, also die Newcomer als potentielle Konkurrenten der DTAG, eigene Stellungnahmen abgaben.

2. 5. 2 Grundmodell und Streitpunkte der zukünftigen Regulierung nach den "Eckpunkten für ein TKG"

Die Eckpunkte sind in der Form von Grundsätzen formuliert und orientieren sich an den Leitlinien der Kommission der EG zur Infrastrukturliberalisierung, wie sie Anfang 1995 vorgelegt wurden (Kommission 1994c). Als Grundmodell wurde die "Lizenzierung für den Marktzutritt zu bestimmten Märkten" (BMPT 1995a: 5; im weiteren als "Eckpunkte" zitiert) gewählt, in den übrigen Segmenten soll freier Wettbewerb herrschen. Dies geschieht in Verbindung mit der Möglichkeit, besondere Verhaltensauflagen mit der Lizenz zu verknüpfen. Es handelt sich um eine sektorspezifische Ergänzung zum allgemeinen Wettbewerbsrecht. Lizenzpflichtig sollen die Märkte werden, die heute im Bereich des Netz- und Telefondienstmonopols angesiedelt sind, inklusive der Satelliten- und Mobilfunkkommunikation. Allerdings soll nur das Errichten und Betreiben von Übertragungswegen[24], die zum Angebot von Tk-Dienstleistungen für die Öffentlichkeit genutzt werden, oder das Angebot von Sprachtelefondienst als kommerzielle Dienstleistung für die Öffentlichkeit ein lizenzpflichtiges Tätigwerden darstellen. Ansonsten soll ein Tätigwerden keiner Lizenzpflicht unterliegen, dies gilt z.B. für den Bereich der Eigenversorgung (EVU, DBAG) oder für Dienstleistungen für geschlossene Benutzergruppen. Es sind weder qualitative noch quantitative Beschränkungen der Lizenzen vorgesehen, es sei denn, die eingeschränkte Verfügbarkeit knapper Ressourcen, hier sind Funkfrequenzen gemeint, gibt Anlaß für eine zahlenmäßige Begrenzung.

Die Lizenzen werden gemäß obiger Einteilung nach ihrem Gegenstand unterteilt. Es soll eine Reihe von Auflagen geben, die mit einer Lizenz verknüpft werden können. Dazu zählen als zentrale Punkte:

"- die Sicherstellung eines chancengleichen und die Förderung eines funktionsfähigen Wettbewerbs (Genehmigung von Entgelten, Realisierung eines offenen Netz- und Dienstezugangs, die gesellschaftsrechtliche Ausgliederung von Telekommunikationsaktivitäten, die Beachtung besonderer Verhaltensauflagen und die Beachtung besonderer Rechnungslegungsvorschriften),

- die Sicherstellung einer flächendeckenden Grundversorgung mit Telekommunikationsdienstleistungen sowie weiteren Universaldienstverpflichtungen" (Eck-punkte: 8); gerade diese Auflage soll nur marktbeherrschenden Unternehmen auferlegt werden.

Ein im weiteren Verlauf strittiger Punkt bestand hinsichtlich der Lizenzen für den öffentlichen Sprachtelefondienst darin, ob es nur bundesweite Lizenzen geben sollte. Die Frage war m.a.W., ob der Lizenzinhalt vom Geschäftszweck des Antragsstellers oder von ordnungspolitischen Gestaltungszielen bestimmt sein würde. Letzteres hätte z.B. zur Folge, daß die Lizenznehmer ihre Dienstleistung bundesweit anbieten müßten und mithin, daß es nur wenige große Unternehmen gäbe, die aufgrund der dann not-

---

24 Darunter wird verstanden: das "Ausüben der rechtlichen und tatsächlichen Kontrolle (Funktionsherrschaft) über die Gesamtheit der Funktionen, die zur Realisierung der Informationsübertragung auf Übertragungswegen unabdingbar erbracht werden müssen." (§3, Nr. 1 TKG-E).

wendigen erheblichen Investitionen auf diesem wichtigen Teilmarkt als Konkurrenten der DTAG auftreten würden.[25]

Für die Frage, ob es eine asymmetrische Regulierung geben wird und wie diese aussehen könnte, ist der Abschnitt "Regulierung von marktbeherrschenden Unternehmen" der Eckpunkte von herausragender Bedeutung. Marktbeherrschende Unternehmen sollen demzufolge im lizenzierten Bereich besonderen regulatorischen Auflagen unterworfen werden. Das BMPT bekennt sich also schon in einem sehr frühen Zeitpunkt der Formulierung zu einer asymmetrischen Regulierung mit dem Ziel, somit die regulatorischen Grundlagen "zur Sicherstellung chancengleichen und zur Förderung funktionsfähigen Wettbewerbs" (Eckpunkte: 8) zu schaffen. Die Verpflichtungen, die auferlegt werden können, umfassen die Punkte, um die es im weiteren Verlauf des politischen Prozesses auf beiden Arenen zum Konflikt kam. Es sind dies:

- das Angebot von Universaldienstleistungen,
- die Realisierung eines offenen und effizienten Zugangs zu Tk-Netzen und -Diensten sowie die Zusammenschaltung von Netzen,
- die Genehmigung von Entgelten durch den Regulierer und die Beachtung besonderer Vorschriften der Rechnungslegung, und schließlich
- die generelle Verpflichtung, lizenzpflichtige Tk-Aktivitäten in rechtlich selbständigen Unternehmen zu führen.

Das BMPT legte sich in den Eckpunkten nicht fest, welches Kriterium für die Feststellung einer marktbeherrschenden Stellung herangezogen werden sollte: entweder das im GWB formulierte oder aber (mit Blick auf Vorschläge seitens der Kommission der EG) ein Marktanteil von mindestens 25 Prozent. Der entscheidende Unterschied besteht darin, ob (im ersten Fall) erst nach einem tatsächlichen Mißbrauch der marktbeherrschenden Stellung eines Unternehmens regulatorisch eingegriffen wird (ex post-Verfahren), oder aber ob im zweiten Fall von vornherein ein Mißbrauch seitens des marktbeherrschenden Unternehmens vermutet wird, wofür das Vorhandensein eines Marktanteils von mindestens 25 Prozent als hinreichende Bedingung angesehen wird (ex ante-Verfahren). Je nachdem, ob ex post eingegriffen oder ex ante reguliert werden wird, hat dies erhebliche, aber sehr unterschiedliche Auswirkungen für das betroffene

---

[25]   In diese Richtung, also für ausschließlich bundesweite Lizenzen, gingen die Argumentation und die Forderungen einiger EVU (z.B. RWE und Viag), die teilweise auf Widerhall bei der SPD und einigen Bundesländern stießen. Besonders die EVU forderten vertikal integrierte Lizenzen, das heißt keine Aufteilung in zwei große Lizenzklassen: eine für Infrastruktur, eine andere für Dienste (Interviews Nr. 5, 7).

Unternehmen. Unstrittig ist, daß vorerst und auf absehbare Zeit die DTAG das markt-beherrschende Unternehmen sein wird. Die Streitfrage bestand im weiteren Verlauf darin, wie diese Marktstellung im einzelnen zu bewerten ist und was aus dieser Bewertung an regulatorischen Konsequenzen zu erfolgen hat.

Ein weiterer Abschnitt der Eckpunkte beschäftigt sich mit dem Universaldienst als dem verfassungsmäßig in § 87f GG normierten Auftrag zur Gewährleistung von flächendeckenden und angemessenen Tk-Dienstleistungen. Dieser Begriff wird eng gefaßt, er beschränkt sich auf die Dienstleistungen, die als Standardangebot von Übertragungswegen und als Basissprachtelefondienst bisher im Rahmen des Netz- und Dienstemonopols der DTAG erbracht worden sind. Diese können künftig als Universaldienstleistungen marktbeherrschenden Lizenznehmern als Lizenzauflage auferlegt werden. Zentral hierbei ist die grundsätzliche Auffassung des BMPT, daß in der Regel eine wettbewerbliche Marktversorgung ohne Verpflichtung zum Erbringen bestimmter Leistungen als ausreichend für die Sicherstellung von Universaldienstleistungen außerhalb des lizenzierten Bereichs angesehen wird.[26]

Die Eckpunkte enthalten auch spezielle Grundsätze bezüglich der Zusammenschaltung von Netzen und dem offenen Netzzugang. Auch hier wird einer asymmetrischen Regelung der Vorzug gegeben, und zwar in dreifacher Hinsicht. Erstens müssen Tk-Netzbetreiber, die auf dem relevanten Markt eine marktbeherrschende Stellung innehaben, die Zusammenschaltung ihrer öffentlichen Netze mit denen anderer Betreiber ermöglichen. Zweitens unterliegen die für die Zusammenschaltung und den Netzzugang erhobenen Entgelte der Regulierung durch die Regulierungsbehörde. Drittens haben marktbeherrschende Anbieter von Tk-Dienstleistungen europaweit vorgegebene Normen für Schnittstellen und Dienstleistungsmerkmale einzuhalten (Eckpunkte: 11), die im Rahmen der ONP-Konzeption von der Kommission der EG noch erlassen werden bzw. schon vorliegen (vgl. Kapitel III.1.4).

Auch zu einer zukünftig auszugestaltenden Regulierungsbehörde wird in den Eckpunkten kurz Stellung genommen. Diese soll als eine unabhängige und eigenständige Behörde des Bundes im Verwaltungsbereich eines Bundesministeriums angesiedelt werden. Damit ist klar, daß das BMPT als Bundesoberbehörde in dieser Form nicht weiter bestehen bleiben wird, allerdings ist unklar, wie die Organisation der Behörde

---

[26] In der parlamentarischen Arena sollte die Universaldienstregelung eine wichtige Rolle spielen; auf die diesbezügliche Auseinandersetzung wird in Abschnitt 2.6 eingegangen.

konkret aussehen und welches Bundesministerium das zuständige werden soll.[27] Ein Eckpunkt, der eine Gleichbehandlung der Normadressaten vorsieht, betrifft die "Benutzung öffentlicher Wege". Dabei wird festgelegt, daß künftig allen Lizenznehmern das Recht eingeräumt wird, öffentliche Verkehrswege zu benutzen, ohne daß ein Entgelt für die Benutzung, das an die Kommunen abgeführt werden müßte, anfällt. Dieses Recht war bislang ausschließlich der DTAG im Rahmen ihrer Monopolrechte eingeräumt worden.[28]

Weitere Grundsätze werden im Eckpunkte-Papier genannt bezüglich der Frequenzverwaltung, der Nummernverwaltung, der Zulassung, dem Inverkehrbringen und Anschalten von Endeinrichtungen, des Verbraucherschutzes, des Fernmeldegeheimnisses und des Datenschutzes. All diese sind überführt worden in den endgültigen Gesetzesentwurf. Sie werden hier nur erwähnt, da sie nicht den zentralen ordnungs- und wirtschaftspolitischen Stellenwert der ausführlicher dargestellten Punkte haben oder weil es im Laufe der Formulierungsphase Verhandlungen gab, die zu Kompromissen bezüglich strittiger Punkte (besonders hinsichtlich der Numerierung) führten.[29]

Als Zwischenergebnis kann festgehalten werden: Mit den Eckpunkten hat das BMPT als formale Formulierungsinstanz die Grundsätze bezüglich des TKG vorgelegt.

---

[27] Diese Frage war besonders in der Bundesregierung selbst umstritten. Die Auseinandersetzung, welchem Ministerium die zukünftige Regulierungsbehörde angegliedert wird, sorgte für einen gewissen Verzug im Verlauf der Ressortabstimmung im Vergleich zum vorgesehenen Zeitplan. Vorerst wurde entschieden, daß in Zukunft die Regulierungsbehörde in Form einer oberen Bundesbehörde dem Verwaltungsbereich des BMWi zugehören soll (vgl. § 65 TKG-E).

[28] An diesem Punkt, der zwischen den hier behandelten Akteuren und auf Bundesebene unstrittig war und ist, entzündete sich später ein starker Konflikt zwischen zunächst den Kommunen und der Bundesregierung, dann auch auf der Ebene des BR zwischen Bund und Bundesländern, die sich zum Teil die Forderungen der Kommunen nach einem Entgelt für die Benutzung "ihrer" öffentlichen Verkehrswege zu eigen gemacht haben. Wie dieser Streit ausgeht, ist zum jetzigen Zeitpunkt nicht abzusehen. Er kann allerdings die Verabschiedung des TKG noch vor der Sommerpause verhindern, sofern der BR hierzu den Vermittlungsausschuß anrufen sollte. Auf diesen Streit wird hier nicht weiter eingegangen, da dieser Punkt innerhalb des Inner Circle unumstritten war und ist.

[29] Diese Verhandlungsrunden stellen eine weitere (Neben-)Arena der Auseinandersetzung dar, die hier nicht im Zentrum des Interesses steht. Aus den geführten Interviews wurde deutlich, daß in erster Linie die Entgeltregulierung und der Komplex Zusammenschaltung und offener Netzzugang die zentralen Elemente der Auseinandersetzung zwischen den Koalitionen gewesen sind. Die entsprechenden Regelungen werden die gravierendsten Auswirkungen auf die Normadressaten des TKG haben.

Dabei verfolgt das BMPT insgesamt einen asymmetrischen Regulierungsansatz, der von der grundlegenden Vorstellung geleitet wird, daß der DTAG auf jeden Fall ein Mißbrauch ihrer marktbeherrschenden Stellung unterstellt und dieser unterbunden werden müsse. Mit den Eckpunkten rückt das BMPT näher an die oben genannte Große TKG-Koalition heran. Die DTAG befindet sich als zentrale Vertreterin der Gegenkoalition aufgrund der deutlichen Positionierung des BMPT in einer Defensivstellung.

Der nächste Abschnitt soll zeigen, mit welchen argumentativen Wissensangeboten für bzw. gegen die asymmetrische Regulierung in ihren beiden wesentlichen Elementen und deren konkrete Ausgestaltung als Regulierungsinstrumente im Gesetzestext gestritten wurden. Die Wissensangebote bezüglich der konkret anzuwendenden Instrumente wurden je nach Koalition getrennt inhaltsanalytisch ausgewertet, zusammengefaßt und in Gegenüberstellung analysiert.[30]

2. 5. 3 Erste Phase der Kommentierung: Wissensangebote zu zwei zentralen sekundären Aspekten

In den Stellungnahmen, die zu den Eckpunkten abgegeben worden sind, lassen sich jeweils zu den Punkten "Regulierung von marktbeherrschenden Unternehmen" und "Zusammenschaltung und offener Netzzugang" zwei konträre Argumentationen und darauf aufbauende Empfehlungen bzw. Forderungen für die konkreten Regulierungsinstrumente finden. Für die Große TKG-Koalition läßt sich zunächst feststellen, daß die Eckpunkte in ihrer Gesamtheit begrüßt wurden und die Kommentare als Ergänzungen, Anregungen und Hinweise verstanden werden sollten, wie sich die Grundsätze in konkreter Weise umsetzen ließen bzw. umgesetzt werden sollten, denn die Eckpunkte bleiben hinsichtlich der Umsetzung unbestimmt. Die Kleine TKG-Koalition dagegen lehnte den vorgelegten Ansatz vehement ab. Deren Akteure, allen voran die DTAG, betrieben denn auch erheblich mehr argumentativen Aufwand, diesen Ansatz grundsätzlich anzugreifen, als die Akteure der Großen Koalition betrieben, ihn ausdrücklich zu verteidigen.

Die Argumentation zu dem Komplex "Regulierung marktbeherrschender Unternehmen", so wie sie von der Großen TKG-Koalition vertreten worden ist, besteht aus fol-

---

[30] Die Inhaltsanalyse wurde analog zu der in Abschnitt 1.1 dargelegten Zusammenfassung vorgenommen, wobei ich mich hier auf die Argumente bzw. Deutungen zu den identifizierten Kernelementen konzentrierte und keine zusätzliche, von mir entwickelte Fragestellung an die Quellen anlegte.

genden Elementen: Die zentrale Argumentationsfigur bildet die Behauptung bzw. Begründung einer erheblichen, wettbewerbsverhindernden Vormachtstellung der DTAG auf dem Tk-Markt und der sich daraus für das übergeordnete Ziel der Schaffung von Wettbewerb ergebenden Notwendigkeit einer asymmetrischen Regulierung. Das wird von allen Newcomern geteilt und findet einen klaren Ausdruck z.B. in der Stellungnahme zu den Eckpunkten von Thyssen Telecom: "Diese Dominanz der Telekom (gemeint ist die DTAG, d.V.) gegenüber den privaten Anbietern zeigt sich während der Startphase des freien Marktes unter anderem in

- dem flächendeckenden Angebot von Infrastruktur,
- dem Zugang zu mehr als 35 Mio. Telefon- und mehr als 20 Mio. Kabelnetzkunden,
- der flächendeckenden Servicestruktur,
- dem umfangreichen Dienstesortiment mit der Möglichkeit zur Quersubventionierung und
- der Position als alleinigem Vollsortimenter.

Während einer Übergangsphase müssen daher im Interesse eines funktionsfähigen Wettbewerbs Regelungen geschaffen werden, die geeignet sind, letztlich im Interesse der Verbraucher die Gefahr mißbräuchlichen Verhaltens des marktbeherrschenden Anbieters zu minimieren. Es wird daher eine zeitlich und auf bestimmte Marktsegmente begrenzte asymmetrische Regulierung unverzichtbar sein." (Thyssen Telecom 1995a: 5).

Als konkrete Elemente einer solchen asymmetrischen Regulierung werden einerseits der Ausschluß der DTAG bei der Vergabe von begrenzten Funkfrequenzen, die für den Anschluß der Endkunden im Ortsnetz unter Umgehung des Festnetzes genutzt werden können (sog. Wireless-Local-Loop-Technologie), gefordert, andererseits die Verpflichtung der DTAG, für einen diskriminierungsfreien Zugang zum Kunden und zu ihrem Netz zu sorgen und dafür nur Entgelte zu nehmen, die an den tatsächlich dafür entstehenden Kosten orientiert sind. Schließlich wird die Übernahme einseitiger Verpflichtungen durch die DTAG, besonders in Form einer Preisniveaubegrenzung, verlangt.

Es läßt sich feststellen, daß besonders die Frage nach Netzzugang und Entgelten von zentraler Bedeutung ist. Dies gilt sowohl für die Preise für bestimmte, lizenzpflichtige Tk-Dienstleistungen, die von der DTAG erbracht werden, als auch für die Zusammenschaltung und den Netzzugang, den die DTAG zu gewähren und zu ermöglichen habe und die durch die Regulierungsbehörde genehmigt werden müssen.

Bezüglich der Entgelte für Dienstleistungen besteht die Forderung darin, daß sich die von der DTAG genommenen Preise an den tatsächlichen Kosten orientieren und diese nicht unterschreiten sollten. Denn damit, das heißt mit der Möglichkeit, einschneidende Preissenkungen vorzunehmen, könnte die DTAG ihre Mitbewerber am Markteintritt hindern oder sie vom Markt verdrängen, weil sie die Möglichkeit besäße, aufgrund ihrer marktbeherrschenden Stellung kurzzeitig Preise zu nehmen, die unter den Kosten der Leistungserbringung lägen. Sie könnte damit die Preise der Konkurrenten stets unterbieten und ihnen damit das Erreichen nennenswerter Marktanteile unmöglich machen. Die Forderung der Newcomer bezüglich der Preise für Netzzusammenschaltung und offenen Netzzugang hingegen lautet, daß sich die Kosten an den tatsächlich anfallenden Kosten orientieren sollten, das heißt die Preise sollten nicht höher sein als die Kosten, die für die Erbringung der Leistung entstehen. Der entscheidende Punkt ist dabei jeweils, wie der Mechanismus aussehen sollte, nach dem diese Preisregulierung vorgenommen werden könnte.

Das vorgeschlagene Konzept im Falle der Entgelte für bestimmte Tk-Dienstleistungen orientiert sich am Modell der Regulierung durch sog. price caps.[31] Seitens der Newcomer war es Thyssen Telecom (1995: 20f), die für die Preisregulierung detaillierte Vorstellungen in der Phase nach der Veröffentlichung der Eckpunkte präsentierte und begründete. Diese sollen hier exemplarisch erläutert werden. Gefordert bzw. vorgeschlagen wurde:

1. daß die DTAG die Tarifeinheit im Raum zu gewähren hat;
2. daß die angebotenen Dienstepreise (auch) für Wettbewerbsdienste der DTAG die Fixkosten der Erbringung dieser Dienste decken müssen;
3. daß die DTAG keine Bündelung von Angebotsteilen aus dem Wettbewerbs- und Monopolbereich vornehmen darf;
4. daß es eine Nachverhandlung der Verträge der DTAG aus der vorwettbewerblichen Zeit geben sollte.

Begründet wird dies damit, daß die DTAG auf Grund der existierenden Infrastruktur und der Mengenvorteile mit sehr niedrigen variablen Kosten, die in erster Linie die Preise in einem Wettbewerbsumfeld bestimmen, arbeiten kann. Dies sei ein entscheidender Vorteil gegenüber den Newcomern, die deshalb bei einem Preiskampf während der ersten Phase des Markteintritts gegen die DTAG unausweichlich verlieren würden. Damit hätten sie aber keine Chancen, überhaupt auf dem Markt zu bestehen.

---

[31] Diese wurden auf internationaler Ebene besonders zur Regulierung der British Telecom seit ihrer Privatisierung 1984 verwendet (Neu 1995: 3-5).

Um im Falle der Zusammenschaltung die tatsächlichen Kosten und die darauf basierenden Entgelte zu ermitteln, wird empfohlen, das Konzept der sog. Long Run Incremental Costs (LRIC)[32] anzuwenden. Die Zusammenschaltungskosten sollten verursachungsgerecht erfaßt werden, Effektivität belohnen, effektiven Wettbewerb fördern und auf der Grundlage von entbündelten Angebotsmerkmalen beruhen. Es wird dem BMPT eine konkrete Empfehlung zum Verfahren der Zusammenschaltung und der Kostenermittlung nach den LRIC gemacht. Deren Kern bildet ein gleichberechtigter Zugang zu dem Netz der DTAG nach möglichst kurzer Verhandlungsfrist, das heißt die Zusammenschaltung der Netze der Newcomer mit dem etablierten Netz muß seitens der DTAG zu den gleichen Bedingungen erfolgen, die sie für sich selbst in Anspruch nimmt (Thyssen Telecom 1995: 22-24).

Die Basis dieser Forderungen ist das wettbewerbstheoretische Konzept der Netzwerkexternalitäten, auf das gerade in bezug auf die hohe Bedeutung, die dem Prinzip des offenen Netzzugangs und der Verpflichtung zur Zusammenschaltung seitens der Newcomer zugewiesen wird, implizit bezug genommen wird. Netzwerkexternalitäten sind ein wichtiges technologisches Merkmal vieler Tk-Märkte. Sie treten insbesondere bei Netzinfrastrukturen dann auf, wenn der Nutzen, den ein/e einzelne/r Teilnehmer/in aus einem Netzwerk ziehen kann, um so größer ist, je mehr Teilnehmer/innen an das Netzwerk angeschlossen sind. Es gibt verschiedene Gründe für die Existenz von Netzwerkexternalitäten in Tk-Netzen (Klodt et al. 1995: 40ff). Sie sind vor allem deswegen für die Entstehung von Wettbewerb in der Tk relevant, weil sie als Markteintrittsbarrieren wirken und somit etablierte Anbieter vor neuer Konkurrenz schützen können. Netzwerkexternalitäten können sich dabei einerseits darauf auswirken, ob überhaupt Wettbewerb in einem Markt entsteht, und andererseits auf die Stärke dieses Wettbewerbs (vgl. Klodt et al. 1995: 45f). Wettbewerb, so die Theorie der Netzwerkexternalitäten, wird dann behindert, wenn keine regulatorischen Eingriffe vorgenommen werden. Um also eine Reduzierung der dämpfenden oder verhindernden Wirkung von Netzwerkexternalitäten auf den Wettbewerb in Tk-Netzen zu erreichen, ist es demnach unerläßlich, (etablierten) Netzwerkbetreibern die Auflage zu machen, ihre Netze durch das Errichten eines offenen Netzzugangs für Konkurrenten zu öffnen. Hieraus wird die sehr hohe Bedeutung des Prinzips der offenen Netze, das einerseits

---

[32] Im Kern handelt es sich um Kosten, die vermieden würden, wenn das Unternehmen die betreffende Leistung, z.B. die Zusammenschaltung, nicht anböte; m.a.W. sind es die langfristigen Mehrkosten durch die zusätzliche Leistung (vgl. AT&T 1995a).

den Zugang zu und andererseits die Zusammenschaltung mit Netzen eines anderen Unternehmens umfaßt, ersichtlich. Deutlich wird so auch der zentrale Stellenwert, den die diesbezüglichen Regulierungsinstrumente einnehmen.

Nach der Darstellung der "sekundären Aspekte" und entsprechenden Wissensangebote der Großen TKG-Koalition wird es nun darum gehen, diejenigen der zweiten Koalition zu untersuchen; dabei steht die Position der DTAG im Vordergrund. Ihre Argumentationslinie verläuft dergestalt, daß zunächst grundsätzlich bestritten wird, daß es überhaupt eine sektorspezifische Regulierung geben müsse. Denn auch so sei schon aufgrund des Potentials der sich bildenden Allianzen zwischen den neuen Wettbewerbern ein genügend starker Wettbewerb in der Tk und ein wettbewerbskonformes Verhalten aller Marktteilnehmer - einschließlich der DTAG - zu erwarten. Gestützt wird dies hauptsächlich mit dem Verweis auf wettbewerbstheoretische Argumente. Insbesondere die Theorie des monopolistischen Wettbewerbs und die Theorie der Bestreitbarkeit von Märkten sind die Basis dieses Wissensangebots. Die Kernaussage der ersten Theorie lautet, daß es unter bestimmten Umständen auch bei der Existenz eines natürlichen Monopols zu einem wettbewerbsähnlichen Marktergebnis kommen kann, nämlich dann, wenn das Potential zur Realisierung von Größenvorteilen bei der Produktion eines Produkts unter Bedingungen eines natürlichen Monopols überkompensiert wird durch eine genügend große Heterogenität der Präferenzen der Konsument/inn/en hinsichtlich der Produktwahl. Dabei wird vermutet, daß dies besonders auf Märkten mit einem hohen Innovationstempo zutrifft, wozu der gesamte Tk-Markt gezählt wird. Die Hauptaussage der Theorie der Bestreitbarkeit von Märkten, die im Zuge der Entflechtung von AT&T entstanden ist, besagt im Kern das gleiche, nämlich daß es auch bei der Existenz eines natürlichen Monopols zu wettbewerbsähnlichen Marktergebnissen kommen kann. Die Quintessenz für die Argumentation der DTAG besteht nun darin, daß nach diesen Theorien davon ausgegangen wird, daß der etablierte Anbieter, der die Vorteile des ggf. bestehenden natürlichen Monopols ausnutzen könnte, die Bedingungen und Mechanismen von Marktzutritten von neuen Konkurrenten - trotz natürlichen Monopols - kennt und sich deshalb, vor allem hinsichtlich der Preisgestaltung, so verhalten wird, daß diese gar nicht erst auf den Markt eintreten können und mithin so handelt, als gäbe es Wettbewerb. Als Folge dessen wird er sich wettbewerbskonform verhalten und nicht die Möglichkeiten, die aus der Monopolstellung erwachsen (z.B. Monopolpreissetzung), ausnutzen. Denn selbst wenn er dies täte, würden sofort Konkurrenten auftreten und seine Angebote unterbieten, worauf der etablierte Anbieter in der Weise reagieren müßte, daß er die Konkurrenzbedingungen der neuen Anbieter übernimmt oder übertrifft - was seine Monopolvorteile neutralisieren würde (vgl. dazu Klodt et al. 1995: 36-39).

Der grundsätzliche Ansatz des Regulierungsmodells, die Regulierung mit der Marktbeherrschung zu verknüpfen, wird als "systemwidrig" und als "wettbewerbsrechtlich sowie -politisch bedenklich" (DTAG 1995a: 6) kritisiert. Erstens rechtfertige das bloße Vorliegen einer marktbeherrschenden Stellung keine regulatorischen Eingriffe, sondern erst der reale Mißbrauch einer solchen Stellung. Zweitens sei das an Kundenzahl und Umsatz orientierte Kriterium der Marktbeherrschung (im relevanten Markt) untauglich, denn zum einen konnte nur das ehemalige Monopolunternehmen (also die DTAG) Umsätze erzielen und zum anderen bliebe das tatsächliche Marktmachtpotential der neu in den Markt eintretenden Unternehmen unberücksichtigt. Im Kern wird behauptet, daß das Kriterium des Marktanteils gegenüber anderen kartellrechtlichen Vorschriften, die üblicherweise für die Feststellung der Marktbeherrschung herangezogen werden, überbewertet wird. Selbst ein hoher Marktanteil, so das Fazit, "schließt einen chancengleichen und funktionsfähigen Wettbewerb nicht aus und ist somit kein hinreichendes Kriterium für die Begründung sektorspezifischer Auflagen und einer tiefgreifenden Regulierung" (DTAG 1995a: 9). Zur Begründung wird dabei auf die Theorie der Bestreitbarkeit von Märkten rekurriert, wenn ausgeführt wird: "Es ist zu beachten, daß auch die Bedrohung etablierter Anbieter durch den Marktzutritt neuer Wettbewerber zu einer wettbewerbsgerechten und damit regulatorisch unbedenklichen Preissetzung führt. Auch die dauerhafte Drohung des Marktzutritts ohne aktuellen Wettbewerb kann als Begrenzung von Spielräumen zur mißbräuchlichen Preissetzung fungieren. Die Disziplinierung der Marktteilnehmer durch drohenden Wettbewerb sollte nicht unterschätzt werden." (DTAG 1995a: 9).

Dies stellt den Grundzug der wettbewerbswissenschaftlichen und -politischen Argumentation dar, wie er innerhalb der Kleinen TKG-Koalition (am klarsten von der DTAG) vertreten wurde. Auf diese aufbauend werden dann konkrete Forderungen erhoben. Einerseits betrifft dies die Preisregulierung bei Diensten und andererseits den Komplex Netzzusammenschaltung und offener Netzzugang. Zum Punkt der Preisregulierung wird gefordert:

erstens, daß diese nur solange erfolgt, "wie der Wettbewerb noch nicht in der Lage ist, für markt- und kundengerechte Preise zu sorgen und eine mißbräuchliche Preissetzung zu unterbinden" (DTAG 1995a: 10), und weiterhin, daß ein Auslaufen der Regulierung in die Ausgestaltung der Regulierungsmaßnahmen einbezogen wird, dafür sei die Notwendigkeit weiterer Regulierung periodisch zu überprüfen;

zweitens, daß eine Kontrolle jeder einzelnen Preisänderung nicht nötig sei, da die Kontrolle des Wettbewerbsverhaltens nach dem GWB eine Tk-spezifische Kontrolle der Preise überflüssig macht;

drittens, daß, sollte es dennoch ein besonderes Verfahren geben, dieses begrenzt, transparent, berechenbar und rechtlich überprüfbar ausgestaltet werden muß und der Regulierungsbehörde kein Ermessensspielraum für eine nachträgliche Preisregulierung eingeräumt wird.

Ein spezielles Verfahren wird nicht vorgeschlagen, aber angemahnt, daß das endgültige bereits vor Abschluß des Gestzgebungsverfahrens verbindlich festgelegt und veröffentlicht werden müsse, damit dieses bereits bei der Planung von Preismaßnahmen berücksichtigt werden könnte.

Bezüglich der Zusammenschaltung und des offenen Netzzugangs gibt es drei Forderungen. Erstens sollte der Grundsatz der Vertragsfreiheit bezüglich kommerzieller und technischer Vereinbarungen Gültigkeit erhalten und explizit in das Gesetz aufgenommen werden. Zweitens seien spezielle Instrumente zum offenen Netzzugang (etwa im Rahmen der ONP-Richtlinien der EG) nicht erforderlich, da im allgemeinen Wettbewerbsrecht entsprechende rechtliche Instrumente vorgesehen sind, die einen Mißbrauch der Verfügung über Engpaßfaktoren verhindern würde. Sollte es dennoch in einer Übergangsphase Regulierungseingriffe geben, so sollten diese nur dort einsetzen, wo die DTAG oder ein anderer Betreiber, unabhängig davon, ob er als marktbeherrschend eingestuft wird, die ausschließliche Kontrolle über den Zugang zu einer nachgefragten Ressource bzw. einem Engpaßfaktor hat. Drittens sollte es für die Genehmigung der Entgelte für Zusammenschaltungen keine spezielle Preisregulierung geben. Die Festsetzung der Entgelte sollte auf beiden Seiten kostenorientiert erfolgen, wobei die vollständig verrechneten Kosten der jeweiligen Dienstleistung die Basis für die Tarifierung darstellen müssen, zudem sollte eine geographische Differenzierung der Zusammenschaltungstarife möglich sein.

2. 5. 4 Erster Referentenentwurf: eine vorläufige Festlegung

Sieht man sich den Referentenentwurf vom Juli 1995 (im folgenden als Ref-TKG zitiert) an, so läßt sich feststellen, in welcher Form zu diesem Zeitpunkt die jeweiligen Wissensangebote zu den jeweiligen "sekundären Aspekten" der TKG-Koalitionen im

Entwurf auftauchen, mithin in welche Richtung innerhalb des BMPT entschieden wurde und welche Wissensangebote akzeptiert worden sind.

Zu dem Thema Preisregulierung wird im Referentenentwurf folgendes formuliert: Alle Preise und Allgemeinen Geschäftsbedingungen für lizenzpflichtige Tk-Dienstleistungen, die von marktbeherrschenden Unternehmen festgesetzt werden, unterliegen der Kontrolle durch die Regulierungsbehörde. Es gelten die Bedingungen des § 22 GWB oder aber ein Marktanteil von mindestens 25 Prozent als Kriterium für eine marktbeherrschende Stellung. Es sind zwei Abstufungen der Regulierung in Abhängigkeit von den eingerichteten Lizenzklassen vorgesehen. Die Preise in den Lizenzklassen 1 und 2 (für Mobilfunk- und Satellitendienste), sowie die Allgemeinen Geschäftsbedingungen in allen Lizenzklassen unterliegen dem Widerspruchsrecht der Behörde. Somit kann sie diesen innerhalb einer Frist von zwei Monaten widersprechen und sie damit vom Zeitpunkt des Widerspruchs an für ungültig erklären (§ 25 i.V.m. § 30 Ref-TKG). Einer Genehmigung durch die Regulierungsbehörde dagegen unterliegen die Preise marktbeherrschender Unternehmen in den Lizenzklassen 3 und 4 (Angebot von Übertragungswegen und für Sprachtelefondienste; § 25 Ref-TKG). Diese sind erst ab dem Zeitpunkt ihrer Genehmigung gültig. Die Genehmigung gilt nur befristet und kann von der Behörde widerrufen werden (§ 27 Abs. 3 und § 28 Ref-TKG). Recht allgemein gehalten sind die Ausführungen zu der wichtigen Frage nach den Maßstäben, die bei der Durchführung der Preiskontrolle angelegt werden sollen bzw. nach denen die Regulierungsbehörde die angemeldeten Preise beurteilen könnte. Gemäß § 26 Abs. 1 Ref-TKG müssen sich die Entgelte zwar an den Kosten der effizienten Leistungserstellung orientieren, es ist aber nicht geregelt, wie dieser Vergleichsmaßstab ermittelt werden soll. Allerdings sind nach § 26 Abs. 2 Forderungen formuliert. Danach dürfen die Entgelte keine Aufschläge enthalten, welche nur aufgrund der marktbeherrschenden Stellung des Unternehmens durchsetzbar sind, aber auch keine Abschläge enthalten, die die Wettbewerbsmöglichkeiten anderer Unternehmen beeinträchtigen und dürfen schließlich einzelnen Nachfragern keine Vorteile gegenüber anderen Nachfragern einräumen, es sei denn, daß hierfür ein sachlich gerechtfertigter Grund nachgewiesen wird. Wie dies konkret beurteilt werden soll, wird indes nicht genauer bestimmt.

Vergleicht man diese Bestimmungen des Ref-TKG mit den Stellungnahmen zu den Eckpunkten, so ist feststellbar, daß die explizite Forderung der Newcomer nach einer asymmetrischen ex ante-Regulierung hinsichtlich der Preise vom BMPT erfüllt worden ist. Der Gegenvorschlag seitens der DTAG, die Kontrolle von marktbeherrschenden Unternehmen gemäß der Mißbrauchsaufsicht des GWB durchzuführen, also ein ex post-Verfahren zu wählen, wurde abgelehnt. Das hier gewählte Genehmigungsverfahren wirkt vorgreifend, da es nur die von der Behörde genehmigten Preise für zulässig erklärt. Damit wurde das Wissensangebot der Großen TKG-Koalition bezüglich der Preisregulierung vom BMPT grundsätzlich angenommen. Allerdings wurden keine seitens der Newcomer vorgeschlagenen Maßstäbe der Entgeltregulierung (s.o., S. 113ff) in den Referentenentwurf aufgenommen.

Zum Komplex Zusammenschaltung und offener Netzzugang sieht der Referentenentwurf folgendes vor: Die in § 25 Ref-TKG vorgesehenen Normen zur Preisregulierung marktbeherrschender Unternehmen werden mit § 39 Ref-TKG auch auf die Regulierung der Zusammenschaltungsentgelte übertragen. Ebenfalls gilt dieselbe Definition des Begriffs "marktbeherrschend". Der § 32 Ref-TKG sieht für diese Unternehmen eine besondere Mißbrauchsaufsicht vor. Ein marktbeherrschender Anbieter von lizenzpflichtigen Tk-Dienstleistungen hat demnach seinen Wettbewerbern den Zugang zu seinen intern genutzten und zu seinen am Markt angebotenen Leistungen zu denselben Bedingungen zu ermöglichen, die er sich selbst bei der Nutzung dieser Leistung für die Erbringung anderer Tk-Dienstleistungen einräumt, sofern die Leistungen wesentlich und nicht anderweitig am Markt verfügbar sind. Als Ausnahme darf der Anbieter nur dann ungünstigere Bedingungen, insbesondere Beschränkungen, einräumen, soweit diese "sachlich gerechtfertigt" sind. Beachtenswert ist dabei zweierlei: erstens, daß die besondere Mißbrauchsaufsicht nicht nur für Übertragungswege als Engpaßfaktor, sondern auch für jedes andere Zwischengut, das ein marktbeherrschendes Unternehmen für Erbringung von anderen Tk-Dienstleistungen einsetzt, gilt. Zweitens jedoch ist das Eingriffskriterium der besonderen Mißbrauchsaufsicht schwächer als das der allgemeinen Preisregulierung, da es sich an den Bedingungen orientiert, die sich das Unternehmen selbst einräumt, und nicht an den effizienten Kosten als Vergleichsmaßstab.

Der § 34 Ref-TKG legt die Pflicht für marktbeherrschende Unternehmen fest, eine Zusammenschaltung seines Netzes mit den Netzen anderer Unternehmen und einen Zugang anderer Nutzer zu seinem Tk-Netz zu ermöglichen. Nach § 35 Ref-TKG müssen die Zusammenschaltungsvereinbarungen auf objektiven Maßstäben beruhen, nachvollziehbar sein und gleichen Zugang zu den Tk-Netzen gewähren. Sie dürfen nur Beschränkungen enthalten, die den "grundlegenden Anforderungen" im Sinne der ONP-Rahmenrichtlinie (Rat 1990) entsprechen.

Mit dem § 34 Abs. 3 Ref-TKG wird die Bundesregierung ermächtigt, Einzelheiten der Bedingungen für die Zusammenschaltung und die Netzzugänge durch eine Rechtsverordnung ohne Zustimmung des BR zu regeln. Dies soll geschehen auf Grund von entsprechenden ONP-Richtlinien, die in Folge der ONP-Rahmenrichtlinie 1990 erlassen worden sind. Hier ist die Orientierung der Tarife an den Kosten vorgesehen (Klodt et al. 1995: 112, 116). Diese Ermächtigung kann an die Regulierungsbehörde übertragen werden. Die Behörde kann nach § 38 Ref-TKG zusätzlich entsprechende Anordnungen erlassen. Dabei ist sie lediglich an § 37 Ref-TKG gebunden, der es verbietet, die Wettbewerbsmöglichkeiten anderer Tk-Unternehmen ohne "sachlich gerechtfertigten" Grund zu beeinträchtigen. Schließlich kann die Regulierungsbehörde als Schlichtungsstelle bei der Vereinbarung von Zusammenschaltungsbedingungen angerufen werden. Sie hat nach § 38 Ref-TKG zudem das Recht, Zusammenschaltungs- und Netzzugangsbedingungen festzulegen, wenn entsprechende Vereinbarungen nicht in einer angemessenen Frist zustandekommen.

Eine funktionierende Preiskontrolle stellt in der Wettbewerbstheorie zwar eine notwendige, aber keineswegs hinreichende Bedingung für die Sicherstellung des offenen Netzzugangs bzw. der Zusammenschaltung der Netze dar. Ein Netzbetreiber kann auch mit einer nichtpreislichen Strategie versuchen, seine Konkurrenten zu behindern, z.B. mittels einer Benachteiligung bei der Durchleitung, einer schlechteren Übertragungsqualität oder mittels der Zurückhaltung wichtiger Systeminformationen. Auch auf diese möglichen Behinderungen bezieht sich die besondere Mißbrauchsaufsicht nach § 32 Ref-TKG, denn sie fordert allgemein, den Konkurrenzunternehmen die gleichen Zugangsbedingungen zu gewähren, die sich das regulierte, marktbeherrschende Unternehmen selbst gewährt. Auch in diesem Fall wird die ONP-Rahmenrichtlinie herangezogen, wenn festgelegt wird, daß Beschränkungen des Zugangs zu den Netzen nur insoweit zulässig sind, als dies den "grundlegenden Anforderungen" im Sinne der ONP-Rahmenrichtlinie entspricht. In den zugehörigen Einzelrichtlinien "werden die 'grundlegenden Anforderungen' tendenziell eng ausgelegt, so daß dem Netzbetreiber offenbar kein allzu großer diskretionärer Spielraum bleiben soll, diese Anforderungen zu seinen Gunsten zu interpretieren" (Klodt et al. 1995: 118).

Ein weiterer Punkt, der im Ref-TKG geregelt ist, betrifft die Schaffung der notwendigen Kompatibilität zwischen den Netzen. Diese soll gewährleisten, daß die Zusammenschaltung und der Netzzugang von Diensten technisch ohne Probleme möglich sind. Dies kann durch die Vorgabe von verbindlichen technischen Standards gefördert werden. Der § 33 Ref-TKG regelt die Schnittstellen für den offenen Netzzugang. Er verpflichtet in Abs.1 die marktbeherrschenden Unternehmen, die Normen einzuhalten, welche die Kommission der EG oder der EU-Rat für verbindlich erklärt haben. Zusätzlich wird der Regulierungsbehörde das Recht eingeräumt, in den Normierungsprozeß einzugreifen: Nach § 33 Abs. 3 Ref-TKG kann die Behörde den oder dem marktbeherrschenden Unternehmen auferlegen, die Einhaltung der ONP-Bedingungen in den Bereichen nachzuweisen, in denen keine europäischen Normen festgelegt sind. Wie oben dargelegt, wird die Bundesregierung nach § 34 Abs. 2 Ref-TKG ermächtigt, die Einzelheiten der Bedingungen für eine Netzzusammenschaltung und den offenen Netzzugang durch eine Rechtsverordnung ohne Zustimmungspflicht des BR zu regeln. Zu diesen Einzelheiten können auch die technischen Normen und Standards gehören (Klodt et al. 1995: 122). Nach § 38 Ref-TKG kann die Regulierungsbehörde die Bedingungen für den Netzzugang und die Zusammenschaltung festsetzen; entweder mittels Anordnung oder Schlichtung auf Antrag bzw. wenn eine Vereinbarung nicht in angemessener Form zustande kommt. Damit verfügt die Behörde über weitreichende Rechte, um den Netzzugang bzw. eine Zusammenschaltung auch gegen den Willen eines Unternehmens durchzusetzen (oder auch gegen den Willen aller Unternehmen, vgl. Klodt et al. 1995: 118). Sie besitzt in dem Zusammenhang ein Initiativrecht und einen relativ hohen Entscheidungs- und Ermessensspielraum.

Vergleicht man diese Bestimmungen des Ref-TKG mit den Stellungnahmen zu den Eckpunkten, fällt dreierlei auf. Erstens kam das BMPT der von den Newcomern explizit formulierten Forderung der Großen TKG-Koalition nach, auch in diesem Bereich eine asymmetrische Regulierung zu Lasten des marktbeherrschenden Unternehmens (sprich der DTAG) vorzusehen. Im Grundsätzlichen folgte das Ministerium also deren Vorstellungen und übernahm das zu diesem "sekundären Aspekt" gelieferte Wissensangebot. Zweitens lehnte das BMPT jedoch nicht vollständig das entsprechende Angebot seitens der DTAG ab. Zwar werden dem marktbeherrschenden Unternehmen einseitig Verpflichtungen und Gebote auferlegt, aber die konkrete Ausgestaltung der Einzelheiten, also die Aushandlung der Zusammenschaltungsvereinbarungen, werden nicht geregelt. Es wird vielmehr den Unternehmen überlassen, sich zu verständigen, auch wenn erhebliche Vorgaben gemacht werden (z.B. "objektive Maßstäbe", auf denen die Vereinbarungen beruhen müssen, und "Kompatibilitätsnormen", die eingehalten werden müssen, sowie "angemessene Fristen" für das Zustandekommen der Vereinbarungen). Darin besteht ein Unterschied zur Entgeltregulierung, denn dort greift die Regulierungsbehörde direkt und unmittelbar ein. Dies erfolgt z.T. ex ante, indem sie Genehmigungen für Preise erteilen muß, bevor diese wirksam werden. In gewisser Weise nimmt die Regulierungsbehörde hier lediglich eine Vermittlerrolle ein bzw. kann ex post als eine Schlichtungsinstanz fungieren. Drittens ist zu beachten, daß im Ref-TKG die Regulierungsbehörde ermächtigt wird, in einer Rechtsverordnung, die nicht das parlamentarische Verfahren passieren muß, die Einzelheiten und Bedingungen für Zusammenschaltung und Netzzugang zu einem späteren Zeitpunkt zu regeln. Damit wird ein zentraler Streitpunkt zwischen den exponiertesten Vertretern der TKG-Koalitionen, nämlich wie diese Einzelheiten aussehen sollen, aus dem laufenden Gesetzgebungsverfahren genommen. Das ist zum Teil der Komplexität des Problems geschuldet, andererseits dem straffen Zeitplan, dessen Zeitvorgaben eine detailliertere Ausarbeitung dieses Punktes im Gesetzestext verhindern würden. Schließlich steht dahinter die Absicht, den Streitpunkt in eine andere Arena zu verlagern: die DTAG und ihre Konkurrenten sollen in vom BMPT moderierten Verhandlungen eine Einigung erzielen (vgl. Abschnitt 2.6).

2. 5. 5 Zweite Phase der Kommentierung: Konkretisierung, Zustimmung und Kritik

Nachdem mit dem Ref-TKG ein erster Entwurf des Gesetzestextes vorlag, erfolgte die zweite Runde der schriftlichen Kommentierung. Die hier herangezogenen Stellungnahmen bezogen sich dann konkret auf einzelne Paragraphen. Es wurden Vorschläge zur Verbesserung bzw. Ergänzung, Forderungen und Kritik geäußert. Diese fußen wesentlich auf den oben analysierten Stellungnahmen zu den Eckpunkten, konkretisieren diese an einigen Punkten und verleihen einzelnen Punkten Nachdruck. Die zum Abschnitt "Regulierung marktbeherrschender Anbieter" (Dritter Teil Ref-TKG), in dem sowohl die Themen Entgeltregulierung als auch Zusammenschaltung und Netzzugang behandelt werden, abgegebenen Kommentare beinhalten folgende Punkte.

Zum Thema Entgeltregulierung wird von seiten der Newcomer (als exponierteste Vertreter der Großen TKG-Koalition) gefordert, daß die Änderungsgeschwindigkeit einzelner Tarife von der Regulierungsbehörde beschränkt werden können sollte; des weiteren sollte die Behörde das price cap-Verfahren anwenden und dabei die Maßgrößen, innerhalb derer Entgelte gebildet werden können, vorgeben können (vgl. zu dem price cap-Verfahren Klodt et al. 1995: 104-108, Neu 1995: 3ff). Bezugspunkt ist dabei § 26 Ref-TKG.

Die Position der DTAG steht konträr dazu. Sie stellt Forderungen, die sich allgemein gegen die asymmetrische ex ante-Entgeltregulierung und speziell gegen einzelne Paragraphen richten. Auch hier wird auf die negativen Konsequenzen für das Unternehmen hingewiesen: "Anknüpfungspunkt für eine Entgeltregulierung kann nur der tatsächliche Mißbrauch von Marktmacht sein. Dies kann nur ex post erfolgen. Einem Mißbrauch einer marktbeherrschenden Stellung kann allein durch die konsequente Anwendung des geltenden deutschen und europäischen Wettbewerbsrechts Einhalt geboten werden. Darüber hinausgehende Eingriffe sind kontraproduktiv und beschneiden den Handlungs- und Reaktionsspielraum insbesondere der Deutschen Telekom AG." (DTAG 1995b: 12). Die auf diesem Wissensangebot basierenden konkreten Forderungen lauten:

1. bezüglich § 25 Ref-TKG, daß es keine Ausweitung der Genehmigungs- und Widerspruchsrechte geben soll;

2. bezüglich § 26 Ref-TKG, daß es eine Orientierung der Entgelte an den Kosten der effizienten Leistungsbereitstellung nicht geben sollte, sondern der Mechanismus von Angebot und Nachfrage die Preise bestimmen sollen, wozu auch gehört, daß Preise sich kurzfristig ändern können;

3. bezüglich § 27 Ref-TKG, daß die vorgesehene Dauer für das Genehmigungsverfahren mit maximal fünf Monaten entschieden zu lang ist, das Verfahren also wesentlich gestrafft werden müßte (dies wird auch in Bezug auf § 30 Ref-TKG [33] verlangt) und daß Genehmigungen nicht befristet erteilt werden sollten;

4. bezüglich § 28 Ref-TKG, daß die Möglichkeit der Regulierungsbehörde, bereits erteilte Genehmigungen für Entgelte zu widerrufen, entfallen muß;

5. bezüglich § 31 Ref-TKG, daß die dort formulierten, weitreichenden Anordnungsmöglichkeiten für die Regulierungsbehörde im Rahmen der Entgeltgenehmigung stark eingeschränkt werden sollten.

Zu den Paragraphen, die das Thema Zusammenschaltung und Netzzugang regeln, wurden detaillierte Vorschläge und Forderungen seitens der Newcomer unterbreitet.

Bezüglich des § 32 Ref-TKG sollte die besondere Mißbrauchsaufsicht marktbeherrschender Anbieter ausgedehnt werden, insbesondere auf die Entbündelung von Leistungen, den Zugang von Wettbewerbern zu Kundeninformationen, den Zugang von Wettbewerbern zu Netzsteuerinformationen und die Untersagung wettbewerbswidriger Kampfpreise zur Verdrängung von Wettbewerbern (vgl. RWE Telliance 1995b: 10).

---

[33] Dies betrifft das Widerspruchsverfahren für die Entgelte, die nicht der vorherigen Genehmigung unterliegen.

Bezüglich des § 33 Ref-TKG müßten zudem die Rechte neuer Anbieter im Zusammenhang mit Schnittstellen für den offenen Netzzugang, für die es nur wenig feste Normen gibt, klarer und weitgehender begründet werden. Bezüglich des § 34 Ref-TKG sollte es weiterhin eine Zugangsverpflichtung, die einen Kontrahierungszwang darstellt, nur für marktbeherrschende Anbieter von lizenzpflichtigen Tk-Dienstleistungen geben. Des weiteren wird verlangt, daß in Anlehnung an die diesbezügliche Regulierung von AT&T nach deren Entflechtung die neuen Wettbewerber einen tariflichen Ausgleich erhalten, wenn, insoweit und so lange sie nicht den gleichen Zugang zum Netz des marktbeherrschenden Unternehmens haben wie dieses selbst (vgl. RWE Telliance 1995b: 10).

Die Regulierungsbehörde müßte darüber hinaus bezüglich des § 35 Ref-TKG eine aktive Rolle bei den Vereinbarungen über Netzzusammenschaltung einnehmen. Zu diesem Zweck sollte sie einen verbindlichen Rechtsrahmen für Verhandlungen setzen können. Diese sollte sich auch auf die Preissetzung beziehen, wobei die Leistungen des marktbeherrschenden Netzbetreibers ausschließlich auf der Basis der relevanten und effizienten Kosten (long run incremental costs, vgl. dazu oben die Stellungnahmen zu den Eckpunkten, S. 114) abgerechnet werden dürfen.

Schließlich müßten bezüglich des § 38 Ref-TKG neue Marktteilnehmer vor Benachteiligungen durch dominante Unternehmen bei der Zusammenschaltung geschützt werden, das heißt alle Bedingungen von Netzzusammenschaltungen nach § 34 Ref-TKG sollten der Regulierung durch die Behörde unterworfen werden, die Funktion der Regulierungsbehörde als Schiedsstelle müßte mithin konkretisiert werden. Es wird gefordert, daß die Behörde durch Vorgaben ex ante einen Rahmen für die Zusammenschaltungsvereinbarungen setzen können sollte. Bereits nach wenigen Wochen soll die Behörde bei einem Scheitern der Verhandlungen Anordnungen treffen. Begründet wird diese Forderung ausdrücklich damit, daß der Faktor Zeit bei der Zusammenschaltung eine bedeutende Rolle spielt, daß heißt je länger die Verhandlungen dauern, desto größer ist der wirtschaftliche Nachteil für diejenigen Marktteilnehmer, die auf die Zusammenschaltung angewiesen sind.

Auch zu diesem Komplex waren die Auffassungen der Kleinen TKG-Koalition konträr zu den eben dargestellten. Am deutlichsten wird dies bei der Kritik und den Forderungen, die die DTAG in ihrer Stellungnahme zum Referentenentwurf vorlegt. Deren generelle Kritik lautet, daß der Ref-TKG "nur bedingt auf die Kräfte des Marktes (setzt). Das vom BMPT modellierte Konzept einer tiefgreifenden, asymmetrischen und unbefristeten Regulierung sollte deshalb in einigen entscheidenden Punkten marktkonformer gestaltet werden. Liberalisierung und Deregulierung müssen den gleichen Stellenwert haben." (DTAG 1995b: 1). Alle Marktteilnehmer sollten unter gleichen Rahmenbedingungen agieren können. Ein "regulatorischer Schutzschirm" für wettbewerbsstarke Konkurrenten wird abgelehnt. Alle wesentlichen regulatorischen Parameter und Maßnahmen sollten im Namen der Planungssicherheit im Gesetz verankert werden und nicht auf nachfolgende Rechtsverordnungen verlagert werden. Im einzelnen wird gefordert, daß bezüglich § 32 Ref-TKG eine extreme Entbündelung der Leistungen, zu denen der marktbeherrschende Anbieter den Zugang ermöglichen muß, unterbleiben sollte. Zusätzlich wird angemahnt, daß mit diesem Paragraphen die Standortvorteile der DTAG (bezüglich bestimmter Leistungen) nicht neutralisiert werden sollten, wenn gleichzeitig diejenigen der Wettbewerber erhalten blieben. Des weiteren wird bezüglich § 33 Ref-TKG verlangt, daß alle Anbieter von lizenzpflichtigen Tk-Dienstleistungen - und nicht nur die marktbeherrschenden - die in dem Paragraphen angesprochenen Normen einhalten müssen.

Es wird außerdem bezüglich § 34 Ref-TKG vorgeschlagen, daß die Zusammenschaltungspflicht für alle Anbieter gelten sollte und nicht allein für den marktbeherrschenden; zudem wird eine klare Trennung der Regelungen bezüglich der Zusammenschaltung von Netzen einerseits und dem Zugang zu Tk-Netzen andererseits gefordert. Zudem sollten die Rechtssetzungsbefugnisse der Regulierungsbehörde eingeschränkt werden.

Des weiteren wird bezüglich § 35 Ref-TKG angemahnt, daß der Grundsatz der Vertragsfreiheit für die Zusammenschaltungsvereinbarungen kodifiziert werden muß, das heißt diese Vereinbarungen sollten als gegenseitige Verträge über Leistungsaustauschbeziehungen verstanden werden und mithin zwischen den Vertragspartnern frei ausgehandelt werden können. Zudem wird die Aufnahme des Grundsatzes der Reziprozität eingefordert: "Neben der Pflicht zur Zusammenschaltung muß auch allen lizenzierten Telekommunikationsnetzbetreibern ein Recht auf Zusammenschaltung gesetzlich gewährt werden. Durch grundsätzlich gleiche Rechte und Pflichten für alle Betreiber muß der gesetzliche Rahmen geschaffen werden, der letztlich erforderlich ist, damit kommerzielle Verhandlungen über Zusammenschaltungen tatsächlich erfolgreich sein können." (DTAG 1995b: 16f).

Schließlich wird bezüglich § 39 Ref-TKG gefordert, daß die Preise für Zusammenschaltungen grundsätzlich auf kommerzieller Basis zwischen den Vertragsparteien ausgehandelt werden sollten; ein regulatorischer Eingriff sollte nur erfolgen, sofern ein ausschließlicher Besitz von Engpaßfaktoren vorliegt und nur wenn keine alternativen Angebote zu diesen Engpaßfaktoren bestehen und der Wettbewerber nicht in der Lage ist, den Engpaß mit "vertretbarem Aufwand" selbst zu beseitigen (ein solcher Engpaßfaktor wäre z.b. der unmittelbare Zugang eines Anbieters zu seinen Endkunden auf Ortsnetzebene).

2. 6 Der Gesetzesentwurf: Kompromisse und Festlegung des künftigen Regulierungsrahmens

Der von der Regierung und den oben genannten Fraktionen gemeinsam in das parlamentarische Verfahren eingebrachte Entwurf des TKG (BT 1996a: 1-84; im folgenden als TKG-E zitiert) und dessen Begründung (BT 1996a: 85-146; im folgenden TKG-B genannt) spiegeln die endgültigen Entscheidungen (vor der parlamentarischen Beratung) wider. Diese betreffen die Architektur des Gesetzes, aber auch die strittigen Themen. Es läßt sich anhand des TKG-E und seiner Begründung feststellen, erstens welche grundsätzliche Ausrichtung in Hinblick auf die Frage nach dem Regulierungsmodell (symmetrisch - asymmetrisch; ex ante - ex post) dem TKG zu eigen sein soll, und zweitens, wie bezüglich der oben behandelten Kernpunkte die Entscheidungen getroffen worden sind. Das heißt, es läßt sich verfolgen, welche jeweiligen Wissensangebote durchgesetzt werden konnten, an welchen Stellen es politische Kompromisse gibt und welche Streitpunkte (noch) nicht abschließend entschieden worden sind. Diesen Aspekten soll nun in Hinblick auf die Elemente "Regulierung marktbeherrschender Unternehmen" (Dritter Teil TKG-E) und "Offener Netzzugang und Zusammenschaltungen" (Vierter Teil TKG-E) nachgegangen werden.[34]

Im Ergebnis läßt sich sagen, daß der asymmetrische Regulierungsansatz, den das BMPT schon mit den Eckpunkten andeutete und mit dem Ref-TKG formulierte, grundsätzlich erhalten geblieben ist. An einigen, wesentlichen Stellen gab es jedoch Abmilderungen. Diese stellen im wesentlichen den gefundenen Kompromiß zwischen den TKG-Koalitionen dar. Dieser ist auch auf der parlamentarischen Ebene innerhalb

---

[34]   Im TKG-E werden auch die wesentlichen Begriffe bestimmt. "Telekommunikation" wird verstanden als "der technische Vorgang des Aussendens, Übermittelns und Empfangens von Nachrichten jeglicher Art in Form von Zeichen, Sprache, Bildern oder Tönen mittels Telekommunikationsanlagen" (§ 3 Nr. 13 TKG-E); "Telekommunikationsanlagen" sind im Sinne des TKG-E "technische Einrichtungen oder Systeme, die als Nachrichten identifizierbare elektromagnetische oder optische Signale senden, übertragen, vermitteln, empfangen, steuern oder kontrollieren können" (§3 Nr. 14 TKG-E).

der oben genannten Interfraktionellen Gesprächsrunde ausgehandelt worden. Eine sehr bedeutende Abmilderung besteht darin - und damit wurde einer Forderung der DTAG Rechnung getragen - daß der Begriff der Marktbeherrschung nunmehr im gesamten TKG-E inhaltsgleich mit dem ansonsten im Wettbewerbsrecht verwendeten Begriff des GWB ist. Damit wurde der Vermutungstatbestand, wonach ein Unternehmen auch dann als marktbeherrschend gilt, sobald es über einen Marktanteil von mindestens 25 vH. verfügt, aufgehoben.

Bezüglich der Entgeltregulierung als einem der zentralen Elemente der Regulierung marktbeherrschender Anbieter sehen die Vorschriften des TKG-E eine Regulierung der Preise in abgestufter Intensität vor. Tarife für Tk-Dienstleistungen, die heute ausschließlich von der DTAG angeboten werden - öffentlicher Sprachtelefondienst[35] und Übertragungswege - sind (von den auf dem jeweiligen sachlich und räumlich relevanten Markt) marktbeherrschenden Anbietern vor Markteinführung zur Genehmigung der Regulierungsbehörde vorzulegen. Die Tarife für alle übrigen Tk-Dienstleistungen, die von marktbeherrschenden Unternehmen gefordert werden, unterliegen dagegen nach ihrer Markteinführung der Kontrolle der Regulierungsbehörde, wenn sich Anhaltspunkte für eine mißbräuchliche Ausnutzung der marktbeherrschenden Stellung ergeben.

Der § 23 TKG-E legt die Maßstäbe der Entgeltregulierung fest. Hierbei änderte sich nichts Wesentliches im Vergleich zum Ref-TKG (§ 26 Ref-TKG). Grundsätzlich wird der Forderung der Großen TKG-Koalition entsprochen, denn die Kosten der effizienten Leistungsbereitstellung sind als Ausgangspunkt bestimmt worden (§ 23 Abs. 1 TKG-E). Dies hat eine getrennte Rechnungslegung für die preisregulierten Dienste zur Folge. Die Entgelte sind anhand von drei Kriterien zu prüfen: sie dürfen nicht mißbräuchlich hoch, niedrig oder diskriminierend sein. Im wesentlichen entsprechen diese Kriterien den Beurteilungsmaßstäben des GWB. Sie gehen aber darüber hinaus, indem im TKG-E keine Wesentlichkeitsschwelle genannt worden ist, ab der ein Mißbrauch vorliegt. Dies folgt den Vorschlägen der Großen TKG-Koalition, insbesondere der Newcomer, insofern "hier nicht nur der Schutz des Wettbewerbs als Institution, sondern auch der der Wettbewerber strenger gefaßt (ist) als im GWB, denn wegen der

---

[35]   Verstanden wird dies als "die gewerbliche Bereitstellung für die Öffentlichkeit des direkten Transports und der Vermittlung von Sprache in Echtzeit von und zu den Netzabschlußpunkten des öffentlichen, vermittelnden Netzes, wobei jeder Benutzer das an solch einem Netzabschlußpunkt angeschlossene Endgerät zur Kommunikation mit einem anderen Netzabschlußpunkt verwenden kann" (§ 3 Nr. 12 TKG-E).

noch besonderen Marktstruktur auf dem Telekommunikationsmarkt kommt dem Schutz des Marktzutritts und den Wettbewerbsmöglichkeiten der neuen Unternehmen besondere Bedeutung zu; eine 'wesentliche' Behinderung der Wettbewerbsmöglichkeiten dürfte in der Anfangsphase des Wettbewerbs bedeuten, daß der Marktzutritt für neue Unternehmen (wirtschaftlich) unmöglich wird." (BT 1996a: 109f). Gerade in der Begründung spiegelt sich das Wissensangebot der Newcomer besonders deutlich wider, wohingegen die Argumentation der DTAG zu diesem "sekundären Aspekt" verworfen worden ist. Insbesondere ist mit der Preisregulierung vorausgesetzt, daß Marktbeherrschung (der DTAG) besteht (BT 1996a: 110). Dies fußt auf der Einschätzung, daß sich nur allmählich etwas an der überragenden Marktstellung der DTAG nach dem 1.1.1998 ändern wird und die ex post-Mißbrauchsaufsicht auf Grundlage des GWB auf absehbare Zeit nicht ausreichend erscheint. Im Kern soll verhindert werden, daß die DTAG - als das dominante Unternehmen - die Kunden durch hohe Preise auf Teilmärkten mit niedriger Preiselastizität der Nachfrage[36] ausbeutet, um auf anderen Teilmärkten durch systematische Preisunterbietung, durch die sie ihre effizienten Kosten nicht decken würde, Wettbewerb zu beeinträchtigen, also Wettbewerber vom Markt fernzuhalten.

Die Einzelheiten der Entgeltregulierung werden in den §§ 24-31 TKG-E festgelegt. Ebenso wie im Ref-TGK wird im TKG-E nicht konkret ausgeführt, welches Verfahren der Preisregulierung - hier nun: Genehmigung einzelner Entgelte oder price cap-Regulierung (vgl. § 26 Abs. 1 TKG-E) - die Behörde anzuwenden hat. Im Gegensatz zum Ref-TKG enthält der TKG-E jedoch eine Ermächtigung, mit der es der Bundesregierung ermöglicht wird, in einer Rechtsverordnung, die nicht der Zustimmung des BR bedarf, die einzelnen Genehmigungsarten näher zu regeln und festzulegen, unter welchen Voraussetzungen welches der beiden Genehmigungsverfahren anzuwenden ist[37] (§ 26 Abs. 4 TKG-E). Viele der umstrittenen Einzelheiten der Entgeltregulierung, z.B. welche Kostendaten das regulierte Unternehmen vorzulegen hat und wie deren entgeltgenehmigungsrelevante Kostenrechnung auszusehen hat, bleiben also ungeklärt. Mit einem konkreten Entwurf für diese Verordnung wird erst nach der Verabschiedung

---

[36]   Dies bedeutet, daß die Kund/inn/en diesen Preisen nicht oder fast nicht ausweichen können, sie also akzeptieren müssen.

[37]   Daß das price cap-Verfahren in den TKG-E aufgenommen worden ist, verdankt sich insbesondere der Initiative des BMWi (BMWi 1995b: 12; Interview Nr. 1). Tatsächlich findet sich dieser Punkt inklusive der Ermächtigung zu einer späteren Rechtsverordnung erst nach der Ressortabstimmung im Dezember 1995 im Entwurfstext wieder (BMPT 1995e: 29).

des TKG-E durch die gesetzgebenden Körperschaften zu rechnen sein (telefonische Auskunft des BMPT, 2.5.1996). Damit sind die strittigen Punkte aus dem parlamentarischen Einflußbereich genommen worden und gleichzeitig wird der Handlungsspielraum der künftigen Regulierungsbehörde erhöht.

Beachtenswert ist dabei, daß bei der Preisregulierung einige Zugeständnisse an die DTAG im TKG-E vorgesehen sind, mithin zumindest die partielle Beachtung ihres Wissensangebots. Ein erstes Zugeständnis besteht darin, daß die Intensität der Entgeltregulierung insofern abnimmt, als daß sich die ex ante-Regulierung von Preisen, das heißt deren Genehmigung vor Markteinführung (dies betrifft das Angebot von Übertragungswegen und Sprachtelefondienst im Rahmen der - unverändert gebliebenen - Lizenzklassen 3 und 4 nach § 6 TKG-E), lediglich auf den Ausschluß des Preishöhenmißbrauchs erstreckt. Eine ex post-Regulierung setzt erst dann ein, wenn genehmigungspflichtige Entgelte nicht den anderen beiden Kriterien - nicht mißbräuchlich niedrig bzw. diskriminierend zu sein - genügen. Diese Entgelte können nachträglich überprüft (und für unwirksam erklärt) werden, falls Tatsachen oder hinreichende Hinweise darüber vorliegen, daß die Kriterien nicht eingehalten werden (§ 29 TKG-E). Diese Beschränkung der ex ante-Genehmigung auf den Preishöhenmaßstab hätte für die DTAG (bzw. den regulierten Anbieter) "den Vorteil, daß der Eingriff in ihre preispolitische Dipositionsfreiheit so klein wie möglich gehalten werden kann." (BT 1996a: 112).

Das zweite, mit dem ersten verknüpfte Zugeständnis stellt die im Vergleich zum Ref-TKG kürzere Frist dar, in der die Regulierungsbehörde die genehmigungspflichtigen Entgelte genehmigen muß. Nach § 27 Abs. 2 TKG-E entscheidet die Behörde nach maximal zehn Wochen (statt zuvor fünf Monaten nach § 27 Ref-TKG) über Entgeltanträge. Ein drittes, wesentliches Zugeständnis in diesem Zusammenhang besteht darin, daß im TKG-E festgelegt ist, daß die asymmetrische Preisregulierung periodisch durch eine Sachverständigenkommission überprüft werden soll. Im Rahmen der Tätigkeitsberichterstattung ist die Regulierungsbehörde dazu verpflichtet, alle zwei Jahre den Bericht der Monopolkommission vorzulegen, die das Erfordernis einer Entgeltregulierung am Maßstab der Wettbewerbsentwicklung bewerten soll (§ 78 TKG-E, vgl. BT 1996a: 131).

Bezüglich des Komplexes "Offener Netzzugang und Zusammenschaltungen" gelten auch hier die Kriterien des GWB zur Feststellung der Marktbeherrschung (§ 32 TKG-E). Allerdings - und das ist ein erheblicher Unterschied zum Ref-TKG - ist eine asymmetrische Regulierung marktbeherrschender Unternehmen nur in zwei Punkten vorgesehen: bei der besonderen Mißbrauchsaufsicht sowie den Schnittstellen für einen offenen Netzzugang (§§ 32, 33 TKG-E) und bei den Entgelten für die Zusammenschaltung (§ 39 TKG-E).

Bei der ersten Bestimmung handelt es sich um eine "spezialgesetzliche Ergänzung zu dem allgemeinen Diskriminierungsverbot, das in den §§ 22, 26 des Gesetzes gegen Wettbewerbsbeschränkungen (GWB) verankert ist" (BT 1996a: 116). Als Grundsatz gilt die Regel, daß ein marktbeherrschender Anbieter sich selbst bei der Erbringung von Tk-Dienstleistungen[38] jedweder Art nur solche Bedingungen technischer, betrieblicher oder ökonomischer Art einräumen darf, die er auch Wettbewerbern einzuräumen bereit ist ("interne Behandlung gleich externe Behandlung"). Laut TKG-B ist auch der Grundsatz der Entbündelung des Leistungsangebotes, wie ihn die Newcomer forderten und die DTAG ablehnte, zu berücksichtigen, denn: "Zukünftiger Wettbewerb auf der Ebene nicht lizenzpflichtiger Telekommunikationsdienste kann andernfalls nicht stattfinden." (BT 1996a: 116). Die von den Newcomern mit Nachdruck geforderte Entbündelung (vgl. bspw. auch AT&T 1995a) ist im geänderten § 41 TKG-E (Kundenschutzverordnung) vorgesehen. Dieser wurde im Vergleich zum Ref-TKG zudem dahingehend abgewandelt, daß nunmehr allgemein auch für Vertragsabschluß und für die Verträge selbst die Richtlinien des ONP-Konzepts der EG Anwendung finden sollen. Bedeutsam ist auch, daß die Regulierungsbehörde einem markt-beherrschenden Unternehmen nicht nur ein Verhalten untersagen, sondern auch auferlegen kann. Dies gilt insbesondere für die Bedingungen des Netzzugangs. Mißbrauch wird immer dann vermutet, wenn sich der marktbeherrschende Anbieter nicht an den oben genannten Grundsatz der Gleichbehandlung hält. Das Eingriffskriterium der besonderen Mißbrauchsaufsicht ist allerdings schwächer als das der allgemeinen Entgeltregulierung, "da es sich nicht an den effizienten Kosten als Vergleichsmaßstab für die Preise orientiert, sondern an den Bedingungen, die sich das Unternehmen selbst einräumt" (Klodt et al. 1995: 112).

Bei der zweiten Bestimmung über die Entgelte für die Zusammenschaltung wird klargestellt, daß die Zusammenschaltungsentgelte, die ein marktbeherrschender Anbie-

---

[38]   Dies ist das gewerbliche Angebot von Telekommunikation einschließlich des Angebots von Übertragungswegen für Dritte (§ 3 Nr. 15). Daneben sieht der Entwurf Tk-Dienstleistungen für die Öffentlichkeit vor, diese sind das "Angebot von Telekommunikation einschließlich des Angebots von Übertragungswegen für beliebige natürliche oder juristische Personen und nicht lediglich die Teilnehmer geschlossener Benutzergruppen" (§ 3 Nr. 16).

ter verlangt, einer Entgeltregulierung unterliegen, für die die oben dargelegten Vorschriften zur Preisregulierung entsprechend gelten (§ 39 TKG-E). Hier gab es keine wesentliche Änderung zum Ref-TKG. Ein Zugeständnis an die Kleine TKG-Koalition und besonders an die DTAG besteht in der symmetrischen Behandlung der Anbieter öffentlicher Tk-Netze[39] hinsichtlich der Zusammenschaltungspflicht. War diese nach § 34 Ref-TKG nur marktbeherrschenden Anbietern auferlegt, so enthält der § 34 TKG-E eine allgemeine Zusammenschaltungspflicht für sämtliche Anbieter öffentlicher Netze ungeachtet ihrer Marktstellung. Jeder Anbieter eines öffentlichen TK-Netzes hat zudem den Zugang anderer Nutzer (also Konkurrenten) zu seinem Netz zu ermöglichen. Ebenso wie im Falle des konkreten Verfahrens der Preisregulierung marktbeherrschender Unternehmen werden allerdings die konkreten Einzelheiten der Bedingungen für Zusammenschaltungen und Netzzugänge nicht im TKG-E präzisiert. Stattdessen findet sich in § 34 Abs. 4 TKG-E eine Ermächtigung. Danach kann die Bundesregierung durch eine Rechtsverordnung, die nicht der Zustimmung des BR bedarf, die Einzelheiten der Bedingungen für Zusammenschaltungen und Netzzugänge regeln. Sie hat sich dabei nach den entsprechenden ONP-Richtlinien der EG zu richten.

Eine weitere Bestimmung befaßt sich mit Zusammenschaltungsvereinbarungen. Dabei läßt sich feststellen, daß seitens des BMPT ein Kompromiß zwischen den beiden TKG-Koalitionen und ihren jeweiligen Wissensangeboten angestrebt worden ist. Einerseits wird in § 35 TKG-E ein verbindlicher gesetzlicher Rahmen festgelegt, den die Anbieter öffentlicher Tk-Netze bei Zusammenschaltungsvereinbarungen beachten müssen. Dieser Rahmen richtet sich nach den Feststellungen der ONP-Rahmenrichtlinie des Europäischen Rates (Rat 1990). Andererseits sind keine Fristen für das Zustandekommen dieser Vereinbarungen vorgesehen. Zwar kann die zukünftige Regulierungsbehörde nach § 38 TKG-E, der im wesentlichen der entsprechenden

---

[39]   Ein solches öffentliches Netz ist im Sinne des Entwurfs "die Gesamtheit der technischen Einrichtungen (Übertragungswege, Vermittlungseinrichtungen und sonstige Einrichtungen, die zur Gewährleistung eines ordnungsgemäßen Betriebs des Telekommunikationsnetzes unerläßlich sind), an die über Anschlußeinrichtungen Endeinrichtungen angeschlossen werden und die zur Erbringung von Telekommunikationsdienstleistungen für die Öffentlichkeit dient" (§ 3 Nr. 9 TKG-E). Im Unterschied zum "öffentlichen Tk-Netz" wird im TKG-E ein "Tk-Netz" als Gesamtheit der technischen Einrichtungen verstanden, die "zur Erbringung von Telekommunikationsdienstleistungen oder zu nichtgewerblichen Telekommunikationszwecken dient" (§ 3 Nr. 18 TKG-E) und Dritten nicht zugänglich sein muß. Diese Unterscheidung ermöglicht die unterschiedliche regulatorische Behandlung von privaten und öffentlichen Netzen.

Vorschrift des Ref-TKG entspricht, als Schlichtungsstelle angerufen werden, sofern im Einzelfall eine Vereinbarung nicht zustandekommt, obwohl einer der Betreiber eine solche verlangt. Sie kann dann Anordnungen erlassen, das heißt die technischen, betrieblichen und wirtschaftlichen Bedingungen für Zusammenschaltungen und Netzzugänge setzen (nach Maßgabe des § 35 TKG-E [40]). Aber zugleich ist festgelegt, daß kommerzielle Vereinbarungen zwischen den Parteien Vorrang haben (TKG-B: 34). Damit wird der Forderung der DTAG teilweise entsprochen, wenn auch nicht gänzlich, denn erstens wird der Grundsatz der Vertragsfreiheit nicht kodifiziert, zweitens bleibt es der Regulierungsbehörde vorbehalten, regelnd tätig zu werden, falls eine Zusammenschaltungsvereinbarung nicht zustande kommt, und drittens unterliegen die Entgelte für Zusammenschaltungen, die von marktbeherrschenden Anbietern verlangt werden, einer Regulierung.

Abschließend ist zu betonen, daß die Komplexität des Problems einer optimalen Regulierung bezüglich des Ziels eines offenen Netzzugangs und der Zusammenschaltung, obwohl oder gerade weil es ein überaus wichtiges Element zur Herstellung des Wettbewerbs in der Tk darstellt (vgl. Klodt et al. 1995: 40-49, 62-68), nicht im TKG-E aufgelöst worden ist. Eine endgültige Festlegung entsprechender Regulierungsinstrumente wurde vermieden. Stattdessen setzt das BMPT darauf, daß die zukünftigen Wettbewerber und die DTAG ein genügend starkes Interesse haben werden, sich über die Bedingungen der Zusammenschaltung und der Netzzugänge zu einigen.[41] Die Kontrahenten sollen sich zusammensetzen und einen Kompromißvorschlag erarbeiten, den sie dem BMPT unterbreiten. Die entsprechende Rechtsverordnung wird erarbeitet im Zuge einer Kooperation zwischen der DTAG einerseits, den Newcomern andererseits und dem BMPT als Moderator (Interviews Nr. 5, 14, 16). Damit soll der Informationsvorsprung, den die DTAG z.B. bezüglich der Integrität ihres Netzes oder der Interoperabilität der Dienste auf ihrem Netz besitzt, ausgeglichen werden, indem das Fachwissen der Newcomer, die ja zum Teil mit international tätigen Tk-

---

[40]   Dieser benennt Kriterien für Zusammenschaltungsvereinbarungen. Diese müssen demnach auf objektiven Maßstäben beruhen, nachvollziehbar sein und gleichen Zugang zu den Tk-Netzen gewähren.

[41]   Für das Vorhandensein eines Interesses auf seiten der DTAG spricht, daß ihre Netze nach erfolgreichen Vereinbarungen mit den Konkurrenten durch neue Angebote anderer Diensteanbieter besser ausgelastet würden - wovon die DTAG wirtschaftlich profitieren würde, da sie Entgelte von den Nachfragern ihrer Netzkapazitäten bekäme. Es sind denn auch schon zwei konkrete Vorschläge für eine Zusammenschaltungsverordnung dem BMPT vorgelegt worden: eine von der DTAG und eine andere vom VTM.

Unternehmen verbunden sind, für die Ausgestaltung der Rechtsverordnung genutzt wird. Die auf dieser Verordnung basierenden Vertragsverhandlungen zwischen den Anbietern werden später dann unter der Voraussetzung geführt, daß ggf. die Regulierungsbehörde regulierend, das heißt Bedingungen setzend, eingreifen kann. Mit einer Verschiebung der Festlegung der konkreten Einzelheiten von Zusammenschaltungen und Netzzugängen, insbesondere von technischen Normen und Anforderungen zur Gewährleistung der Kompatibilität zwischen Netzen, konnte somit Zeit gewonnen werden. Es könnte mit diesem Verfahren auch das Problem der in diesem Bereich starken Informationsasymmetrie zwischen reguliertem Unternehmen - sprich der DTAG - und der Regulierungsbehörde abgeschwächt werden.

Neben diesen Kernelementen, die auf der sog. "sachlichen Ebene" umkämpft waren, enthält der TKG-E weitere wesentliche Elemente, die Gegenstand des Aushandlungsprozesses in der parlamentarischen Arena waren. Die Verhandlungsergebnisse zum Ref-TKG wurden im wesentlichen in einer "Politischen Vereinbarung zum neuen Telekommunikationsgesetz und zu den Grundsätzen der Lizenzierung" (BMPT 1995i) festgelegt. Sie lassen sich größtenteils im TKG-E wiederfinden.

Grundsätzlich wurde in der Vereinbarung der Grundsatz der Liberalisierung mit dem Ziel, Wettbewerb auf dem Tk-Markt zu schaffen, bekräftigt. Um dieses Ziel zu erreichen, werden bundesweite Konkurrenten zur DTAG als notwendig erachtet. Gleichzeitig ist vereinbart worden, die zu vergebenden Lizenzen quantitativ nicht zu begrenzen, es sei denn bei Knappheit an notwendigen Frequenzen. Die Bedeutung spezieller Frequenzen für den drahtlosen Kundenzugang insbesondere im Ortsnetz wird als Wettbewerbsvoraussetzung hervorgehoben (BMPT 1995i: Punkt 3). Es wird davon ausgegangen, daß diese Frequenzen in Ballungsräumen (Gebiete mit hoher Tk-Dichte) eine nur begrenzt verfügbare Ressource darstellen (BMPT 1995i: Punkt 4). In den nächsten Punkten ist der wesentliche Kompromiß zwischen den Parteien enthalten. Diesem liegen zwei Positionen zu jeweils zwei Themen zugrunde: Sicherstellung des Grundversorgungsauftrags mittels der Erbringung von Universaldienstleistungen und die (räumliche) Aufteilung des Marktes. Auf der einen Seite bestand die Ausgangsposition der Regierungskoalition darin, weder die Lizenzgebiete und damit eine zahlenmäßige Einschränkung der Lizenzen im Gesetz vorzugeben, noch die Universaldienstleistungen über einen minimalen Umfang hinaus festzulegen. Auf der anderen Seite gab es die Forderung der SPD-Fraktion, einerseits die Lizenzgebiete unter bestimmten Voraussetzungen, wie Infrastrukturauftrag und fairer Wettbewerb, im TKG festzulegen (wobei sie auf der Linie einiger Bundesländer, insbesondere Bayern und NRW, lag), andererseits einen höherwertigen Universaldienst (nicht lediglich analoger Sprachtelefondienst) vorzusehen, dessen Umfang darüber hinaus im Nachherein der technischen Entwicklung angepaßt werden sollte. Der Kompromiß besteht nun darin, daß, eingedenk der hohen Bedeutung der oben genannten Frequenzen und deren vermuteter Knappheit, die Vergabe von Lizenzen mit der Frage nach dem Tätigkeitsgebiet der Anbieter, die eine Lizenz benötigen, sowie mit der Frage des Universaldienstes verknüpft wird. Es ist vorgesehen, daß vorrangig diejenigen Lizenznehmer entsprechende Frequenzen zugeteilt bekommen, die als bundesweite Anbieter tätig werden (BMPT 1995i: Punkt 6, vgl. § 11 Abs. 6 TKG-E). Das bedeutet, daß damit andere Anbieter von der Vergabe dieser Frequenzen ausgeschlossen bleiben. In einem zweiten Schritt werden die Lizenznehmer, denen die Funkfrequenzen für die Funkanbindung von Teilnehmeranschlüssen zugeteilt worden sind, per Lizenzauflage dazu verpflichtet, im jeweiligen Lizenzgebiet einen Universaldienst anzubieten, der den Sprachtelefondienst mit ISDN-Leistungsmerkmalen sowie Notrufmöglichkeiten beinhaltet. Der Universaldienst wird über einen nur analogen Sprachtelefondienst hinaus gefaßt (§ 11 Abs. 7 TKG-E). Allerdings verbleibt dieser unterhalb der ansonsten im Zweiten Teil des TKG-E festgelegten Universaldienstleistungen. Diese umfassen weitere Merkmale (vgl. §1 UnvV-E), deren Festlegung zudem dynamisch erfolgen wird, das heißt der jeweiligen technischen Entwicklung angepaßt werden soll (BMPT 11/1995: Punkt 9; vgl. § 16 TKG-E und BT 1996a: 104). Im Ergebnis ist damit einerseits der Universaldienst im Vergleich zur Ausgangsposition der Koalition weiter gefaßt worden. Andererseits werden somit alle weiträumig tätigen Anbieter des lizenzpflichtigen Sprachtelefondienstes, sofern ihnen eine der oben genannten Funkfrequenzen zugeteilt worden ist, dazu verpflichtet, einen (eingeschränkten) Universaldienst zu erbringen.[42] Damit zusammenhängend gab es die Übereinkunft, nicht automatisch das marktbeherrschende Unternehmen, also in der Regel die DTAG, zu verpflichten, Universaldienstleistungen zu erbringen (BMPT 1995i: Punkt 10). Sollten tatsächlich in einem Lizenzgebiet De-

---

[42]   Mittlerweile ist aber die technische Grundlage des Kompromisses - die Knappheit von Funkfrequenzen für den drahtlosen Anschluß von Endkunden, z.B. nach dem DECT-Standard - hinfällig geworden. Nur wenige Monate nach diesem Kompromiß wurde auf einer Anhörung des BT-Postausschusses im März 1996 von einem Vertreter von Siemens dargelegt, daß es technisch möglich sei, mit der vorhandenen Anzahl von entsprechenden Funkfrequenzen auszukommen, das hieße jedes Unternehmen, das eine solche Lizenz will, könne auch eine bekommen. Allerdings sind die Investitionskosten für ein komplettes System der Substitution des Ortsnetzes der DTAG sehr hoch.

fizite bei der Bereitstellung des Universaldienstes auftreten, wovon aber im TKG-E nicht ausgegangen wird, sollen alle Lizenznehmer, die auf dem jeweiligen Markt der lizenzpflichtigen Tk-Dienstleistung tätig sind (und einen Anteil von mindestens fünf vH. des Gesamtumsatzes dieses Marktes auf sich vereinigen), zu der Beseitigung des Versorgungsdefizits beitragen (§ 17 TKG-E). Außerdem ist ein Ausgleichsmechanismus für zusätzliche Kosten vorgesehen, die möglicherweise durch das Erbringen der Universaldienstleistung entstehen (§ 19 TKG-E).

Ein weiterer Punkt des Kompromisses betrifft die Lizenzgebiete. Vorgesehen ist in der Vereinbarung, daß die Regulierungsinstanz über die Festsetzung des Lizenzgebietes "verhandeln" soll mit dem Ziel, sowohl strukturschwache als auch strukturstarke Gebiete in dieses einzubinden. Dies soll erfolgen, sofern es "aus infrastrukturpolitischen Gründen oder zur Sicherung eines fairen Wettbewerbs notwendig" ist (BMPT 1995i: Punkt 8). Allerdings findet sich dieser Punkt nicht im TKG-E wieder. Stattdessen ist vorgesehen, daß der Inhalt der Lizenz durch den Lizenzantragssteller bestimmt wird, und somit auch das Gebiet, in dem die lizenzpflichtige Tätigkeit ausgeübt werden soll (§ 8 TKG-E). In der Gesetzesbegründung heißt es zudem ausdrücklich zu einer möglichen Einschränkung der Lizenzierung: "Für Telekommunikationsdienstleistungen gilt die allgemeine Betätigungs- und Gewerbefreiheit, die der Wirtschaftsverfassung des Grundgesetzes entspricht. Vor diesem Hintergrund ist es nicht gerechtfertigt, die Zahl der Marktteilnehmer a priori zu beschränken, um eine flächendeckende Grundversorgung und die Erfüllung von Universaldienstleistungsverpflichtungen (...), sicherzustellen." (BT 1996a: 98). Offen bleibt, wie dieser Kompromißpunkt praktisch im Zuge der Umsetzung des Gesetzes ausgestaltet wird.

Weitere ordnungspolitische Bestimmungen des TKG, die nicht Gegenstand der Politischen Vereinbarung sind und sich nicht auf die oben untersuchten Punkte Entgeltregulierung und Netzzugang bzw. Zusammenschaltung beziehen, betreffen die Nummernverwaltung, die Wegerechte und die Regulierungsbehörde. Bezüglich der Nummernverwaltung erstellt demnach die Regulierungsbehörde einen Nummernplan und nimmt die Aufgabe der Nummernverwaltung wahr. Die Zuteilung von Nummern erfolgt auf Antrag und gegen Gebühr. Der Punkt Wegerechte sieht vor, daß das Recht zur unentgeltlichen Nutzung öffentlicher Wege und Straßen dem Bund zugeordnet wird. Dieser überträgt dieses Recht jeweils im Rahmen der Lizenzvergabe auf die Lizenznehmer. Die innerhalb der Ressorts strittige Frage nach der Ausgestaltung der Regulierungsbehörde ist im vorliegenden TKG-E dahingehend beantwortet, daß diese als unabhängige obere Bundesbehörde mit Sitz in Bonn errichtet wird. Sie soll zur Durchsetzung der Regulierungsziele mit umfänglichen hoheitlichen Befugnissen, einschließlich Informations- und Untersuchungsrechten sowie abgestuften Sanktionsmöglichkeiten, ausgestattet werden. Die Regulierungsbehörde soll im Geschäftsbereich des BMWi angesiedelt werden. Damit hat sich dieses Ministerium in der koalitionsinternen Auseinandersetzung durchsetzen können (Interviews Nr. 1, 14; vgl. BMWi 1995b).

Als Fazit ist somit eine Einschätzung des mit dem TKG-E vorgelegten Regelungsmodells möglich. Dieses bzw. die vorgesehene zukünftige Governanceform für das System der Tk in der Bundesrepublik besteht für eine Übergangszeit aus einer sektorspezifischen Wettbewerbsaufsicht mit einer ex ante-Regulierung für dominante Unternehmen (auf absehbare Zeit wird das die DTAG sein). Diese wird in die allgemeine Wettbewerbsaufsicht überführt werden, sobald ein vollkommener Wettbewerb als Koordinierungsform im Tk-Sektor vorliegt. Mit diesem zweistufigen Vorgehen und speziell mit der asymmetrischen ex ante-Regulierung wird allen Anbietern, die in den Wettbewerb auf dem deutschen Tk-Markt eintreten wollen, die Gewähr gegeben, daß die etablierte, bislang durch Monopolrechte geschützte, ehemals öffentliche Tk-Organisation ihre Marktmacht nicht mißbräuchlich wettbewerbsfeindlich ausüben kann. Diese asymmetrische Mißbrauchsaufsicht ist auf das überkommene Monopolunternehmen ausgerichtet. Die Androhung spürbarer Regulierungseingriffe, deren Möglichkeiten im TKG-E normiert sind, soll die DTAG zu marktkonformem Verhalten anhalten. Mit dieser Policy soll so in wettbewerbspolitischer Sicht eine wesentliche Grundbedingung für Investitionsvorhaben und Markteintritt von neuen Anbietern geschaffen werden. Diese können durch die vorgesehene sektorspezifische Regulierung zumindest für eine unbestimmte Übergangsphase mit einem gewissen Grad an Sicherheit für ihre Investitionen und ihr Engagement auf dem Tk-Markt rechnen. Der Politikfeld-Kern der Großen TKG-Koalition beinhaltet im wesentlichen diesen Punkt, der als unerläßliche ordnungspolitische Bedingung für Wettbewerb angesehen wird. Auch die Wissensangebote der Newcomer bezüglich des TKG zielten im Kern darauf ab, diese zentrale Annahme und die darauf basierenden Forderungen in konkrete, mit der Policy rechtlich normierte und einklagbare Verfahrensweisen zu transponieren. Sollte der TKG-E das parlamentarische Verfahren weitestgehend in der jetzigen Form passieren sowie die zahlreichen Rechtsverordnungen, die der TKG-E vorsieht, in entsprechender Weise gefaßt werden, und sollte das Handeln der zukünftigen Regulierungsinstanz während der Implementationsphase entsprechend ausgerichtet sein, so wird langfristig ein vollkommener Wettbewerb die Steuerungsform für den Tk-Sektor in der Bundesrepublik sein. Damit würde der traditionell hohe Grad der horizontalen Integration im bundesdeutschen Tk-Sektor (Schneider 1995: 111) entscheidend reduziert werden, denn es ist ja gerade das Ziel des TKG, einen institutionellen Zustand zu schaffen, bei dem auch innerhalb einzelner Tk-Bereiche (Netze und Dienste) unterschiedliche Betreiberorganisationen miteinander konkurrieren, es somit zu einer vollkommenen horizontalen Differenzierung und Desintegration kommen kann. Auch die ehemals in der Bundesrepublik enge vertikale Integration entlang der Wertschöpfungskette wird als Folge des TKG insofern desintegriert werden, als es mit dem Gesetz ermöglicht wird, daß unterschiedliche Funktionen der Leistungsstruktur des Tk-Sektors von separaten Organisationen erbracht werden können und sollen. Das heißt, mit der Verankerung der grundgesetzlich normierten Gewerbe- und Dienstleistungsfreiheit im TKG ist prinzipiell die Möglichkeit für Unternehmen gegeben, sich auf allen Stufen der Wertschöpfungskette ohne politisch motivierte Vorgaben rein nach betriebswirtschaftlichen Maßstäben zu engagieren. Sobald ein funktionsfähiger Wettbewerb in der Tk herrschen wird, verbleiben lediglich die hoheitlichen Aufgaben wie die Verwaltung von knappen Ressourcen (Frequenzen, Nummern, Wegerechte), die Beseitigung von eventuell auftretenden Defiziten beim Universaldienst und z.T. die Regulierung technischer Standards und Normen in staatlicher Hand.[43]

---

[43] Auch dies gilt nur zum Teil, weil die Normierungs- und Standardisierungsverfahren schon heute auf inter- oder supranationaler Ebene organisiert sind bzw. zunehmend auf diese Ebene verlagert werden (vgl. Genschel 1995, Werle 1995).

V "Wissen" und Telekommunikationspolitik

1 Involviertes Wissen und Handeln der Akteure

M.E. wird gerade im Kontext von IG und Tk der Handlungsbedingung und Machtressource Wissen eine weit stärkere Rolle zukommen als bisher. Dies gilt auch für das Hervorbringen und Anbieten von Wissensangeboten sowie deren Verbreitung im öffentlichen Raum bzw. in Politikfeld-Netzwerken. Hierbei eröffnen sich eventuell neue Möglichkeiten politischer Steuerung. Neue Perspektiven ergeben sich aber auch für Partizipation durch Beteiligung an Deutungsprozessen und damit an Wissensproduktion, denn eine Monopolstellung für die Festlegung der Gültigkeit von Wissen gibt es nicht (mehr).

Gerade am Scharnier zwischen dem Handeln individueller und korporativer Akteure wird Funktion und Bedeutung von Wissen deutlich. Da die Handlungen korporativer Akteure immer vermittelt sind durch das Handeln einzelner, individueller Akteure, und andererseits menschliches Handeln immer eingebettet ist in institutionelle als auch in kognitive und normative Strukturen, kommen die aktuell Handelnden nicht ohne Fachwissen, Weltbilder (auch Ideologien) und Normen aus. Nur unter Zuhilfenahme unterschiedlicher Wissensarten können generalisierte Handlungsentwürfe, die aus einzelnen, bewerteten Handlungsoptionen bestehen, entworfen werden. Die Reduktion von zahlreichen möglichen Optionen geschieht durch handlungsleitende Elemente, zu denen das Interesse eines korporativen Akteurs an den zu behandelnden Problemen sowie das Wissen um eine spezielle Lösungsweise gehören. Die Festlegung auf genau ein Programm erfolgte, wie die Untersuchung zeigte, über Policy-spezifisches Fachwissen. Die Wissensangebote zu den Elementen in einzelnen Abschnitten des Gesetzes und den dort angekündigten weiteren, detaillierteren Regelungen durch Rechtsverordnungen, die während des Formulierungsprozesses nicht homogen sondern konkurrierend waren, sind entscheidend dafür, ob und inwieweit überhaupt der Zweck des TKG erfüllt werden wird.

Gerade am letztgenannten Punkt wird ersichtlich, daß einer speziellen Wissensart, nämlich dem wissenschaftlich fundierten Wissen zu einzelnen Problemfacetten, im Policy-Prozeß erhebliche und entscheidende Bedeutung zukommt. Auch korporative Akteure, die weder der staatlichen Bürokratie noch dem parlamentarischen Sektor angehören, benötigen ein solches Wissen für die Formulierung, Einbringung und Durchsetzung ihrer Interessen, um überhaupt als relevante Akteure von den anderen ernst genommen zu werden. Nur wenn sie ihre "globalen" Ziele unterfüttern können mit (benötigten) Details eines "lokalen" Fachwissens, haben sie Chancen, zum Inner Circle zu stoßen, deren Mitglieder auf die Formulierung einer Policy tatsächlichen Einfluß haben. Die Untersuchung der Entstehung des TKG jedenfalls läßt dies plausibel erscheinen.

Über verschiedene Mechanismen, formelle wie informelle, werden nicht-staatliche, korporative Akteure eingewoben in die Prozesse der Policy-Formulierung, entstehen Issue-Networks. Dieses "Einweben" wird auch von Seiten der privaten Akteure angestrebt bzw. eingefordert, teils über Beteiligung an Issue-spezifischen Debatten, andernteils über Interventionen im übergeordneten politischen Raum. Wissen spielt bei diesem Netzbildungsprozeß eine zentrale Rolle, denn es ist, neben der Garantierung politischer Unterstützung und der Disziplinierung ihrer Mitglieder, das zentrale Angebot seitens der privaten korporativen Akteure an staatliche Akteure. Diese dagegen bieten in dem Tauschgeschäft den privaten Akteuren die Möglichkeit, Einfluß auf die Programmformulierung zu nehmen. Ein zentrales Motiv dafür sind die vielfältigen Kapazitäten- und Ressourcenengpässe der staatliche Akteure, denen oftmals Fachwissen und Detailinformationen über die zu regelnde Materie fehlen. Dieser Punkt scheint desto wichtiger zu sein, je schwieriger es im politischen Geschäft geworden ist, relativ abstrakte, "übergeordnete" politische Zielsetzungen - im Falle des TKG vor allem Marktliberalisierung und Schaffung von Wettbewerb - so in ein konkretes Programm umzusetzen, daß die Ziele durch die gewählten Instrumente erreicht werden können.

Die Ebene der konkreten Ausarbeitung einer Policy ist auch deswegen eine zentrale, da politische Vorgaben von übergeordneter Stelle (des paS) nicht ohne weiteres, und schon gar nicht 1:1 in ein politisches Programm umgesetzt werden können. Dafür fehlt i.d.R. das nötige Wissen, das ja auch auf der Referatsebene nur durch die Mobilisierung von Wissensressourcen privater Akteure erlangt werden kann. Auf der anderen Seite ist zu konstatieren, daß die politische Einflußnahme von Spitzenvertretern organisierter Interessen auf die Ausformulierung der Programme nicht ohne Rückgriff auf die Machtressource Wissen möglich ist. Der politische Widerstreit beschränkt sich bei weitem nicht auf den genuin politisch-institutionellen Raum, also etwa die Beratungen und ggf. Abänderungen eines Gesetzesvorhabens durch die Legislative, sondern zeigt sich gerade auf der "Mikroebene" der konkreten inhaltlichen Formulierung einer Policy im Vorfelde der parlamentarischen Behandlung. Der Wissensmarkt, auf dem die Policy-relevanten Wissensangebote in Konkurrenz hervorgebracht werden, bildet in dieser entscheidenden Phase die Arena der Konfliktaustragung. Diese Wissensangebote müssen sich widerstreitenden Angeboten stellen und vor allem in sachlogischer Hinsicht überzeugen.

Neben der Ausrichtung der allgemeinen Grundsätze der Politik einer Regierung stellt die Phase der Formulierung den wichtigsten Bereich für politische Einflußnahme seitens nicht-staatlicher, korporativer Akteure dar. Wie anhand der Fallstudie zum TKG verdeutlicht werden konnte, zählt hierfür aber nicht in erster Linie die bloße Artikulation von Interessen, sondern die Mitwirkung durch Wissens- und Informationslieferung. Es fließen zwar die Interessen der Akteure in ihre Wissensangebote ein, aber sie determinieren jene nicht; vielmehr besitzt das angebotene Wissen eine Eigenständigkeit und unterscheidet sich grundlegend von Interessen.

In wissenspolitologischer Hinsicht kann, von dem konkreten Fall abstrahierend, gefolgert werden, daß Politik und ihre Ergebnisse sich ohne interpretativen, auf das policy-relevante Wissen bezogenen Hintergrund in der Regel weniger angemessen verstehen und einordnen lassen, da der Politikprozeß sehr oft im Kern ein Wissenskonflikt ist. Eine Grenze findet die wissenszentrierte Analyse allerdings in der grundlegenden Schwierigkeit anzugeben, ob das „öffentlich präsentierte Wissen" Eigenständigkeit gegenüber den Interessen besitzt, oder nur das interne, nicht-öffentliche und mithin, ob die policy-öffentlichen Wissensangebote lediglich als Legitimationsinstrument eingesetzt worden sind. Das Problem besteht darin, den Bereich des offiziellen, öffentlichen Wissens von dem des internen, „geheimen", nur schwer zu erhebenden Wissens abzugrenzen und sich des genauen Status des Wissens zu vergewissern, um nicht die Interessen hinter den Prinzipien, Theorien und Deutungsmustern zu übersehen. Aufgrund der Schwierigkeiten, das „geheime", interne Wissen zu erheben, hatte die hier vorgelegte Untersuchung sich von vornherein auf die Ebene des offiziellen Wissens und seiner Funktion im politischen Prozeß konzentriert.

Für die Identifizierung und die Auswertung des jeweiligen Policy-relevanten Wissens, die ein Einlassen in die Issue-Debatten erfordert, erwies sich, so die Erfahrung dieser Studie, die qualitative Inhaltsanalyse als sehr geeignet; dies auch für die Auswertung der Experteninterviews. Die Verwendung dieses Instruments sozialwissenschaftlicher Datenerhebung spielt auch für die adäquate Gewichtung der Bedeutung der Wissensangebote für die Bearbeitung eines Issues und die Ausgestaltung der konkreten Policy eine wichtige Rolle. Als Außenstehender bietet nur der direkte Kontakt zu Mitgliedern des Issue Network die Möglichkeit, das involvierte Wissen zu entdekken und die stattgefundenen oder stattfindenden Debatten um Politikfeld-Kerne und "sekundäre Aspekte" zu rekonstruieren. Die wissenspolitologische Herangehensweise insgesamt erlaubte es, in diesem Fall speziell zur Auseinandersetzung um das TKG die zentralen Konfliktlinien zu ermitteln, indem die Wissensangebote zu den Kernelementen des Konflikts aus der Issue-Debatte herausgefiltert und gegenüber gestellt wurden. Dies Verfahren kann vor allem für die Analyse aktueller politischer Konflikte sehr hilfreich sein.

2 Von der Telekommunikationspolitik zum Politikfeld Informationsgesellschaft

Das übergeordnete Thema des Politikfeldes, das die Verbindung zwischen dem Regierungsbericht zur Informationsgesellschaft und dem TKG herstellt, lautet: Liberalisierung der Telekommunikation als infrastrukturelle Vorbedingung für die IG. Dies ist weitgehend von allen untersuchten Akteuren geteilt worden und wurde von den Akteuren der politisch-administrativen Organisationen als behandlungsbedürftig angesehen, nachdem die privaten Akteure aus der Wirtschaft die Meinungsbildung in diese Richtung forciert hatten. Dabei blieb das Thema aber über den Kreis des Issue-Network hinaus von einer öffentlichen Diskussion und am Anfang auch von der Parteienpolitik auf Bundesebene (weitgehend) ausgeklammert. Dafür spielten grundsätzliche Entwicklungen, die auf supranationaler Ebene (EU) und auf internationaler Ebene (G-7-Staaten) angelaufen waren und von den Regierungen getragen werden, eine entscheidende Rolle für die Dringlichkeit der Bearbeitung dieses Themas auf nationaler Ebene. Damit war ein gewisser Zeit- und Handlungsdruck gegeben, der von allen involvierten Akteuren akzeptiert worden ist.

Das Politikfeld Telekommunikation hat vor allem durch die Einbeziehung eines kompletten, neuen Gesellschaftsentwurfs ("Informationsgesellschaft") in die Agenda staatlicher Politik eine Transformation erfahren. Es läßt sich ein Rückzug des Staates aus einer traditionell hoheitlichen und staatsnah organisierten Domäne - des Fernmeldewesens - beobachten, der mit einer Abkehr von industriepolitischen Zielsetzungen und mit der Ablösung eines mit diesen verbundenen Politik- und Staatsverständnisses verbunden ist. An die Stelle hierarchischer Ordnungsformen, sowohl auf der Ebene der Regelungs- als auch der Leistungsstruktur (Mayntz/Schneider 1995: 88) des Tk-Systems, tritt zunehmend das auch für andere Politikfelder (z.B. Energieversorgung) eingeforderte Konzept einer neoliberalen, marktförmig ausgerichteten Koordinierung. Eine eher horizontale Koordination zwischen korporativen, privaten wie staatlichen Akteuren löst die vormals starke politische Kontrolle der Tk ab. Die Formulierung des TKG als Regulierungsprogramm für die Tk läßt sich als bedeutendes Beispiel horizon-

taler Koordination fassen. Wie die Untersuchung deutlich machte, diente das unge-
wöhnliche Verfahren der frühzeitigen Einbindung relevanter privater Akteure in den
Formulierungsprozeß dem Zweck, eine Abstimmung zwischen den unterschiedlichen,
divergierenden Positionen und Interessen zu ermöglichen. Gleichzeitig wurde ein
Such- und Auswahlprozeß in Gang gesetzt, der dazu diente, benötigtes Wissen und
policy-spezifische Informationen zu erlangen, die nicht innerhalb des paS verfügbar
waren. Die angestrebte Koordination gerade auch mit den Normadressaten des Gesetzes kann als (erfolgreicher) Versuch verstanden werden, die Informations- und Wis-
sensasymmetrie zwischen den Akteuren auf Ebene der Regelungsstruktur (vor allem
BMPT) und denen der Leistungsstruktur (Tk-Unternehmen) abzubauen.

Als Ergebnisse der Untersuchung lassen sich festhalten: Die zentralen Akteure des
Policy-Prozesses konnten anhand der vertretenen Politikfeld-Kerne zwei Koalitionen
(Große und Kleine TKG-Koalition) zugeordnet werden. Die Auseinandersetzungen
zwischen diesen Koalitionen konnte als (Wissens-)Konflikt der Belief Systems der
Koalitionen (insbesondere um die sekundären Aspekte zur Umsetzung der jeweiligen
Policy-Strategien) rekonstruiert werden. Als Konfliktmuster wurde die Koopkurrenz
auf dem Wissensmarkt ausgemacht. Es gab Kooperation in Form der Produktion von
Wissensangeboten (betrifft vor allem die Normadressaten) und der Beteiligung an
Formulierung und Unterstützung einer öffentlichen Politik, die als Ergebnis des Wis-
senskonfliktes Elemente der Belief Systems beider Koalitionen enthält. Die Grundlage
der Kooperation war ein Konsens auf der Ebene der Core Beliefs, der in der Deutung
der generellen Vorteile der Liberalisierung des Tk-Sektors bestand.

Die Konkurrenz nahm, wie gezeigt, die Form der antagonistischen Betätigung an,
indem im Wettbewerb (Detail-)Wissen um technische, betriebswirtschaftliche, volks-
wirtschaftliche und juristische Aspekte und Implikationen eines Regelungsmodells und
seiner Instrumente produziert und angeboten wurde. Gleichzeitig wurden konkurrierende Wissensangebote bekämpft, indem deren Geltung bestritten wurde. Initiierung,
Verlauf und Ergebnis dieser Koopkurrenz sind politikwissenschaftlich hochinteressant,
denn es zeigte sich, daß hier tatsächlich Wissensressourcen von privaten Akteuren
durch das paS mobilisiert wurden, um ein ordnungspolitisches Modell zu entwerfen,
das mittelfristig die Verringerung der Intensität staatlicher Steuerung in diesem Politikfeld zugunsten einer stärkeren Selbstregulierung und somit die Transformation des
staatlichen Fernmeldewesens zu einem "normalen" privatwirtschaftlichen Sektor ermöglichen soll.

Für die Telekommunikation als Gegenstandsbereich bedeutet die vorgesehene asymmetrische Regulierung des Sektors zunächst, daß allen Newcomern, die in Konkurrenz mit der Deutschen Telekom treten wollen, staatlicherseits die Gewähr gegeben wird, daß die bislang durch staatliche Monopolrechte geschützte Deutsche Telekom ihre Marktmacht nicht mißbräuchlich wettbewerbsfeindlich ausüben soll. Sollte das Handeln der künftigen Regulierungsbehörde, deren personelle und organisatorische Ausgestaltung das Zentrum eines aktuellen Konfliktes im Politikfeld Tk bildet, während der Implementationsphase entsprechend der Architektur des TKG liberalisierungsfreundlich ausgerichtet sein - woran vorerst mit Blick auf die zweite Tranche der Börsenplazierung der immer noch mehrheitlich im Bundesbesitz befindlichen Deutschen Telekom AG Zweifel berechtigt sind -, so wird langfristig Wettbewerb die Steuerungsform für den Tk-Sektor in der Bundesrepublik sein.

Mit Blick auf die Tk-Politik in der EU kann das Regulierungsmodell des TKG als Vorbild für ein europaweites Reregulierungsmodell in der Telekommunikation dienen, da es alle wesentlichen europarechtlichen Anforderungen schon enthält. Die Formulierung des Gesetzes wurde ja in Koppelung mit der Ausarbeitung von entsprechenden Richtlinien durch den Rat bzw. die Kommission durchgeführt[44]. Dies wird für die Bundesregierung in den weiteren Auseinandersetzungen und Wissenskonflikte um die Fortsetzung der Liberalisierung - auch im internationalen Kontext (z.B. WTO) - von Vorteil sein. Die in Zukunft ordnungspolitisch entscheidende Frage ist nämlich die nach einem transnationalen Regulierungsregime, das den neuartigen Anforderungen gerecht wird, die sich aus der Konvergenz, das heißt der technisch möglichen Aufhebung von tradierten Grenzen zwischen Telekommunikation, EDV und (elektronischen) Medien und andrerseits aus der Divergenz zwischen Internationalisierung und nationalstaatlicher (Wettbewerbs-)Regulierung der TK ergeben.

Die Transformation der traditionellen Governanceform (hierarchische politische Kontrolle) hin zu horizontalen Koordinierungsformen verändert die Formen staatlichen Handelns. Dies wird deutlich mit Blick auf die "Informationsgesellschaft". Wie mit den verschiedenen Aktivitäten der Regierung (z.B. eines "gemischt" besetzten Technologie-Rates), deren Zwischenergebnis der Regierungsbericht Info 2000 markiert, deutlich geworden ist, will das paS bei der Gestaltung der Informationsgesellschaft eine

---

[44] Hieran wird deutlich, daß die supranationale Setzung von Tk-Gemeinschaftsrecht und die nationale Tk-Gesetzgebung eng verwoben sind, so daß man sie nicht eindeutig voneinander abgrenzen und hierarchisieren kann. Auch die Tk-Politik der EU ist Resultat eines komplexen Politiknetzwerkes, in dem das BMPT eine zentrale Rolle innehat.

wichtige Rolle spielen. Dies geht aber über das Schaffen von in Gesetzen fixierten, ordnungspolitischen Rahmenbedingungen, so wie z.B. im TKG niedergelegt, hinaus, indem der Versuch unternommen wird, aktiv in die Thematisierung und öffentliche Diskussion einzugreifen. Das Hervorbringen des dafür notwendigen Wissens um zukünftig Mögliches, Gesolltes und Notwendiges mitsamt dessen Implikationen und Konsequenzen als ein Wissensangebot mit hoher Legitimation (Wissenschaft) und Geltungsanspruch (namhafte Experten und die Bundesregierung als Autoren) kann als Strategie angesehen werden, mittels einer direkten Einflußnahme auf die immateriellen Grundlagen, zu denen Wissen zählt, die für die Entwicklung der Gesellschaft notwendigen Bedingungen zu setzen. Damit soll auch diese Entwicklung selbst über eine Kontextsteuerung in Verbindung mit dem Geben von materiellen Impulsen (bspw. Pilotprojekte) - in Grenzen - auf bestimmte Geleise geführt werden.

Wird mit dem TKG - als Abschluß der Transformation des Ordnungs- und Steuerungsmodells für den Tk-Sektor - der Rückzug des Staates aus einem klassischen Infrastrukturbereich durch dessen Liberalisierung abgeschlossen, so markiert der Regierungsbericht ein neues Feld staatlichen Handelns. Der Ansatzpunkt und auch die Handlungsweise, damit auch der Charakter der Policies ändert sich allerdings. Die klassische, staatliche Infrastrukturpolitik, die mit der Postreform II und der damit einhergehenden Privatisierung der heutigen DTAG ihre Grundlage - den unmittelbaren Zugriff auf das Fernmeldesystem durch eine in bundeseigener Verwaltung geführte Deutschen Bundespost - verlor, verändert sich. Sie verliert ihren Charakter als staatliche Politik und wird zukünftig indirekter und mittelbarer vorgehen und damit einhergehend neue Akteure am Politikfeld-Netzwerk beteiligen und schon etablierte enger einbinden. Hierbei werden sich auch die Beziehungen zwischen den Akteuren des paS und den privaten, korporativen Akteuren verändern. Es sind überwiegend ökonomische und privatwirtschaftliche Prinzipien und Kriterien, die für die Entwicklung und Ausgestaltung der IG in Anschlag gebracht werden, wohingehend das Prinzip der allgemeinen Daseinsvorsorge durch den Staat, das gerade auch die Bereitstellung von Infrastrukturen umfaßt, zurückgedrängt wird.Die Beziehungen werden im Zuge der zunehmenden Übertragung von ehedem staatlichen Aufgaben und Funktionen an Private und der Subsumierung der Funktionserfüllung unter ökonomische Kalküle von einem Bedeutungszuwachs der nicht-staatlichen, korporativen Akteure geprägt. Diesen, überwiegend dem Teilbereich Wirtschaft angehörenden Akteuren, kommt so ein höheres Gewicht zu.

Zu fragen wäre, ob damit neue Formen von "gesellschaftlicher Selbstregelung und politischer Steuerung" (Mayntz/Scharpf 1995) auftreten könnten. Eine mögliche These ist, daß mittels eines solchen Vorgehens das paS "Manövriermasse" zu erlangen sucht, das heißt durch eine veränderte Form staatlicher Politik, die das Entwickeln von Leitideen der Gesellschaftsentwicklung als Handlungsfeld entdeckt, neue bzw. größere Handlungsfähigkeit gewinnen will.

Anhang

Liste der geführten Interviews

lfd. Nr. / Datum	Name	Organisation/Funktion
1 / 12.3.1996	Baggo, Nils von	BMWi, Referat IB2
2 / 15.3.1996	Börnsen, Arne	SPD-Fraktion / Vorsitzender des Ausschusses für Post und Telekommunikation
3 / 19.3.1996	Braubach, Ulla	Mannesmann Eurokom
4 / 12.4.1996	Clement, Reiner	BMWi / AG Info
5 / 19.3.1996	Eickers, Gerd	Thyssen Telecom; VTM
6 / 10.2.1996	Funke, Rainer	BMJ / Parlamentarischer Staatssekretär, MdB (FDP)
7 / 11.3.1996	Geppert, Dr.	RWE-Telliance
8 / 12.3.1996	Goergen, Volker	DIHT
9 / 15.2.1996	Gottorf, Reinhard	DPG
10 / 14.3.1996	Kiper, Manuel	MdB (Bündnis90/Die Grünen)
11 / 14.3.1996	Müller, Elmar	MdB (CDU/CSU), Mitglied im Ausschuß für Post und Telekommunikation
12 / 15.12.1995	Paterna, Peter	MdB (SPD), Vorsitzender des Ausschusses für Post und Telekommunikation (beides bis 1994)
13 / 16.2.1996	Schornick, Dieter	ZVEI Fachverband Kommunikationstechnik
14 / 12.3.1996	Scheurle, Klaus-Dieter	BMPT / Leiter der Abteilung Grundsatzangelegenheiten
15 / 14.3.1996	Wieck, Reinhard	DTAG / Fachbereichsleiter Regulierungsstrategie national
16 / 15.3.1996	Witte, Manfred und Hauer, Ralf	BMPT / Abteilung Grundsatzangelegenheiten, Referat 112

Literaturverzeichnis

AT&T 1995a: Stellungnahme AT&Ts zum Eckpunktepapier der Bundesregierung vom 27.03.1995 mit dem Titel: "Eckpunkte eines zukünftigen Regulierungsrahmens im Telekommunikationsbereich" (25.04.1995); Bonn, unveröff. Manuskript

AT&T 1995b: Kommentierung des Diskussionsentwurfes für ein neues Telekommunikationsgesetz vom 31.05.1995 im Auftrag von AT&T (Redeker, Schön, Dahs & Sellner), (18.07.1995); Bonn, unveröff. Manuskript

AT&T 1995c: Kommentierung des Referentenentwurfes für ein Telekommunikationsgesetz vom 27.07.1995 im Auftrag von AT&T (Redeker, Schön, Dahs & Sellner), (31.08.1995); Bonn, unveröff. Manuskript

Bandemer/Wewer 1989: Stephan von Bandemer / Göttrik Wewer (Hg.): Regierungssystem und Regierungslehre; Opladen

BDI 1995a: Bundesverband der Deutschen Industrie e.V.: BDI-Position zum Diskussionsentwurf des BMPT für ein Telekommunikationsgesetz (31.07.95); Köln, unveröff. Manuskript

BDI 1995b: BDI-Position zum Referentenentwurf des BMPT eines Telekommunikationsgesetzes (29.08.95); Köln, unveröff. Manuskript

BDI 1995c: BDI-Bericht 1994; Köln

BDI 1996: BDI-Bericht 1995; Köln

Benz 1995: Arthur Benz: Politiknetzwerke in der horizontalen Politikverflechtung; in: Jansen/Schubert 1995a: 185-204

Beyme/Schmidt 1990: Klaus von Beyme / Manfred G. Schmidt (Hg.): Politik in der Bundesrepublik; Opladen

BMBF 1996: Bundesministerium für Bildung, Wissenschaft, Forschung und Technologie: Rechtliche Rahmenbedingungen für neue Informations- und Kommunikationsdienste ("Multimedia-Gesetz"); Bonn

BMPT o.J.a: Bundesministerium für Post und Telekommunikation: Bundesministerium für Post und Telekommunikation und sein Geschäftsbereich; Bonn

BMPT o.J.b: Entwurf einer Verordnung über die Erbringung von Universaldienstleistungen im Telekommunikationsbereich (UnvV); Bonn

BMPT 1993: Genehmigungskonzept Corporate Networks (Vfg 1/1993; BMPT Amtsblatt Nr. 1/1993: 3-6); Bonn

BMPT 1994: Arbeitsschwerpunkte 1994; Bonn

BMPT 1995a: Eckpunkte eines zukünftigen Regulierungsrahmens im Telekommunikationsbereich (27.03.1995); Bonn

BMPT 1995b: Diskussionsentwurf für ein Telekommunikationsgesetz (31.05.1995); Bonn

BMPT 1995c: Referentenentwurf für ein Telekommunikationsgesetz (27.07.1995); Bonn

BMPT 1995d: Referentenentwurf für ein Telekommunikationsgesetz (06.10.1995); Bonn

BMPT 1995e: Referentenentwurf für ein Telekommunikationsgesetz (19.12.1995); Bonn

BMPT 1995f: Telekommunikationsverleihverordnung - TVerleihV vom 19.10.1995 (Vfg 260/1995; BMPT Amtsblatt Nr. 24/1995: 1443-1448); Bonn

BMPT 1995g: Mobilfunk-Telekommunikations-Verleihungsverordnung - MTVerleihV vom 23.10.1995 (Vfg 261/1995; BMPT Amtsblatt Nr. 24/1995: 1449); Bonn

BMPT 1995h: Arbeitsschwerpunkte 1995; Bonn

BMPT 1995i: Durchbruch erzielt - Einigung beim Telekommunikationsgesetz: Politische Vereinbarung zum neuen Telekommunikationsgesetz und zu den Grundsätzen der Lizenzierung (09.11.95); Bonn

BMWi 1995a: Bundesministerium für Wirtschaft: Orientierungen für eine Postreform III; Bonn

BMWi 1995b: Stellungnahme zu dem Entwurf eines Telekommunikationsgesetzes (TKG), (30.10.1995); Bonn

BMWi 1995c (Hg.): Der Rat für Forschung, Technologie und Innovation: Informationsgesellschaft. Chancen, Innovationen und Herausforderungen. Feststellungen und Empfehlungen; Bonn

BMWi 1996a (Hg.): Ordnungspolitische und rechtliche Rahmenbedingungen der Informationsgesellschaft. Zwischenberichte zu den Ergebnissen der Arbeitsgruppe des "Petersbergkreis"; Bonn (= BMWi Dokumentation Nr. 388)

BMWi 1996b: Info 2000. Deutschlands Weg in die Informationsgesellschaft: Bericht der Bundesregierung; Bonn

Börnsen 1995: Arne Börnsen: Wettbewerb soweit wie möglich - Regulierung soweit wie nötig; in: Wirtschaftsdienst 1995/VII (Juli): 350-362

Bötsch 1995a: Wolfgang Bötsch: Liberalisierung der Telekommunikation nach 1998; in: Wirtschaftsdienst 1995/VII (Juli): 347-350

Bötsch 1995b: ders.: Der Reformprozeß in der Telekommunikation; in: Kreditwesen 21/95: 1066-1068

Bötsch 1996: ders.: Presseerklärung anläßlich der Vorstellung des Kabinettsentwurfs zum Telekommunikationsgesetz (31.01.96); Bonn (BMPT)

Broß/Pickavé 1993: Peter Broß / Wolfgang Pickavé: Ordnungspolitische Behandlung von Corporate Networks; in: ntz Bd. 46 (1993) Heft 3: 164-174

Bury 1995: Hans Martin Bury: Take-off eines Global players; in: Kreditwesen 21/95: 1072-1073

Bury 1996: ders.: Erläuterungen zur interfraktionellen Einbrii   s Telekommunikationsgesetzes (TKG); Bonn, unveröff. Manuskript

BT 1996a: Deutscher Bundestag 13. Wahlperiode: Gesetzentwurf der Fraktionen der CDU/CSU, SPD und F.P.D.: Entwurf eines Telekommunikationsgesetzes (TKG); Drucksache 13/3609 (30.01.96); Bonn

BT 1996b: Stenographischer Bericht 83. Sitzung (Plenarprotokoll 13/83, 01.02.1996); Bonn

BT 1996c: Ausschuß für Post und Telekommunikation (17. Ausschuß) - 13. Wahlperiode: Synopse der Stellungnahmen der Sachverständigen und Auskunftspersonen zur öffentlichen Anhörung am 13.03.1996 in Bonn zum "Entwurf eines Telekommunikationsgesetzes" BT-Drs.: 13/3609; Bonn

CDU/CSU-Fraktion 1995: CDU/CSU-Fraktion des Deutschen Bundestages: Aspekte der zukünftigen Liberalisierung der Telekommunikation in Deutschland; Bonn, unveröff. Manuskript

Curwen 1995: Peter Curwen: Telecommunications Policy in the European Union: Developing the Information Superhighway; in: Journal of Common Market Studies, Vol. 33, No. 3, September 1995: 331-360

DIHT 1994: Deutscher Industrie- und Handelstag: Bericht '94; Bonn

DIHT 1995a: Eckpunkte für den künftigen Regulierungsrahmen im Telekommunikationsbereich (28.04.1995); Bonn, unveröff. Manuskript

DIHT 1995b: Stellungnahme zum neuen Telekommunikationsgesetz (August 1995); Bonn, unveröff. Manuskript

DIHT 1995c: Bericht 1995; Bonn

Dolata 1992: Ulrich Dolata: Weltmarktorientierte Modernisierung: die ökonomische Regulierung des wissenschaftlich-technischen Umbruchs in der Bundesrepublik; Frankfurt/M.und New York

DPG 1994: Deutsche Postgewerkschaft: Die Privatisierung der Bundespostunternehmen Postdienst - Telekom - Postbank; Frankfurt/M.

DPG 1995a: Stellungnahme der Deutschen Postgewerkschaft zu den Eckpunkten des Bundesministeriums für Post und Telekommunikation für einen zukünftigen Regulierungsrahmen im Telekommunikationsbereich; Frankfurt/M., unveröff. Manuskript

DPG 1995b: Stellungnahme der Deutschen Postgewerkschaft zum Referentenentwurf des Bundesministeriums für Post und Telekommunikation für einen zukünftigen Regulierungsrahmen im Telekommunikationsbereich und zum Entwurf einer Universaldienstverordnung (31.08.1995); Frankfurt/M., unveröff. Manuskript

DPG 1995c (Hauptvorstand): Sonderschreiben Nr. 1/95. Sachstandsbericht zur Regulierungspolitik; Frankfurt/M.

DPG 1995d: HV-Information Nr. 62/95. Erläuterungen zu der politischen Vereinbarung über das neue Telekommunikationsgesetz und zu den Grundsätzen der Lizenzierung; Frankfurt/M., unveröff. Manuskript

DPG 1996: DPG-Positionspapier. Nationale Regulierung und globale Konkurrenzfähigkeit - Anmerkungen zur geplanten Fragmentierung des deutschen Telekommunikationsmarktes; Frankfurt/M., unveröff. Manuskript

DTAG 1995a: Deutsche Telekom Generaldirektion: Eckpunkte des BMPT für einen künftigen Regulierungsrahmen im Telekommunikationsbereich - Kommentierung (April 1995); Bonn, unveröff. Manuskript

DTAG 1995b: Kommentare der Deutschen Telekom AG zum Referentenentwurf des BMPT für ein Telekommunikationsgesetz (09.10.1995); Bonn, unveröff. Manuskript

DTAG 1995c: Auf neuem Kurs. Die Deutsche Telekom im globalen Wettbewerb. Das Geschäftsjahr 1994; Bonn

DTAG 1995d: Ordnungspolitische Anpassungserfordernisse im Zeitverlauf (November 1995); Bonn, unveröff. Manuskript

DTAG 1995e: Einschätzung der Deutschen Telekom AG zur Politischen Vereinbarung zum neuen Telekommunikationsgesetz und zu den Grundsätzen der Liberalisierung vom 09.11.1995; Bonn, unveröff. Manuskript

DTAG 1996: Bewertung des Telekommunikationsgesetzentwurfs, Stand: 26.01.1996; Bonn, unveröff. Manuskript

Ellwein/Hesse 1987: Thomas Ellwein / Joachim Jens Hesse: Das Regierungssystem der Bundesrepublik Deutschland; 6., neubearb. und erweit. Auflage; Opladen

Essen 1994: Volker von Essen: Technische Entwicklung in der Telekommunikation 1994; in: Kubicek et al. 1995: 376-380

Funke 1995: Rainer Funke: Liberale Positionen zur Privatisierung am Beispiel Telekom; in: Kreditwesen 21/95: 1070-71

Genschel 1995: Philipp Genschel: Dynamische Verflechtung in der internationalen Standardisierung; in: Mayntz/Scharpf 1995a: 233-265

Grande/Häusler 1994: Edgar Grande / Jürgen Häusler: Industrieforschung und Forschungspolitik; Frankfurt/M., New York

G-7 1995a: G-7 Information Society Conference: Theme Paper; Brüssel

G-7 1995b: G-7 Information Society Conference: Pilot Projects. Executive Summaries; Brüssel

Hefekäuser 1995: Hans-Willi Hefekäuser: Das kommende deutsche Telekommunikationsgesetz - Die DTAG im Neuen Regulierungsrahmen - (Entwurf für einen Vortrag, EUROFORUM-Konferenz 06./07.09.1995, Düsseldorf); unveröff. Manuskript

Héritier 1993a: Adrienne Héritier: Policy-Analyse: Kritik und Neuorientierung; Opladen

Héritier 1993b: Policy-Analyse. Elemente der Kritik und Perspektiven der Neuorientierung; in: dies. 1993a: 9-36

Hirsch/Roth 1986: Joachim Hirsch / Roland Roth: Das neue Gesicht des Kapitalismus; Hamburg

Jäger 1994: Bernd Jäger: Die Telekommunikations-Infrastruktur in Deutschland im internationalen Vergleich (Bericht für den Projektträger Informationstechnik des Bundesministeriums für Forschung und Technologie, April 1994); Bonn

Jann 1985: Werner Jann: Kategorien der Policy-Forschung; Speyer, unv. Nachdruck (= Speyer Arbeitshefte 37)

Jansen/Schubert 1995a: Dorothea Jansen / Klaus Schubert (Hg.): Netzwerke und Politikproduktion; Marburg

Jansen/Schubert 1995b: Netzwerkanalyse und Politikproduktion: Ansätze zur 'crossfertilization'; in: Jansen/Schubert 1995a: 9-23

Jansen 1995: Dorothea Jansen: Forschungspolitik nach einem wissenschaftlichen Durchbruch: Die Entstehung des 'National Programme' zur Supraleitungsforschung in Großbritannien; in: Jansen/Schubert 1995a: 132-159

Kenis/Schneider 1991: Patrick Kenis / Volker Schneider: Policy Networks and Policy Analysis: Scrutinizing a New Analytical Toolbox; in: Marin/Mayntz 1991a: 25- 59

Kleining 1994: Gerhard Kleining: Qualitativ-heuristische Sozialforschung; Hamburg

Klodt et al. 1995: Henning Klodt / Claus-Friedrich Laaser / Jens O. Lorz / Rainer Maurer: Wettbewerb in der Telekommunikation; Tübingen

Kommission 1987: Kommission der Europäischen Gemeinschaften: Grünbuch über die Entwicklung des Gemeinsamen Marktes für Telekommunikationsdienstleistungen und Telekommunikationsgeräte (KOM (87)290 endg.); Brüssel

Kommission 1990: Richtlinie der Kommission vom 28.07.1990 über den Wettbewerb auf dem Markt für Telekommunikationsdienste (90/388/EWG, ABl. L 192/10); Brüssel

Kommission 1994a: Grünbuch über ein gemeinsames Konzept für Mobilkommunikation und personal communications in der Europäischen Union (KOM(94)145); Brüssel

Kommission 1994b: Grünbuch über die Liberalisierung der Telekommunikationsinfrastruktur und der Kabelfernsehnetze: Teil 1 Grundsätze und Zeitrahmen (KOM(94)440 endg.); Brüssel

Kommission 1994c: Grünbuch über die Liberalisierung der Telekommunikationsinfrastruktur und der Kabelfernsehnetze: Teil 2 Ein gemeinsames Konzept zur Bereitstellung einer Infrastruktur für Telekommunikation in der Europäischen Union (KOM(94)682 endg.); Brüssel

Kommission 1994d: Erklärung der Kommission bezüglich der Entschließung des Rates über den universellen Dienst im Bereich der Telekommunikation (94/C 48/06, ABl. C 48/8); Brüssel

Kubicek 1993: Herbert Kubicek: Steuerung in die Nichtsteuerbarkeit. Die erstaunliche Geschichte des deutschen Telekommunikationswesens; Berlin (= WZB paper FS II 93-504)

Kubicek et al. 1995: Herbert Kubicek et al. (Hg.): Jahrbuch Telekommunikation und Gesellschaft 1995; Heidelberg

Mannesmann Eurokom 1995a: Mannesmann Eurokom GmbH: Kommentierung der "Eckpunkte eines künftigen Regulierungsrahmens im Telekommunikationsbereich"; Düsseldorf, unveröff. Manuskript

Mannesmann Eurokom 1995b: Hinweise auf ausgewählte Punkte des Diskussionsentwurfs für ein Telekommunikationsgesetz (Stand 31.05.1995), die aus der Sicht von Mannesmann Eurokom besonders kritisch erscheinen; Düsseldorf, unveröff. Manuskript

Mannesmann Eurokom 1995c: Stellungnahme zum Referentenentwurf für ein Telekommunikationsgesetz (Stand 27.07.1995); Düsseldorf, unveröff. Manuskript

Marin/Mayntz 1991a : Bernd Marin / Renate Mayntz (Hg.): Policy Networks: empirical evidence and theoretical considerations; Frankfurt/M.

Marin/Mayntz 1991b: Introduction: Studying Policy Networks; in: dies. 1991a: 11-23

Mayntz et al. 1988: Renate Mayntz / Bernd Rosewitz / Uwe Schimak / Rudolf Stichweh: Differenz und Verselbständigung. Zur Entwicklung gesellschaftlicher Teilsysteme; Frankfurt/M., New York

Mayntz/Scharpf 1995a: Renate Mayntz / Fritz W. Scharpf (Hg.): Gesellschaftliche Selbstregelung und politische Steuerung; Frankfurt/M., New York

Mayntz/Scharpf 1995b: Steuerung und Selbstorganisation in staatsnahen Sektoren; in: Mayntz/Scharpf 1995a: 9-38

Mayntz/Scharpf 1995c: Der Ansatz des akteurzentrierten Institutionalismus; in: Mayntz/Scharpf 1995a: 39-72

Mayntz/Schneider 1995: Renate Mayntz / Volker Schneider: Die Entwicklung technischer Infrastruktursysteme zwischen Steuerung und Selbstorganisation; in: Mayntz/Scharpf 1995a: 73-100

Mayntz 1993a: Renate Mayntz: Policy-Netzwerke und die Logik von Verhandlungssystemen; in: Héritier 1993a: 39-56

Mayntz 1993b: Große technische Systeme und ihre gesellschaftstheoretische Bedeutung; in: Kölner Zeitschrift für Soziologie und Sozialpsychologie, Jg. 45 (1993), Heft 1: 97-108

Mayring 1995: Philipp Mayring: Qualitative Inhaltsanalyse: Grundlagen und Techniken; 5.Aufl., Weinheim

Mestmäcker 1995a: Ernst-Joachim Mestmäcker (Hg.): Kommunikation ohne Monopole II; Baden-Baden

Mestmäcker 1995b: Über den Einfluß von Ökonomie und Technik auf Recht und Organisation der Telekommunikation und der elektronischen Medien; in: ders. 1995a: 13-178

Michalski 1994: Hans-Jürgen Michalski: Technik- und Infrastrukturentwicklung durch den Telekommunikationskomplex; Dissertation, Universität Bremen

Michalski 1995a: Die Transformation des Telekommunikationskomplexes; in: WSI Mitteilungen 8/1995: 526-536

Michalski 1995b: Datenautobahn und Multimedia; in: Zeitschrift marxistische Erneuerung, 6. Jg., H. 23 (1995): 24-36

Mögling 1995: Andrea Mögling: Die Neustrukturierung der Telekommunikation in Deutschland: Hintergründe und Verlauf; Diplomarbeit, Universität Bremen

Möschel 1995: Wernhard Möschel: Monopole und Wettbewerb in der Telekommunikation; in: Mestmäcker 1995a: 397-409

Monopolkommission 1996: Sondergutachten der Monopolkommission gemäß § 24b Abs. 5 Satz 4 GWB: Die Telekommunikation im Wettbewerb; Köln

Müller 1994: Petra Müller: Telekommunikation in der Europäischen Union; Freiburg i.Br.

Naßmacher 1991: Naßmacher, H.: Vergleichende Politikforschung. Eine Einführung in Probleme und Methoden; Opladen

Neu/Kruse 1995: Werner Neu / Jörn Kruse: Monopolpreiskontrolle in der Telekommunikation; in: Mestmäcker 1995a: 567-606

Neumann 1995: Karl-Heinz Neumann: Wettbewerbspotentiale in den Ortsnetzen der Telekommunikation; in: WIK Newsletter Nr. 18 (1995): 1-2

Nullmeier/Rüb 1993: Frank Nullmeier / Friedbert Rüb: Die Transformation der Sozialpolitik. Vom Sozialstaat zum Sicherungsstaat; Frankfurt/M., New York

Nullmeier 1993: Frank Nullmeier: Wissen und Policy-Forschung. Wissenspolitologie und rhetorisch-dialektisches Handlungsmodell; in: Héritier 1993a: 175-196

Ohnsorge 1995: Horst Ohnsorge: Die Weiterentwicklung der Basistechnologien in der Telekommunikation; in: Kubicek et al. 1995: 19-35

o.V. 1994: Postreform II. Gesetz zur Änderung des Grundgesetzes; Gesetz zur Neuordnung des Postwesens und der Telekommunikation. Text und Einführung; Heidelberg

o.V. 1995: o.T. (= Meldung); in: Postpolitische Information, Oktober 1995: 5

Pappi 1993: Franz Ulrich Pappi: Policy-Netze: Erscheinungsform moderner Politiksteuerung oder methodischer Ansatz?; in: Héritier 1993a: 84-94

Patzelt 1992: Werner J. Patzelt: Einführung in die Politikwissenschaft; Passau

Prittwitz 1994: Volker von Prittwitz: Politikanalyse; Opladen

Rat 1990. Rat der Europäischen Gemeinschaften: Richtlinie des Rates vom 28.06.1990 zur Verwirklichung des Binnenmarktes für Telekommunikationsdienste durch Einführung eines offenen Netzzugangs (Open Network Provision - ONP) (90/388/EWG, ABl. L 192/1); Brüssel

Rat 1993: Entschließung des Rates vom 22.07.1993 zur Prüfung der Lage im Bereich der Telekommunikation und zu den notwendigen künftigen Entwicklungen in diesem Bereich (93/C 213/01, ABl. C 213/1); Brüssel

Rat 1994: Entschließung des Rates vom 07.02.1994 über die Grundsätze für den Universaldienst im Bereich Telekommunikation (94/C 48/01, ABl. C 48/1); Brüssel

Roth 1984: Erwin Roth (Hg.): Sozialwissenschaftliche Methoden; München, Wien

RWE Telliance 1995a: RWE Telliance Aktiengesellschaft: Stellungnahme der RWE Telliance AG zum Eckpunktepapier (28.04.1995); Essen, unveröff. Manuskript

RWE Telliance 1995b: Anmerkungen zum Referentenentwurf für ein Telekommunikationsgesetz (Stand 27.07.1995), (31.08.1995); Essen, unveröff. Manuskript

RWE Telliance 1995c: Hintergrundtext: RWE-Standpunkt zur Liberalisierung (September 1995); Essen, unveröff. Manuskript

Rose 1995: Claudia Rose: Der Staat als Kunde und Förderer; Opladen

Ruß-Mohl 1993. Stephan Ruß-Mohl: Konjunkturen und Zyklizität in der Politik: Themenkarrieren, Medienaufmerksamkeits-Zyklen und "lange Wellen"; in: Héritier 1993a: 356-368

Riehmer 1995: Klaus W. Riehmer: Organisation und Regulierung der Telekommunikation in Deutschland; in: Mestmäcker 1995a: 369-395

Sabatier 1993: Paul A. Sabatier: Advocacy-Koalitionen, Policy-Wandel und Policy-Lernen: Eine Alternative zur Phasenheuristik; in: Héritier 1993a: 116-148

Scharpf 1993: Scharpf, Fritz W.: Positive und negative Koordination in Verhandlungssystemen; in: Héritier 1993a: 57-83

Scheurle 1995: Klaus-Dieter Scheurle: Regulierungsstrategien seitens des Bundesministeriums für Post und Telekommunikation (Redeentwurf, EUROFORM-Konferenz am 06./07.09.1995); unveröff. Manuskript

Schmidt 1991: Michael G. Schmidt: Vergleichende Policy-Forschung; in: Berg-Schlosser, D. / Müller-Rommel, F. (Hg.): Vergleichende Politikwissenschaft; 2. Aufl.,: 197-212

Schneider/Werle 1991: Volker Schneider / Raymund Werle: Policy Networks in the German Telecommunications Domain; in: Marin/Mayntz 1991a: 97-136

Schneider 1988: Volker Schneider: Politiknetzwerke der Chemikalienkontrolle; Berlin, New York

Schneider 1989: Technikentwicklung zwischen Politik und Markt: Der Fall Bildschirmtext; Frankfurt/M., New York

Schneider 1995: Institutionelle Evolution als politischer Prozeß. Die Entwicklung der Telekommunikation im historischen und internationalen Vergleich; Habilitationsschrift, Universität Mannheim

Schubert 1991: Klaus Schubert: Politikfeldanalyse; Opladen

Schulz 1995: André Schulz: Die Telekommunikation im Spannungsfeld zwischen Ordnungs- und Finanzpolitik; Wiesbaden

Seeger 1990: Peter Seeger: Die ISDN-Strategie. Probleme einer Technikfolgenabschätzung; Berlin

Singer 1993: Otto Singer: Policy Communities und Diskurs-Koalitionen: Experten und Expertise in der Wirtschaftspolitik; in: Héritier 1993a: 149-174

Sondhof 1994: Harald Sondhof: Telekommunikation nach der Privatisierung; in: Wirtschaftsdienst 1994/X (Oktober): 527-533

SPD-Fraktion 1995: Fraktion der SPD im Deutschen Bundestag: Eckpunkte sozialdemokratischer Kommunikationspolitik in der 13. Legislaturperiode des Deutschen Bundestages; Bonn, unveröff. Manuskript

Teletech NRW 1995a: Telekommunikationspolitik; 3. überarbeitete Auflage (= Band 1 der Schriftenreihe im Rahmen der Landesinitiative Teletech NRW; hg. vom Ministerium für Wirtschaft und Mittelstand, Technologie und Verkehr des Landes Nordrhein-Westfalen); Düsseldorf

Teletech NRW 1995b: ISDN-Universalnetz; (= Band 20 der Schriftenreihe im Rahmen der Landesinitiative Teletech NRW; hg. vom Ministerium für Wirtschaft und Mittelstand, Technologie und Verkehr des Landes Nordrhein-Westfalen); Düsseldorf

Teletech NRW 1995c: Das Angebot an Telekommunikationsleistungen für Kleine und Mittlere Unternehmen in Nordrhein-Westfalen; (= Band 21 der Schriftenreihe im Rahmen der Landesinitiative Teletech NRW; hg. vom Ministerium für Wirtschaft und Mittelstand, Technologie und Verkehr des Landes Nordrhein-Westfalen); Düsseldorf

Thomas 1989: Frank Thomas: Korporative Akteure und die Entwicklung des Telefonsystems in Deutschland 1877 bis 1945; in: Technikgeschichte Bd. 56 (1989) Nr. 1: 39-65

Tetens/Voß 1995. Gönke Tetens / Axel Voß: Der neue Ordnungsrahmen für die Telekommunikation; in: Wirtschaftsdienst 1995/VIII: 443-450

Thyssen Telecom 1995: Thyssen Telecom AG: Kommentar zum Eckpunktepapier (28.04.1995); Düsseldorf, unveröff. Manuskript

Ungerer 1995: Herbert Ungerer: Entwicklungen der Telekommunikationspolitik auf der Ebene der Europäischen Union im Jahr 1994; in: Kubicek et al. 1995: 354-361

VDMA 1995. Verband Deutscher Maschinen- und Anlagenbau e.V. (Hg.): Tätigkeitsbericht 1992-1995; Frankfurt/M.

Vereinsbank 1995: Vereinsbank Research: Branchen Analyse. Die Deutsche Telekommunikationsbranche; München

Vowe/Beck 1995. Gerhard Vowe / Klaus Beck: Multimedia in der Sicht der Medien (Gutachten für das Büro für Technologiefolgen-Abschätzung beim Deutschen Bundestag); Berlin

VTM 1994a: Verband der Telekommunikationsnetz- und Mehrwertdienstanbieter: Stellungnahme des VTM zu Fragen der ordnungspolitischen Gestaltung nach der Postreform II (15.08.1994); unveröff. Manuskript

VTM 1994b: Gemeinsames Positionspapier des Verbands der Telekommunikationsnetz- und Mehrwertdienstanbieter (VTM) und des Verbands der Anbieter von Mobilfunkdiensten (VAM) zur "Postreform III" (Dezember 1994); unveröff. Manuskript

VTM 1996: Entwurf Verordnung über Zusammenschaltung und Netzzugänge im Telekommunikationsbereich (ZusammenschaltungsVO), (16.02.1996); Hurth, unveröff. Manuskript

Warta 1995: Katharina Warta: Gemeinwirtschaftliche Aufgaben im Telekommunikationsbereich; in: Wirtschaft und Gesellschaft 21. Jg. (1995), Heft 2: 265-289

Werle 1990: Raymund Werle: Telekommunikation in der Bundesrepublik. Expansion, Differenzierung, Transformation; Frankfurt/M, New York

Werle 1995: Staat und Standards; in: Mayntz/Scharpf 1995a: 266-298

Weyhenmeyer 1994: Stefan Weyhenmeyer: Integrierte Unternehmensstrukturen in der Telekommunikation und staatliche Industriepolitik; Baden-Baden

WIK 1995a: Wissenschaftliches Institut für Kommunikationsdienste: Auswertungen der Stellungnahmen zu den Eckpunkten eines künftigen Regulierungsrahmens im Telekommunikationsbereich (von Brigitte Bauer, Bernd Ickenroth, Monika Plum); Bad Honnef

WIK 1995b: Auswertungen der Stellungnahmen zum Referentenentwurf für ein Telekommunikationsgesetz (Stand: 27.07.1995), (von Brigitte Bauer, Lorenz Nett); Bad Honnef

Windhoff-Héritier 1987: Adrienne Windhoff-Héritier: Policy-Analyse; Frankfurt/M., New York

Zimmer 1995: Jochen Zimmer: Online-Dienste für ein Massenpublikum?; in: Media Perspektiven 10/95: 476-488

ZVEI 1995: Zentralverband Elektrotechnik- und Elektronikindustrie e.V.: Die Zukunft gestalten. Tätigkeitsbericht 1995 des ZVEI; Frankfurt/M.

DUV Deutscher Universitäts Verlag

GABLER·VIEWEG·WESTDEUTSCHER VERLAG

Aus unserem Programm

Sabine Collmer
Frauen und Männer am Computer
Aspekte geschlechtsspezifischer Technikaneignung
1997. 281 Seiten, Broschur DM 58,-/ ÖS 423,-/ SFr 52,50
DUV Sozialwissenschaft
ISBN 3-8244-4198-5
Innerhalb der symbolischen Ordnung der Zweigeschlechtlichkeit
nimmt die Computertechnik als geschlechterdifferenzierender Faktor
eine herausgehobene Stellung ein.

Ines Dombrowski
Politisches Marketing in den Massenmedien
1997. XVIII, 274 Seiten, 37 Abb., Br. DM 98,-/ ÖS 715,-/ SFr 89,-
GABLER EDITION WISSENSCHAFT
ISBN 3-8244-6572-8
Die strategische Inszenierung von Politik in den Massenmedien ist
ein alltägliches Phänomen. Ines Dombrowski untersucht die ange-
wandten Praktiken aus verhaltenswissenschaftlicher Sicht.

Stefan Hanke
Standortwettbewerb um die Medienwirtschaft
Kommunale Handlungsmöglichkeiten am Beispiel der Region
Nürnberg
1996. 270 Seiten, 22 Abb., 54 Tab., Br. DM 52,-/ ÖS 380,-/ SFr 47,-
DUV Sozialwissenschaft
ISBN 3-8244-4195-0
Der Band gibt einen Überblick über die Standortsituation in
Deutschland für Medienbranchen sowie über die Kräfte und Akteure,
die Standortentscheidungen bestimmen.

Rolf Nafziger
Wirtschaftlichkeitsanalysen für Ballungsraumfernsehen
Modelltheoretische Untersuchungen aus Sicht potentieller Investoren
1997. XXIV, 339 Seiten, Broschur DM 118,-/ ÖS 861,-/ SFr 105,-
GABLER EDITION WISSENSCHAFT
ISBN 3-8244-6511-6
Ballungsraumfernsehen ist eine der letzten Marktnischen in der bun-
desdeutschen Fernsehlandschaft.

DUV DeutscherUniversitätsVerlag

GABLER · VIEWEG · WESTDEUTSCHER VERLAG

Dirk Schweitzer
Film als Marktleistung
Absatzpolitik filmwirtschaftlicher Produktionsunternehmen
1996. XXIV, 270 Seiten, 16 Abb., Br. DM 98,-/ ÖS 715,-/ SFr 89,-
DUV Wirtschaftswissenschaft
ISBN 3-8244-0325-0
Das Buch liefert eine wissenschaftliche Analyse der Marktsituation
und der Absatzpolitik deutscher Filmproduktionsunternehmen, deren
Ziel es ist, auf den sich schnell wandelnden Medienmärkten und im
internationalen Wettbewerb erfolgreich zu bestehen.

Jochen Spangenberg
The BBC in Transition
Reasons, Results and Consequences
1997. XV, 250 Seiten, Broschur DM 56,-/ ÖS 409,-/ SFr 51,-
DUV Sozialwissenschaft
ISBN 3-8244-4227-2
In the 1990s the BBC was engaged in a process of major reform and
restructuring. This was both a response to external pressures and
intended to prepare the Corporation for a changing broadcasting
environment.

Frank Weinreich
Moderne Agoren
Nutzungsweisen und Perspektiven von Mailboxsystemen
1997. XV, 162 Seiten, 10 Abb., 10 Tab.,
Broschur DM 38,-/ ÖS 277,-/ SFr 35,-
DUV Sozialwissenschaft
ISBN 3-8244-4217-5
Die Untersuchung beschäftigt sich mit der Frage, wie Mailboxnetze
genutzt werden, inwieweit sie die Erwartungen der Nutzer erfüllen
und wie sie sich im Zeitalter von World Wide Web und Onlinedien-
sten entwickeln werden.

Die Bücher erhalten Sie in Ihrer Buchhandlung!
Unser Verlagsverzeichnis können Sie anfordern bei:

Deutscher Universitäts-Verlag
Postfach 30 09 44
51338 Leverkusen